管理成就生活

（原书第2版）

[奥] 弗雷德蒙德·马利克（Fredmund Malik）◎著
章爱民 ◎译

FÜHREN LEISTEN LEBEN

WIRKSAMES
MANAGEMENT FÜR EINE
NEUE WELT

图书在版编目（CIP）数据

管理成就生活（原书第 2 版）/（奥）弗雷德蒙德·马利克（Fredmund Malik）著；章爱民译．—北京：机械工业出版社，2017.11（2024.11 重印）
（欧洲管理经典）
书名原文：Managing Performing Living: Effective Management for a New World

ISBN 978-7-111-58389-9

I. 管…　II. ① 弗…　② 章…　III. 企业管理－研究　IV. F272

中国版本图书馆 CIP 数据核字（2017）第 262733 号

北京市版权局著作权合同登记　图字：01-2008-2504 号。

管理成就生活（原书第 2 版）

出版发行：机械工业出版社（北京市西城区百万庄大街 22 号　邮政编码：100037）
责任编辑：董凤凤
责任校对：李秋荣
印　　刷：北京联兴盛业印刷股份有限公司
版　　次：2024 年 11 月第 1 版第 12 次印刷
开　　本：147mm × 210mm　1/32
印　　张：14
书　　号：ISBN 978-7-111-58389-9
定　　价：69.00 元

客服电话：（010）88361066　68326294

全新版序

前言

第三篇
03

有效管理的任务

第四篇 04 有效管理的工具

PREFACE
全新版序

在本人的作品中，《管理成就生活》是最为重要的一本书。它讲的是，在跨国公司愈发复杂的组织环境下，人如何实现和提升效能。本书针对的是那种可以让个人不断超越自己、发挥潜能的效能。最重要的是，本书证明了可以通过学习来提高效能的道理，并且阐述了具体的提升办法。

本书解决了这样一个问题：如果人们希望自己像管理者和专家那样，在工作领域和日常生活两个方面都获得成功，那么他们需要具备何种知识和技能。本书讲述了，在各个组织层面、各种职位上管理自己和他人，你需要哪些东西，才能做出合适的表现，并借此过上有品质的生活。读完本书，令人备感惋惜的工作与生活相脱节的失衡现象将随之化解。

效能，意味着做正确的事，且用正确的方法做事。这就是正确而良好的管理的核心能力：将资源转化为结果并创造出价值的专业能力。

在当今世界，比起传统的经济参数，诸如知识、天赋、个人优势、创造力、创新和智力之类的因素变得更为重要；情感力量和承诺、社会责任以及以新方式进行思考和行动的勇气等因素同样如此。不过，这些因素（包括经济参数）就其本质而言，只不过是潜力罢了。需要通过有效实施（即正确得当的管理）来将它们转化成有意义的结果，以实现特定的目的。此外，人们时常谈及的“领导”尤其需要通过有效管理来实现：没有有效管理，即便是最优秀的领导，也无法取得成功。

自从本书于2000年首次出版以来，发生了哪些变化呢？我认为答案有两个：商业和社会几乎发生了天翻地覆的变化；此外，它们都是超过了大多数人想象的根本性变化。但即便如此，构成正确管理的精髓始终未变。

写作本书的初衷，正是为了应对这种根本性转变和管理所需要的调整。回溯至1997年，在撰写有关公司治理的书时，我已经在题为“21世纪巨变”一章中对初现端倪的社会转型进行了描绘和分析。本书第1版采用的副标题是“新时代的有效管理”，这绝非巧合。

即便是在当时，债务通缩已经上演，金融危机一触即发；（包括数字化在内的）科技革命已经拉开序幕；人口和生态方面的变化不可避免，有些地区政治动荡和社会不稳定已成必然之势。还可以清晰地看到的是，面对日趋复杂的环境，传统的管理和现有的组织越来越显得捉襟见肘、疲于应对。

从那以后，21世纪巨变就一直在发生，而且以日益加快的速度影响生活中越来越多的方面；我们越来越清晰地看到，我们所面临的其实不仅仅是一个新时代：一个新世界正在崛起。

在这个新世界里，几乎一切都面目全非，但本书的所有理论基础无须做出更改。有效管理的基础不在于传统管理培训课程中的经济学和社会科学。当然，即便依然需要这些理论，但更重要的是三大复杂性科学理论——系统论、控制论和仿生学。自从我开始涉足第一批研究项目时，就把这些理论当作我提出的管理理论的理论基础了。与第 1 版问世时相比，这三大科学领域在近年来变得越来越重要。

正因为如此，我在本次新版中格外强调这一根本性转变为管理所带来的那些新的应用领域。首要的是，相互联系越来越紧密的系统的复杂性剧增，同时，全球性变化以及由此产生的社会、政治和经济方面的动荡也越来越严重。说起来，这意味着对旧世界所谓的“创造性破坏”和新世界诞生时的阵痛。要驾驭 21 世纪巨变，几乎所有的社会组织都需要利用新的、创新型工具和高度复杂的管理系统。

处于这种新“组织职能”以及实现这一新职能所需的自我调节和自我组织核心位置的是高效的个人。我提出的控制管理系统为培养和表现出全部效能提供了支持。这些系统为正确思考和正确行动提供了工具，这些工具是为了实现这一目标而专门设定的。

我所提出的以及我在其他著作中所描绘的方法和工具有助于“效能人”（在我看来，对应于“经济人”）提升实力和智慧，这种提升是掌控各种复杂的新挑战所需要的。

复杂性如果得不到控制，将沦为错综复杂状态。同时，它为组织智商提供了原材料。释放这种智商并使之产生效能是管控重大变革的关键所在，是确保任何类型的组织具有适应能力和演化职能的关键所在。正因为全球相互关联的系统复杂性和革命性技术中蕴含着许多机会，所以本书提出了利用这些机会的具体方法。

本书关注的焦点首先是管理效能。多年来，涌现出了掌握复杂性的一整套普遍适用的社会技术——效能的社会方法论。我的观点是，比起数字化，这套技术的社会意义更大，甚至更具革命性。如果没有这种“效能技术”，一切都将无从谈起，比如，工业 4.0 将不可能真正实现。生命科学的革命也是如此，它是一定会发生的。

对于诸如循环经济、经济复苏、神经经济学和思考的冥想学派等趋势来说，情况同样如此。效能的社会方法论使得这些趋势的目标结果得以实现，并确保它们将在所有组织层面上变得高效。因此，很明显，旧的思考方式和传统的方法已经无法满足在当今世界实行有效管理的要求了。

之所以能获得机会开发并检验这些系统、方法和工具，并将它们付诸实践，我要向很多与我共事过的管理者表示诚挚的感谢，其中有些人和我在公司治理委员会或研究公司发展、战略领导及治理的合作项目中一起工作过数年甚至数十年。尤其要感谢我所有的朋友、合作者、同事和员工，他们对我们当前所提出的各种管理方案倾注了大量的原创力、热情和精力。还要真诚感谢德国坎普斯出版社（Campus

Verlag）。最后，衷心感谢 Tamara Bechter、Jutta Scherer 和 Annaliza Tsakona，她们为本书的修订提出了具有针对性的宝贵建议并给予了大力支持。

弗雷德蒙德·马利克（Fredmund Malik）

瑞士圣加仑大学（St. Gallen University）

2015 年 2 月

正确的思考——正确的管理

要看“正当的决策”是什么，而不是“人能接受的”是什么。

——彼得·德鲁克

成功的关键

人们要获得成功，最佳而且唯一的途径是实现正确得当的管理，即不断提高效能。这是将潜能有效转化为结果、实施既定决策的关键；这是组织发挥职能、立足于社会的唯一途径。“正确得当”意味着高效能和高效率。本书解释了个中缘由及关键前提之所在。

正确，不出错——得当，非不当

我之所以选用这些直白的术语，是因为目前管理界一片混乱：各种时尚粉墨登场，各种错误层出不穷，我希望为管理的可靠性和导向性确立一个基础，即正确的管理，从而让组织能**可靠地运转；正确的管理，使人们能够将自己的优势和技能转化为业绩与成功，让人们在这个日趋纷繁芜杂的世界里主宰自己的生活**。

正确的管理既包括思想**又包括行动**。因此，本书提到的管理系统是思想**和**行动的系统。对**知识**进行合理的组织需要思想系统，而合理地实施决策需要的是行动系统。这些系统包括在组织里进行正确的思考和行动以及承担相关责任的原则、任务和工具。“最佳的实践”是不够的，我们需要的是“正确的实践”。

或许，在一个由媒体主导的世界里，终结管理方面的时尚和风潮是不可能的。毕竟，它们声称能保证轻松、快速地取得成功，这是很多人无法抵制的。大家都希望获得成功。“随随便便就取得成功”方面的书籍在我上大学的20世纪70年代就属于畅销书，可谓五花八门、层出不穷。这种现象到现在也没有什么改观。承诺你能“五次课学一口流利的西班牙语”“五分钟成为管理者”或“一夜之间减肥成功”以及“轻松玩转高尔夫”等方面的书籍依然极具吸引力。就算人人都能取得成功，但成功毕竟不是这么得来的。有所成就的关键是让自己变得卓有成效。

早在1966年，彼得·德鲁克就率先在自己的著作《卓有成效的管理者》（*The Effective Executive*）中表达了这一洞见。德鲁克首开先河，在效能方面著书立说，并区分了效能和效率（efficiency）：**“效能意味着做正确的事；效率意味着正确地做事”**。

成功的关键是让自己富有效能。

德鲁克的英文书名本来是格外清晰的，可惜在拙劣的德语版中，似乎连书名都存在重大错译：“卓有成效的管理者”被翻译成了“理想的管理者”——即便是作者本人，在这本著作中，也对不可能存在所谓的“理想的”管理者做出过解释。令人欣慰的是，现在已经出现了新译本，新译本对书名进行了修正。㊀

然而，直到今天，“理想的”管理者的说法依然大行其道，不断在人力资源领域中涌现出来。我强烈建议每位管理者拜读德鲁克的著作。人们常说，是德鲁克“发明”了管理。诚然，他并不是真正“发明”了管理，但他是第一个认识到管理对现代社会和现代社会里的各种组织具有重要意义，并用通俗的语言对此加以解释的人。

德鲁克在其著作中创造出了一个清晰明确、长期适用的术语框架。从他的这本书中，我采纳了很多他提出的术语，并将这些术语当作我考虑问题的基础。我俩自从 20 世纪 80 年代末期初次见面以来，就经常保持通信联系，交流我们在管理方面的思想，比如，讨论这样的问题：我如何才能在组织中并通过组织来变得卓有成效？我如何确保自己去做正确

㊀ 彼得·德鲁克：卓有成效的管理者（*The Effective Executive: The Definitive Guide to Getting the Right Things Done*），纽约，1966 年。中文版由机械工业出版社出版，2009 年，许是祥译。

的事？[1]

追求新潮还是追求正确

在系统导向管理领域研究多年后，[2]我从1978年开始担任圣加仑管理中心主任，当然，也为圣加仑大学开设讲座。担任主任一职后，我每年都围绕“管理”这个主题举办大量的讲座和研讨班。参与者有企业家和中高层管理者。他们一再追问我管理领域出现了哪些新进展。我的回答通常是这样的：“我很乐意告诉你管理学上的新进展，但对你来说，更有意思的恐怕是知道我认为哪些是正确的东西。”

在我担任管理培训师和管理顾问将近40年的时间里，每隔一两年就会出现管理新风尚——新的权威、新的宣传、新一轮的研讨班以及一夜之间就写出来的各种新书。对于很多媒体来说，这些都是无法抗拒的报道主题。媒体需要内容，而且由于印刷文字的权威性，会迅速进行传播，而那些东西事实上不过是夸夸其谈、徒有其表罢了。两年之后，尘埃落

---

[1] Peter F. Drucker: “We Need Middle Economics,” preface in: Walter Krieg, Klaus Galler, and Peter Stadelmann (eds): *Richtiges und utes Management. Vom System zur Praxis* [“Right and good management: from system to practice”], Festschrift for Fredmund Malik, Bern/Stuttgart/Vienna, 2005, pp. 15-18. 20世纪80年代后期，我邀请彼得·德鲁克在奥地利产业高层管理（奥地利国有企业的继任组织）大会上发表主旨讲话，对于这场巨大的转变，我也参与其中。在接下来的几年里，我们多次进行会面，也获得了很多交换意见的机会。

[2] 我的博士论文涉及复杂的社会生产系统的设计和控制；我的教职论文题目为“管理复杂系统的策略”（即将发表），并作为同名书籍出版：Bern/Stuttgart/Vienna, 1984; 11th expanded edition, Bern/Stuttgart/Vienna, 2015。

定，一切归于沉寂，但下一波宣传会接着上演。同时，全国好几万的管理者会被一片好心的管理培训官送去参加一连数天的研讨班，以熟悉那些流行的管理话题。

特别是那些持有工程学、化学、法律、医学或经济学等专业学位的管理者，他们往往不知道，对待此类大多数培训的态度应该像平时对待坑蒙拐骗一样。但是，他们怎么才能知道呢？谁能提供在其他学科或专业中已经存在了数百年的好与坏、正确与错误的标准呢？

在大学课程中，大多数都不会出现时尚的东西，只会出现一些来之不易的学科进展，这是因为学术批评已经揭露并消除了现有的错误。在管理界，这一推动进步的发动机——有据可查的系统性的批评——几乎是不存在的。其他学科以前人的真知灼见为基础，不断发扬光大。而相比之下，**管理领域的大多数作者把创立某些"全新"的东西当作自己写作的最高目标，对业已受到检验并得到证实的研究成果不闻不问**。在其他学科，重要的不是书籍出版的时间，而是其内容。牛顿早在 1686 年就提出了万有引力定律，但物理学家并没有因为这是很久以前的事就认为该理论与自己没有什么关联了。然而，一本出版了三年的管理学书籍，通常就会被认为已经过时了。

变得卓有成效且高效率

除了那些倾向于选择低效能手段的人（即那些试图不通过练习在三天内就能学会滑雪或说西班牙语的人）以外，还有三种**高效能**人士：实干家（doers）、实施者（implementers）及实践者（performers）。

不过，正如作为一种职能的管理是无形的一样，效能本身也是看不见摸不着的。单凭这个事实就解释了诸多错误观念大行其道的原因。我们能够见到的是实施管理的人，还有工厂、办公室、电脑等。我们还能看到正确管理的结果，但我们看不到把资源转化为结果所需要的效能发挥作用的过程。

效能差不多就像是我们人体内的物质，这些物质好比催化剂，确保人体进行**有效的**新陈代谢。如果缺少这些物质，即便其他物质都在体内，新陈代谢也不会发生，或者发生得很慢、效果很差。如果缺少了效能这种“微量元素”，人们和组织都会沦为效率低下、表现糟糕的行动者，无法取得成功。这时，便需要通过资格认证和培训的方式来补充效能这种“重要物质”。

从来不缺乏思想，缺乏的是实施。

有些人收获的是明显富有效能的结果。他们无论做什么，都做正确的事，而且正确地做事。不过，他们未必就是那些拥有正确思想的人。例如，（人们普遍这么认为）蒸汽机并不是由瓦特发明的，但瓦特是使蒸汽机变得**富有效能**从而获得工业用途的人。思想是一回事儿，贯彻实施思想是另一回事儿。我们面临的局面不是缺少思想，而往往是缺乏对思想的实施。对于每一个得到实施的思想，都有成千上万个思想未能得到贯彻落实。因此，伟大且有创造力的思想是重要的，我年少时痴迷的“伟人”也是如此。但后来，我明白了**有创造力**和**有效能**之间的差异。从此以后，我更感兴趣的是**富有效能的**人——那些创造出非同寻常的东西的人，以及他们的做事方式。本书的宗旨在于帮助人们变得卓有成效。

21 世纪巨变

本书自第 1 版起，副标题一直是“面向新时代的有效管理”（*Effective Management for a New Era*）。

在写作本书期间，我就已经意识到，有关管理的传统观点和当时所运用的管理工具都已经过时了。21 世纪，构成未来全球体系的社会和经济在复杂性与动荡性方面迅速增加，因此，20 世纪的那一套管理模式显然越来越难以适应新时代的要求。最重要的是，和股东价值至上的理念一起，金融界的短线思维已经迅速深入人心，而这种思维将再也不足以应对新时代。在面对正在上演的世纪性大变革所带来的挑战时，以前的那一套管理模式注定会失败。自 1993 年起，我就一直在“每月管理通信”中勾勒我当时称之为“新时代”、现在称之为“新世界”的轮廓。在拙著《正确的公司治理》[1]出版的 1997 年，我已经在其中题为“21 世纪巨变”[2]这一章中总结了

---

[1] Fredmund Malik: *The Right Corporate Governance: Effective Management for Mastering Complexity*, Frankfurt, 2012. 此书中文版已由机械工业出版社出版。

[2] “21 世纪巨变”一词是由卡尔·波兰尼（Karl Polanyi）在 1944 年创造出来的，它指的是市场经济和国家政府的发展进步。彼得·德鲁克在他的《后资本主义社会》一书中勾勒出了从资本主义到知识社会以及从民族国家到跨国政府的巨大转变方向。我在此使用这一词来指在 21 世纪进行的普遍变革过程，其特点是复杂性呈指数增长，全球网络系统和自我加速变化动力的出现。

我的观点。本书首次出版的时间是 2000 年 2 月。

仅仅一个月之后（人们对当时庆祝千禧年的活动还记忆犹新），金融市场突然开始崩溃，股价首遭重挫并由此开始“跌跌不休”。由于股价在 20 年内未曾下挫过，这一次让很多人感到震惊。两天之内，全球主要股市的跌幅高达 70%。大多数股市没有真正恢复元气。所谓的新经济，是在互联网繁荣期之初出现的，也在走向崩溃。回想起来，当时正是互联网以一种充满讽刺的方式真正腾飞的时刻。

新世界要求管理者发挥出最大的效能，并掌握驾驭复杂性的能力。

因此，即便是在那场危机中，也是有可能发现重大机遇的身影的。如今，新世界的主要特征和模式已经清晰可见。要对复杂性和迅猛的变革进行管理，需要最大限度地发挥效能并实现职业化。成功的关键在于有效实施解决方案。本书正是要为驾驭这个巨变助一臂之力。

从旧世界向新世界的转变

目前，几乎所有国家的经济和社会都在经历历史上最具根本性的转变。正在发生的转变远远超越了一场金融危机或银行业危机、经济危机或欧元危机的波及范围。一切都在猛然间，而且是同时发生了更大规模且全然不同的改变——一种脱胎换骨、浴火重生式的转变。我们见证了我们所熟知的旧世界向我们尚且未知的新世界的根本性转变。新秩序、新的运作方式正在形成，这是一场新型的**社会**革命。短短几年内，几乎一切都会是全新的、不同的：我们做**什么**、**如何**做以及**为何**做，比如如何去建设、运输、融资和消费、提供医疗服务、进行研究以及创新、分享信息、交流与合作、工作和生活，等等。此外，最终还会改变的是：我们是**谁**。

我们的社会机制和社会结构都在发生全球性的、不可逆转的根本性变化。为了获得面对新形势的生存能力和适应能力，数百万个各种类型、不同规模的组织将不得不接受重组。数代人将不得不进行重新思考、再度学习。

根本性转变是百年一遇的，它的进程必定会改变政府的形式、民主的进程、意见和意志的形成过程以及交流、参与和合作的形式，也必定会改变那些用以解决冲突和问题的方法。这一改变过程将彻头彻尾地转变商业社会及商业组织，还将转变人们的思维方式和行为方式、人生目标和价值观以及人生的意义。

新世界诞生的阵痛

单单利用经济思维是不足以理解这种转变的，因为它远不止一个经济问题或金融问题那么简单。推动变革的主要因素包括人口发展、生态问题以及当今科技进步及应用所带来的巨大潜力。除此以外，还有经济因素：由于金融系统在几十年里过度举债，导致了严重的**经济通缩和萧条**，带来了尚未完全为人所了解的特殊威胁。在过去的整整 15 年里，这些事实遭到主流经济学的严重误解，因为主流经济学认为自己找到了一条通向财富创造的康庄大道。但实际情况是，主流经济学研究的财富破坏作用是历史上最严重的。

发生在21世纪的这次转变带来一个大多数人甚至连想都没想过的危险：经济陷入深度萧条；社会出现灾难，导致文明秩序土崩瓦解。前者的大致迹象已经在全球各地（包括美国和南欧）显现出来。但同时，这次转变也带来了机会：经济出现新奇迹，社会变得欣欣向荣，建立起新的、稳定的基本秩序。要全面深刻地理解这次全球性、多层面的转变，最佳途径是把它视为新世界诞生时的“阵痛”。图0-1揭示了21世纪巨变的通用模式。

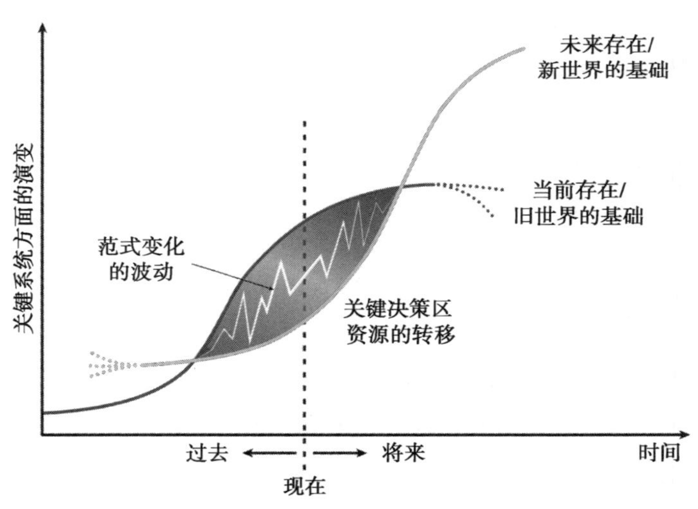

图0-1　21世纪巨变——更新中的深刻变化

基本变化规律

从历史上看，诸如此类的转变过程定期发生，但间隔时间非常长。由于转变过程远远超过政府官员或管理者的任期，所以往往得不到充分的认识和了解。

在类似的过程中，旧事物为新事物所取代。这一变革的专业术语是**“替代”**。历史上有一个例子：大约 200 年前，人类从农业社会进入工业社会。

在更微观的层面，也有替代过程发生。例如，在 1890～1930 年，汽车取代了马车；更近的一些例子，如智能手机取代了过去的固定电话，数字技术取代了模拟摄像技术。

这种替代过程，导致曾经繁荣、称霸市场的商业帝国在短时间内就遭遇到无法逆转的崩溃，但也催生出一些新的甚至更强大的商业帝国以取而代之。在这个过程中，这些替代过程已经从根本上改变了社会。这些就是创新型经济无法消解的逻辑所带来的效果。在所有经济学家中，迄今为止只有熊彼特在其理论中把创新型企业家视为必不可少的经济驱动力。对新事物取代旧事物的现象，他采用的术语是“创造性破坏”（creative destruction）。虽然遭到经济理论的普遍忽略，但系统创新被认为是现代管理的最高目标之一（熊彼特不可能预见到这一点）。

又一次，是彼得·德鲁克设法架起了这座桥梁。德鲁克让熊彼特的理论不再具有任何精英主义者的态度（这或许是误解所致）⊖。所有成功的企业都遵循一个基本的战略模式：**始**

⊖ 其中，参见：Peter Berger, Peter Eigner, and Andreas Resch (eds): *Die vielen Gesichter des wirtschaftlichen Wandels. Beiträge zur Innovationsgeschichte* [“The many faces of economic change: contributions to the history of innovation”], a festschrift for Dieter Stiefel,published by the Austrian Society for Company History, vol. 29, Vienna, Berlin, 2011。

终走在变革的前头！它们主动求变，而不是像很多其他组织那样坐等变革的发生。它们并非逆势而动，而是利用这条经济和整个社会现实的铁律来推动企业业绩再上新台阶。就这样，成功的组织保持主动，并制定出规则。对它们而言，变革可谓正中下怀，而非迫不得已。这些企业积极决策，避免了计划不如变化快的情况。

这里提到的转变过程与我们能在大自然中观察到的演变过程之间存在着惊人的相似之处。拿毛毛虫变蝴蝶为例来说吧，在这个过程中，我们可以很清楚地看到因果关系的逆转：蝴蝶的出现，并不是因为毛毛虫不复存在。情况刚好倒过来了：毛毛虫必须死掉，是因为蝴蝶想要生存。**新世界根源于旧世界**。在这里，因果关系源于客观事实，而不是先有因后有果。

仿生学是一门比较新兴的学科。利用仿生学的研究方法，我们现在可以把进化策略应用于管理和组织的设计，还可以用于社会制度和政治制度的构建。在技术领域中，这种应用也正付诸实践，比如在材料和施工原则方面。

在将中枢神经系统的运行原理应用于系统监管方面，有些组织已经取得了成功，而来自脑科学的诸多见解正在对拥有数十人到数百人的大团队的沟通效率产生革命性的影响。

驾驭复杂性

全球性变革过程最主要的特征在于：复杂性剧增。这种复杂化越来越多地涉及生活的方方面面，是全球性系统之间越来越紧密的相互联系以及来势汹汹的技术变革和天翻地覆的社会变迁所造成的结果。

要应对这种复杂性，我们需要正确的管理（在思想和行动两方面都正确），还需要一种可靠的能力：面对不断扩散的复杂性，不仅能驾驭它，而且能利用它并从中盈利的能力。

复杂性的爆炸式增长是全球性转变过程最突出的特征。

与此同时，复杂性还是构成组织智商的源泉。我们需要正确的管理才能理解全球性的相互关联，才能控制这种不断自我加速的变化。许多管理者将在自己的管理职业中面临新的挑战，将不得不忘却旧东西、学习新东西。大多数操纵和控制系统将不得不从根本上接受重组和革命。

于是，大多数社会组织的形式和内部职能将遭到严苛的质疑。所有组织都是如此：公司、银行和政府机构、医院、学校和媒体机构、党派组织、协会组织、法庭等，这些组织的互联互动更是如此。它们不断消耗包括资金在内的大量资源（恰恰是因为这个原因）的同时，越来越难以实现其组织目标。

什么是复杂性？**复杂性就是多样性**。作为一种真正的天然特性，复杂性有其自身的规律和演变特征。要弄清这些东西并将其应用于创新，我们至少需要熟悉三大新的知识领域，即我所谓的“复杂性科学”：系统学（研究一致性实体以及实体一致性因素的科学）、控制论（功能与控制的科学）以及前面提到的仿生学（将自然的演化运用于组织运作方式的科学）。

复杂性具有两面性：危险与机遇并存。一方面，对于那些不了解的人来说，复杂性导致过度紧张不断加剧，最终会导致系统发生压力诱导型的崩溃；另一方面，如果得到合理运用，复杂性可以成为信息、智商和创造力的来源。目前，大多数组织尚未充分做好应对复杂性挑战的准备——银行就是一个很明显的例子。银行的组织结构和经营方式大多形成于相对简单的 20 世纪，因此这种情形并不让人感到意外。由于对复杂化过程视而不见，很多组织未能针对当前局势积极制定出必要的监管系统和管理系统。

本书旨在帮助人们驾驭复杂性（见图 0-2）。它是一个指南：帮助人们从容应对巨变所带来的根本性变革，帮助人们利用新世界提供的无限机会，从而实现至关重要的管理效能。

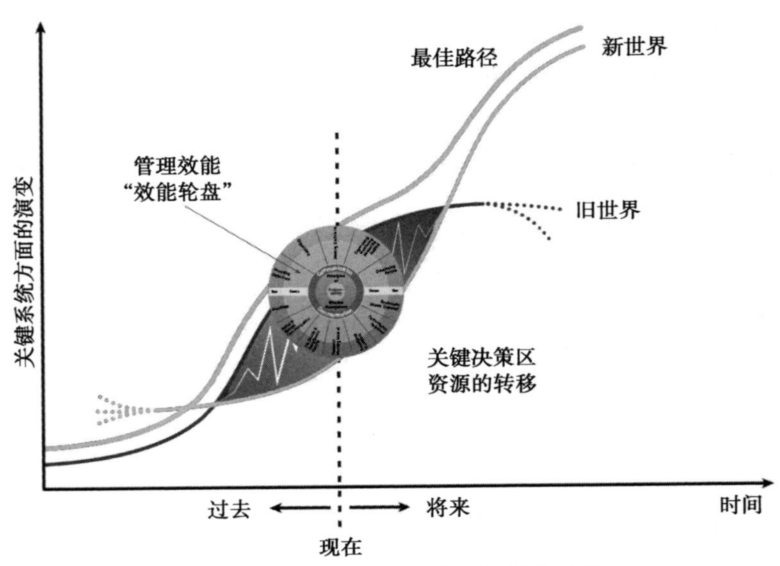

图 0-2　21 世纪巨变：发展的最优路径

如何构建有效管理系统

在设计我的管理系统的过程中，我用到了一套符合逻辑且与内容相关的设计原则。对于构成本书基础的模型——标准有效性模型（又称为管理轮盘），这些原则尤其重要。如上所述，该模型作为一个指南，贯穿全书。

1. 职业和职业精神

之所以把管理理解为一种**职业**，是因为从根本上说，管理必须满足与任何其他职业一样的要求。因此，管理的职业精神，连同任何可以通过学习得来、有利于该职业的东西，都成为人们关注的焦点。

2. 确定选择标准

对于那些使得管理成为一种职业而且（最重要的是）确保管理效能得以实现的要素，选择标准是：所有人在**任何时候**和**任何地方**需要做什么才能变得卓有成效且具有管理能力？只有满足上述标准的要素才能出现在我提出的管理轮盘中。

3. 极小 - 极大值原理

我主张，通过组合，用**最少的要素**来实现**最多的应用**。这有助于确保学习过程的经济性和便利性。一旦学会了得当的管理，你就可以随时随地加以应用。可以根据具体的情况，对各种要素进行组合。另外，该模型及其应用可以不断发展。

4. 运营任务与管理任务的区分

运营任务（operational tasks）必须与管理任务严格区分开来。前者是与具体工作相关的，源于组织的类型或组织的特定目标，可能包含人事选择、营销或调研之类的事情。而管理任务具有普遍性，源于每一个组织对设计和控制的需要。管理任务是用来**设计和控制**运营任务的。除了对二者进行区分外，我还将重新定义组织文化，后面将集中阐述有关效能和运作的文化。

5. 来自系统控制论的效能

要驾驭21世纪的无限复杂性，需要具备截然不同的思维方式和行为方式，其基础来自复杂性科学，特别是控制论：**高度复杂的**系统实现可靠运行的科学。控制论是有关有效、正确得当的控制、调控、指导和发展的科学。管理就是正确且有效地应用这门科学的过程。

实行正确得当的管理（即控制论管理）的关键原则是：**组织起一个复杂系统，使之能够进行自我组织、自我监管、自我更新并进一步演化**。管理轮盘有助于任何类型的组织实现自我组织。

正确的管理能实现什么

1. 应对生活的能力

正确的管理关系到我们每一个人，是我们应对生活时所需要的技能。对于**老板**和**为老板工作**的人来说，正确的管理都是至关重要的。如今，管理方面的知识和技能是获得雇用的先决条件，其基础在于有效的**自我管理**。自我管理是对老板、同事和下属进行管理的基础。在21世纪，熟练掌握基本的管理技巧堪比自18世纪以来的读写能力，同样重要。

2. 发挥头脑和双手作用的工具

正确的管理要求既有正确的思考，又有正确的行动。作为一种职业，管理需要职业精神，要求将经验付诸实践。脑力劳动者往往轻视实践。但是，如果不把知识用来产生业绩，知识本身是无足轻重的。管理意味着**将知识转化为业绩和价值**。因此，格外重要的是这种行动，即带来效能和业绩的行动。

3. 可学习性

正确的管理是可以传授的，其合理应用也是可以学会的。经常有人问我是否有可能学会如何管理。不过，正确的问题应该是：管理的**哪些方面**是可以学会的？并非所有人都能把任何事都学得同样好。但有一点是肯定的：我们能学到很多东西，多得远远超过大多数人的想象。有些人比别人更有天赋。为了成为更好的管理者，有些人付出的努力更多，工作更勤奋。确实，有一些人不适合做管理，但在我看来，这种人非常少。

4. 在不确定性中辨明方向

正确的管理提供了方向，在存在不确定性的时候更是如此。那些掌握了正确管理的管理者拥有一个比较的基准——它与管理时尚和潮流无关。这是唯一可靠的、检测并揭穿错误概念和错误理论的路径，它必定会节省我们的时间，让我们少走弯路。

5. 普适性和同一性

正确得当的管理具有普遍有效性和不变性，且与文化无关。这并非意味着文化差异不那么重要了，而是恰恰相反。但是，文化差异变得更加重要是另有原因的。文化差异对管理和组织运行的影响比大多数人认为的更小。在全球各地，所有运行良好的组织都是用类似的甚至是相似的方式来管理的。相比之下，错误的管理却千差万别。从明茨伯格的著作《管理工作的本质》(*The Nature of Managerial Work*) 开始，已经有无数的实证研究证明了这一点。[⊖]很多其他事情也是如此。比如，高尔夫球打得差、外语说得差、开车技术差的表现方式可谓不计其数。但是，把事情做得**合理**的方式只有一种：正确的方式。

6. 实证性规范研究

正确得当的管理与教条主义毫不相干。有人声称实现了“正确而良好的管理”，这是以一种属于规范实证学派的哲学

⊖ Henry Mintzberg, *The Nature of Managerial Work*, London 1973.

为基础的。如果什么东西运转良好，就根据它**的确**奏效的事实，把它确定为规范。[㊀]

7. 整个组织内部的兼容性

我认为正确的管理就是任何组织的“运行制度”。组织运行的一个基本前提是，组织的管理在整个组织里是**兼容的**。要保证实现这种局面，需要采用一致的术语并遵循有效管理模式的逻辑。用这种方法，一种具有一致性和共同性的语言将建立起来——这是沟通和相互理解的前提，从而有助于把冲突降至最低。单单这一点，就足以让组织砍掉一半的沟通和冲突培训项目。

8. 在不同难度情况下的应用

正确得当的管理在应用方面不存在限制，可以应用于各种组织、各种任务、已知和未知的问题、经营和创新；对组织和个人都可以进行正确得当的管理。其模式和要素始终保持不变。不过，其应用过程可能体现出不同的难度，因而要求具备或多或少的经验和技能，有时甚至还需要精湛的技巧。

9. 让组织正确运转的文化

正确得当的管理建立了一种实现可靠运转的组织文化。富有效能的组织既要打造出帮助人们领略生命真谛的文化，还要打造出追求业绩、践行职业精神、强调信任与责任、追

㊀ 另一个巨大影响是我对哲学家卡尔·波普（Karl Popper）作品的研究。

求变革和创新的文化。[⊖]

这些是在组织的管理层面上保持不变的文化价值观。在运营层面上，其他价值观更加至关重要：那些履行企业使命所需要的价值观，比如质量领导、成本领导、价格领导等诸多其他价值观。

实行正确的管理，效果显著！

有关创造力、社交能力和天赋的讨论已经有很多，出现这种情况自然有它的道理。但是，所有这些只有在它们得到有效运用后才变得重要起来，这正是实现有效管理所需要的东西。

我们常常在错误的地方寻找解决问题的方案。如果因为缺乏效能，有什么事出了错，人们会呼吁加强领导，增强社交能力，发挥更多天赋，但不会要求提高效能。在大多数组织里，效能是最不受重视的薄弱环节。管理（即思考正确的事并正确地做事）就意味着有效执行、发挥效能。

⊖ 我对意义的理解与维克多·弗兰克尔（Viktor Frankl）提供的解释是一致的。关于该主题的更多内容，可参见拙著：*Wenn Grenzen keine sind. Management und Bergsteigen*, Frankfurt/New York, 2014。

MANAGING
PERFORMING
LIVING

第一篇

职 业 精 神

CHAPTER

第 1 章

理想的管理者——一个错误的问题

人们问得最多的一个问题是：**理想的管理者应该是什么样的人？他们应该具备哪些特征？**

几乎每次讨论管理问题时，这个问题都会出现。这个问题表明，人们有意或无意地认同这样一个概念：理想的管理者。大多数人一听到“管理”这个词，就会条件反射般地去想：**理想的管理者是什么样的？**这也是管理学文献以及面向管理人员开办的大多数培训项目最常讨论的问题。不过，这个问题其实是错误的。

全能的天才——一块绊脚石

经过 40 多年的实验研究，现在要回答这个问题并不难。在管理领域中，所有应该研究的问题都已经得到了研究。因此，我们很清楚理想的管理者应该具备哪些东西。

我来举几个例子：一项研究调查了德国 600 家大企业对管理

者的素质要求，但结果令人吃惊：**创业精神、团队精神、沟通技能、远见卓识、国际视野、关注生态和社会、为人正直、领导魅力、跨文化技能和直觉决策技能**。不错，我们找不出哪一点是值得反对的。

瑞士有一家全球性大银行，在该行的简报中，有一位高管撰写了一篇题为“理想管理者的12个特点”的文章。文章指出，除了具备其他素质外，未来的管理者还必须做到：既有**质疑精神**又有**大局观**，不仅要成为**具有整合能力的中间人**，而且要**善于人际沟通，能对他人起到指导性作用**……这些素质或许与我们在学校里学到的东西不太一样。

有一本在德语界发行量最大的管理杂志，最近一期刊登了一篇题为“公司对管理者的新要求”（*The ABC of New Requirements*）的文章，对完美的管理技能进行了高度概括，文中列举了“未来管理者的关键素质”，总共45项，分3大类：个人品质、管理素质和组织因素。为增强其实践意义，该文采用了测试表的形式，读者可以立即参加测试，接受评估。测试中出现的一些术语（例如，沟通能力、移情、前瞻意识和系统整合等）有很多种不同的解释，但这个事实被随意忽略掉了。如果得分在1.0～2.5，就表明“可以判定：此人满足管理大师需要具备的所有新要求”……

类似的例子不胜枚举。它们很典型，代表着一种普遍的思维方式，不仅在商界大行其道，而且在其他社会领域中也深入人心。大多数招聘广告都会提到这些特定要求，而且在实践中用到的管理工具中，有很大一部分就是以诸如绩效评估系统、潜力分析、员工招募及筛选流程、薪酬体系之类的内容为基础设计的。

我在大学时代也学过这些东西，而且由于前述原因，我也接受了它们——几乎接受了它们。为什么是“几乎”呢？原因在于，我很幸运，甚至在上大学之前就与一些同事和员工一起工作过，算是拥有先占经验吧，而且我还吸收了很多老板的经验教训。他们是真正的管理者，不是在学术上纸上谈兵。我清楚公司的运作方式。这让我不会仅仅因为大学里传授过什么东西（而且往往是实践经验不足甚至是根本没有实践经验的教师传授的），就盲目信之。某个理念看上去合情合理，而且在大学里传授或成为流行观点，但这些都不能证明它本身就是正确的。有关对管理者的要求这方面的表格和目录传递出了哪种思想呢？由此得出来的理想的管理者应该具备何种基本形象呢？这种形象就是全能的天才。说来也怪，已经在我们的头脑中根深蒂固的思想是：管理者，尤其是高层管理者，应该集昔日时代的将军、诺贝尔物理学奖获得者和电视节目主持人于一身。尽管可以把这种理想的管理者描绘出来，而且相关的描述确实也很多，但是，这种人在现实生活中是不存在的。这个基本错误，对合理的管理理论及实践构成了一个主要障碍。

以上评论导致学术界受到了一定程度的批评。从实质上看，学术界所做的事情是它应该做的：回答了有关理想的管理者应该具备何种特征和技能的问题。此外，这些回答是正确的，从科学的角度看是合理的：理想的管理者可能就是这些学术研究中所描绘的样子。答案并没有错，错的是问题本身。

不过，科学的一个使命就是用正确的问题来替换错误的问题。

富有效能的普通人

我建议彻底放弃“理想的管理者”这个说法，因为它没有任何现实意义。即便我们现在出于讨论的目的，假设全能的天才确实存在，但从统计意义上讲，这类人的数量也不足以满足目前诸多管理职位的需要。

因此，不如换一个问题，不再问“谁是**理想的**管理者”，而是问“如何成为**高效能的**管理者”。这两个问题是截然不同的：第二个问题的出发点不是天才而是普通人，因为天才根本不够用。

所以，根据第二个问题，管理的根本问题不是：天才如何才能做出惊人的业绩？相反，在这个组织有序的社会里，根本问题应该是：如何让（足够多的）普通人做出不同凡响的业绩？不过，我在此提及的并不是人们经常说的追求卓越的品质。没有谁能长期实现巅峰表现（业绩），就连高层管理者也做不到这一点。苛求管理者追求卓越是不现实的，也是不人道的。然而，在复杂的当今社会中，仅仅实现一般的业绩已经不够了，还需要在此基础上有所超越。这是当今存在的一个管理悖论，也是组织需要管理的一个原因。组织能够获得的只是普通人（至少在量上是足够的），但全球范围的竞争所需要的是非同一般的业绩。

普通人如何才能取得非凡的结果？

长期（甚至终身）实现卓越业绩的人都是些什么样的人呢？换言之，哪一类人是**高效能的**管理者？有关的事实是：这种人的确存在，但每当我们就此问题进行分析比较时，我们很快会认识到：不存在一个单一的模式或共同的个性。他们彼此之间是完全不同的。

个性毫无共同之处

在此背景下，数十年前我开始研究那些一生中取得了非凡业绩的管理者——我们所说的实践者。这些人有什么共同之处呢？

人与人之间有多大的差异，高效能的个人之间就有多大的差异。所有人始终都在寻找的东西——共同点并不存在，确实存在的只有人的个性——让他们与众不同的个性。

没有两个完全一样的人。人们的职位越高，差异就越大。一个人不会因为他是另外一个人的复制品（类似于基因克隆）就能升任更高职位，甚至进入组织的最高层。他们之所以升迁，更主要的原因是他们与其他人**不一样**。

在长期实践中，我遇到过一些高智能的高层管理者：头脑出众，怀揣多个学位，这也许是帮助他们走上职业巅峰的原因；遇到过一些智能颇为一般的管理者，但他们在事业上取得了同样的成就；还有些管理者满足理想管理者中的一项条件——善于沟通，他们性格外向，善于与陌生人打交道，这可能让他们在很多情况下更加如鱼得水。不过，还有很多管理者是相当内向的，有些人甚至很害羞，但他们在工作中同样出色。有些管理者拥有组织经常要求的领导魅力，他们是人们常说的大人物，只要他们一进入房间，每个人都能切实感觉到他们强大的气场，这也许可以解释他们的成功。另一些管理者没有一点领导魅力，他们其貌不扬，从不引人瞩目，也没与组织中的同事打成一片，但他们所取得的成就同样出色。

重要的是行为方式，而不是个人特征

有关这些差异，我可以列出很多。这一切的本质在于：**高效能的人除了效能都很高之外，毫无共同之处。**他们之所以卓有成效，“秘诀”并不在于回答了这个问题，即有资格胜任管理职位的人应当具有哪些特点，也不在于个性或性格、教育背景或社会出身（当然，在涉及具体个案的时候，这些因素可能很重要），更不像人们常常以为的那样：实现高效能的关键是他们拥有的美德。尽管美德值得拥有，并且我不反对道德高尚，但在谈到管理水平的时候，我同样不会过于相信美德的力量。对于管理者的效能来说，这不是最重要的因素。

实现高效能的关键不在于是什么样的人，而在于他的行动，即行为方式。作为个体，高效能管理者是千差万别的。他们不符合对管理者要求的标准模板，也与学术上提出的理想管理者类型毫无相似之处，但是，他们的行动有一条共同的主线，即同一种模式。

只有在管理领域中，才会出现对“这个人应该是什么样的”这个问题异常执着的现象。拿外科领域来说，没有人会去想外科医生应该是什么样的，而只会关心他是否能够做好一台手术。乐团在挑选和评价音乐家时，是以他们的乐器演奏水平为依据的。跳高运动员必须跳得高；跳远运动员必须跳得远。没人会对他们提出别的要求。

为什么提到管理者的时候，情况就大不一样了呢？诚然，在判定一个人不适合某个职位的时候，某些性格特征可能起到重要作用。但是，之所以出现这种考虑，是因为这个人和特定的岗位具有某种特殊性，而不是源于所谓的通用型理想人选的概念。

要提高工作效能，就得遵循一定的规则、原则和指导方针。

在高效能人士身上，我们能发现的共同特征都与他们的工作方式有关：无论在何处从事何种工作，他们都遵循某些规则、原则和指导方针，并且有意识或无意识地接受它们的指导。在完成任务的过程中，他们特别勤奋，始终遵循**职业精神**所要求的原则，并运用某些**管理工具**。在各行各业中，我们都发现了这些相同的要素。它们完全不同于前面讨论的对管理者要求的各项条件。那些条件甚至可以说是不人道的：按照那些条件，需要要求人们做他们不可能做到的事情。大谈特谈那些要求是一回事儿，但起码要找到一些能够满足那些要求的证据则完全是另一回事儿。如果我们一直采用这项标准，当代 80% 以上的管理文献将不复存在。

具有误导性的访谈

令人吃惊的是，只有少数高效能人士才能描述出自己的行为方式。很多人甚至都没有意识到这一点。首先，他们没有明确学习过这些东西；其次，他们最为关注的是自己工作的实质内容，而不是具体的工作方式。因此，他们无法正确（乃至完美）地描述自己的工作方式。

最难以描述的东西是我所说的那些指导人们行为的原则。这没有什么奇怪的：只有极少数特别善于做某件事的人才能足够清晰地描述出来。能够做某件事和能够描述其过程完全是两码事。不仅在管理领域中如此，在艺术和体育等领域中也同样如此。我从未听说哪位小提琴独奏家能够描述他是如何拉小提琴的。他们能展示，但不能加以描述。

正因为如此，我很早以前就决定不再向管理者问及他们实现高效能的秘诀了。访谈及其他形式的提问都注定是不会成功的。通常，受访者认为我希望听到什么答案，就给出什么样的答案。有些人甚至让自己的助手在约定日期之前查找管理学文献，找一些当前流行的管理观点（来应付提问）。值得格外关注的是，在管理领域的实证研究中，访谈和调查的比重竟然如此高。在我看来，这些做法基本上是没用的。当今媒体都急于发表所谓的“研究”成果，也不考虑它们是否达到了学术研究应有的水准。但是，因为是在媒体上发表的，这些东西还是极大地影响了管理和管理者在公众心目中的形象（更准确地说是漫画形象）。

最好的办法是**观察**。当然，这也是最困难的办法，要求高而且很费时间。此外，只有在某些特定情况下，才能在关键场合（能够观察到行为和效能的场合）遇上合适的观察对象。

总而言之，重要的不是人们说什么，而是他们做什么及如何做。只有通过切实的观察，而且该观察不会影响他们的行为方式，才能确定重点之所在。我的从业经验经常给我带来这样的机会，有时甚至创造出机会来，因此，久而久之，我发现了一种实现高效能行为的固定模式，该模式几乎适用于各种文化，无须做出改变。

在我咨询生涯的初期，有件事对我产生了很大的影响：一家大公司的 CEO 给我安排了一项特殊任务。这对我来说是莫大的幸运，他让我不离左右，陪他整整一个星期，然后向他做出反馈。事实证明，这段经历对我的职业生涯和研究都非常宝贵，因为，这种体验式的研究完全不同于发放调查问卷的主流研究方法。

极有价值的见解还来自大量阅读人物传记，尤其是那些大企业家和商界王朝的传记，例如安德鲁·卡内基、杜邦家族、J. P. 摩根、德国钢铁王朝以及亨利·福特、阿尔弗雷德 P. 斯隆、卡尔·本茨、G. 戴姆勒及 F. 波尔舍等汽车界先驱人物的传记。

我还发现，教皇尤利乌斯二世（Pope Julius II）和来自政界及军界的部分人物的传记都非常有启发性，其中有包括本杰明·富兰克林在内的部分美国开国元勋，还有美国内战时期和第二次世界大战时期的一些将军的传记。我特别仔细地拜读了在 1935～1945 年担任美军总参谋长、后来担任美国防部长和国务卿的乔治 C. 马歇尔将军的传记。

与优秀的传记相反，我发现大多数管理学文献毫无价值。传记显然也有自身的问题：首先，读起来很耗费时间，几乎没有 500 页以下的传记；其次，这些人的工作行为通常只是传记中的一个次要方面。我们可以根据对这方面的重视程度来判断传记的好坏；最后，我们必须始终用自己的判断力去辨别人物传记中有时会出现的过分理想化的倾向。但我特别想弄清这些人物是如何成就大业的。

简言之，如果我们想要了解人们的行为方式，尤其是想要搞清楚他们得以实现高效能的原因和因素，我们就需要研究他们，甚至要更进一步：同他们一起工作，体验他们日常的所作所为，而不仅仅是向他们提问。

如果说人们的效能和职业精神不取决于他们的个人特征，而是他们的行为方式，那么，对本书的写作目的，倒可以抱有一定程度的乐观情绪了。虽然我们也许无法通过学习变得跟别人一模一样，但在一定程度上，我们可以学习他们的行事方式。高效能人士在行事方式上的共同特征是可以学来的，但他们的本性、性格和个性是学不来的。

CHAPTER

第 2 章

错误理论、错误及误解

有关理想管理者的问题并不是让我们曲解正确管理的唯一错误。还有一些误解和明显错误的理论，导致管理出现混乱和一些不良进展，特别是为越来越多的管理时尚、风潮和骗术式管理理念的流行提供了沃土。

在此，我将讨论两类思想，它们在一定程度上是统一对立的，在解读错误且有害的管理观点方面格外具有说服力。在当前管理及其研究的整个框架内，这两类思想出现了各种各样的版本和变体，但从中可以发现它们最重要的要素。从最常见的表现形式看，第一类思想可以称为“追求快乐”的思路；第二类是“寻找伟大领导者”的思路。

追求快乐的管理思路

该思路最极端的观点是：组织（特别是商业组织）的关键目

标是让组织里的员工感到满足，在可能的情况下，甚至让他们感到快乐。该思路比较温和的观点已经渗透到大部分管理领域中，并在很大程度上影响这些领域。

这种思路有很多思想根源，其中最强有力的是：国家或社会有责任保障人民的幸福——这是20世纪的一个主流观点，是另一个百年之错。该思路在若干时点，与追求“幸福”“关注”“敏感性”和“自我实现”等方面的各种运动以及它们无穷无尽且无法理解的变体形式（神秘主义运动、新时代概念运动）进行了融合。

目前，我们发现媒体反复报道的内容正是“感觉良好的管理”。即便有明显的信号表明什么地方出了错，但就连公共舆论主流媒体在进行相关报道时，也不附带任何批判性的文字。

在管理上，追求快乐的观点可以在人际关系运动中找到身影；它们以各种形式出现在参与和民主化需求理论中，也出现在动机理论中。它们还出现在有关管理风格及管理授权方面的讨论中。其最明显甚至是最“现代”的体现是在工作满意度理论中，该理论自20世纪50年代以来一直影响着人力资源管理。这种观点的基本主题是：**让人们感到满足，他们才会努力工作**。这个理论如今依然很流行，因此我们看到仍有组织在定期进行满意度调查。人力资源管理方面的最新趋势是寻找可以满足所谓“Y一代”的管理原则。

该理论的错误之处，不在于它假设人们应该得到满足，而在于认为为这种满足感负责的不应该是人们自己，而应该是**第三方**，即组织、公司或者先前提到的国家和社会。第二个错误是认为：员工必须先获得满足，然后才能努力工作。

第一，不管如何界定，任何变化或进步都不会源于满足感。倘若过去的人对现状已经很满足的话，他们很可能就不会去改变它。变革的动力至少要来自对现状的某种不满，而这种不满，不管是出于何种原因，又会改善绩效。

第二，这种思路忽视了一个事实：如果每个组织都努力让员工感到满足和快乐，那么组织显然会力不从心。**组织绝对做不到这一点**。每个组织都是为了特定的目标而组建起来的。比如，一家公司的目标可能是制造汽车、牙膏或服装，也可能是提供银行服务或保险服务；医院的目标是治病救人；学校的目标是教书育人。我们甚至不能肯定地认为组织较好地完成了它的特定目标；至于完成目标以外的任务并增添为员工提供幸福感和满足感的目标，就更让组织无能为力了。现在并没有能实现多目标或全能型的组织，将来是否会有也非常值得怀疑。商业组织如此，学校、医院或政府机构都是如此。任何想把单一目标组织转变为多目标组织的尝试都失败了。

第三，如果过分专注于工作满意度原则，就可能会忽视它的对立形式，即**只要给员工提供工作和表现的机会，大多数人（虽然不是全部）就会获得很高的满意度**。这是我愿意在本书中使用的原理。它似乎是使组织利益和员工利益同时得到保障的最佳方法。

领导和大人物理论

第二类错误的理念认为，组织不需要管理，只需要领导，因而组织实际上需要的是领导者，而不是管理者。我首先阐明第一个要点：领导者也需要效能。那么，领导者如何获得效能？如本书所述，只能靠实行有效管理，别无他法。另外，由于“领导者”一般都要面对最重大、最复杂的挑战，他们就需要在最高的效能水平上实行正确而良好的管理。其实，领导者所有的成功都依赖于此。

领导理论如果无视有效管理这个话题，则可能落入陷阱，导致幼稚甚至是危险的误解。

尽管这种思路（大人物理论）与理想管理者的理论有所不同，但二者很相近，很难被区分。这两个理论结合起来产生的人物堪比古代史诗中所描绘的英雄。⊖

与我们目前的所见所闻相比，肯定需要更多、更好的管理才能应对 21 世纪巨变。但是，这与过去几年里管理者在“转型领导”口号的误导下所遭遇的情况毫无关系。面对巨变带来的重大挑战，再加上其他挑战，现在比以往什么时候更需要得当的管理。但是，思考煽动主义和极权主义思想（有时达到了不负责任的程度）所带来的风险直到最近才成为一种风尚。

对所谓伟大领导者的个性和特征的研究总是会引起大家的兴趣。人们认为，从独特的历史现象和历史人物中可以学到一些东西。但直到最近，这种期待主要局限于政治组织和军事组织的最高层领导。现如今，这种期待被推而广之，从而被琐碎化（地应用

⊖ 所谓的变革型领导的视角似乎在某些作品中受到反思和质疑。例如：Fabiola H. Gerpott and Sven C. Voelpel: “Zurück auf Los!” [“Back to square one”], *Personalführung*. Das Fachmagazin für Personalverantwortliche [“Hu-man resources management: the journal for HR managers”] 4, 2014, pp. 18 et seq.

于管理)，以至于人们似乎对历史上出现过的领导灾难视而不见。[㊀]

已经有人呼吁具备非常特殊的素质和技能的"新型管理者"；"赢家规则"已经形成，有人高呼需要有力量、有活力、有远见、有魅力的领导者，要靠他们来吸引人才并激发员工的热情、灵感和认同感。

即便呼唤出现这种领导者，也是危险的。其实，符合这些要求的人极为罕见，那些不仅**伟大**（不管在哪个方面），而且**优秀**的领导者只能算作特例。[㊁]

领导——一个尴尬的误译

德语中大量使用"领导"一词，这源于把英语作为企业语言引进的必要性。在管理范畴内，这造成了很多翻译错误：不是因为翻译人员不精通英语和德语，而是因为对管理本身的理解出了问题。

德鲁克及其他几位英语国家的管理前辈所使用的"管理"（management）通常对应于德语的"Führung"，只在极少数情况下对应于"Leitung"。因此，不管词典是否提供了"领导"（leadership）这个义项，"管理"都必须回译为"management"。在英语中，"leadership"很少用于管理背景。

㊀ 只需阅读这本极具启发性的书（*Die Torheit der Regierenden: Von Troja bis Vietnam* ["The folly of governments: from Troy to Vietnam"]），作者为巴巴拉·塔奇曼（Barbara Tuchman），就足以对领导这个话题持负责任且谨慎的态度。

㊁ 参考：Johannes Gross："Größe des Staatmanns" ["Greatness of Statesmen"], in: *Von Geschichte umgeben* ["Surrounded by history"], a festschrift for Joachim Fest, Berlin, 1986, pp. 75, 88; and Wolf Schneider, Die Sieger ["The winners"], Hamburg, 1992, pp. 42 et seq.

例如，大公司的首脑是首席执行**官**（CEO），而不是领导；同样，我们说的是人力资源主管或人力资源负责人（不是领导者）。就连旅游团也只有**导游**，没有领导者。㊀

对领导的讨论尤其具有误导性的另一个原因在于：它又一次强调的是性格和个性特征，而不是行动和实践。换句话说，强调**是什么样的人**，而不是**做了什么事**。要求具备特殊个性特征的管理时尚是无益的，而且是相当幼稚的做法。从历史上看，即便是20世纪，因这种“领导”所引发的灾难也是不容小觑的。

拿管理和领导做比较，存在根本性的逻辑错误

这种比较几乎总是存在逻辑错误。对管理和领导的界定方式使得整个讨论毫无意义，而且也不会取得任何进步。根据这种思想，凡是错误的、不可接受的东西（比如，官僚主义、缺乏创新和活力、沉湎于过去，等等）都应该归到“管理”名下，而一切好的、合意的都应该归到“领导”名下。

要求领导者作风强悍、目光远大且富有魅力的做法是危险的。

换言之，这是在拿不当的管理和得当的领导相比，是完全不符合逻辑的。很明显，不当的管理必须与不当的领导（历史上的例子不胜枚举）相比，而得当的管理必须与得当的领导相比。首先要辨别出得当的管理和不当的管理之间的差异，然后

㊀ 类似的不准确性出现在管理文献中是一件特别令人遗憾的事。例如，彼得 · 德鲁克的书中就有这种现象，*The Effective Executive: The Definitive Guide to Getting the Right Things Done*（New York, 1966）这一标题被长期以德语误译为“理想的管理者：管理的高级艺术”来发表。

才能继续讨论领导在哪些组织和哪些方面超越了得当的管理。

如果这样能证明领导显然比得当且正确的职业化管理更优越，那就说明我们的讨论迈出了一大步。

为了避免混淆，我必须声明：我并没有怀疑出色的领导在过去有，现在也可以有，而且在某些情况下必须有。但是，我坚持认为我这里所批判的思维方式具有误导性，不是一个接近于合理的"领导"概念，甚至不利于我们发现并理解领导者和**不良**领导者（misleaders）之间的重大差异。

错误与误解

除了前面讨论过的两个基本思路以外，还有一些管理方面的错误，它们流传甚广，所以我希望在本书开头就一举清除。这些错误不仅妨碍了管理理论的进步，而且在我看来，还妨碍了有效管理的实践。

误解一：只有高层管理者才是管理者

对管理的这个误解，让人们把焦点缩小到仅关注**高层**管理者——媒体依然在沿用这个观点，却几乎罔顾管理上的事实。现代组织需要很多管理者。每个承担管理任务的人都在进行管理，都是管理的一部分。

误解二：只有拥有下属者才是管理者

这个误解错误地认为，管理就是人员管理。这个观点没有把所有对组织很重要的人纳入管理者范围内，他们之所以重要，是因为他们为组织（甚至是独立）做出了贡献，而不是因为他们拥有下属。我这里指的是越来越多的脑力工作者和顶级**专家**。他们对于组织来说很重要，是因为他们具有个人专业技能和专业知识。在银行里，首席外汇经纪人的重要性并不在于他手下有多少员工，而在于他做出的专业贡献。他的自我管理是至关重要的。没有这样的专业人士，组织便不可能正常运转；对越来越多的组织来说，他们对组织的成败起到关键作用。

误解三：只有员工才需要受到管理

尽管管理也包括对员工的管理，但那不是全部。数年前是那样的情况，因而产生了这种误解；尽管世界在这方面已经发生了根本变化，但这种误解依然存在。最令人感到惊讶的是，这个旧模式仍然占据着主流地位，几乎毫无例外。如今，“管理”自己的上司和同事要重要得多。其原因很明显，但最令人感到困惑的是，管理方面的研究和教育都没有反映这方面的现实情况。在管理者接受建议和培训的员工管理领域中，并没有首先要求使用整套复杂的管理工具（沟通、合作、说服力、交际手腕等）。在管理组织网络中的其他人时，更加需要这些管理工具。

误解四：管理是一个商业问题

管理并不是专门针对“商业”的，而且并非起源于商业。在商业企业出现之前，（早已存在多年的）其他类型的组织就一直在实行管理。比如，古埃及和中国古代的官僚机构运行得颇为顺畅，各种宗教的修道院也是如此。然而，管理要采取**系统性的**方法才能成功，这在商业领域中体现得最为明显。在商业领域中，能最清楚、最直接地看到管理的影响——积极影响或消极影响。但是，恰恰是因为这一点，对于诸如医院、公共管理机构或研究所等其他类型的组织来说，管理显得更加重要，有时还会更加困难。

和商业组织不同，上述组织通常没有一个特别清楚的底线。

误解五：管理是一个心理学问题

这个误解需要多加讨论，原因在于，它有许多表现形式。这里仅列出其中的四种。

毫无疑问，对于正确而良好的管理来说，正确得当的心理学很重要。但是，对管理进行“**心理化**”(psychologizing) 是有害的。[⊖]

第一，这样会把管理降格为纯粹的人员管理（对于这个错误，前面已经讨论过）。人员管理是管理的重要组成部分，但管

⊖ 对于日常生活的心理化问题，专家持强烈的批判态度；特别是越来越多的人把解决问题的能力外包给专家，这似乎存在疑问。对人力资源领域出现的心理热现象的批评可见：Viktor Lau: *Schwarzbuch Personalentwicklung. Spinner im Nadelstreif* [“The black book of human resources development: Cranks in pinstripes”], Steinbeis-Edition, Stuttgart, 2013。该书呼吁，人力资源管理应该有更牢固的理论基础，尽管作者在有些地方有点夸大其词。令人遗憾且使人误导的是，他的批评忽视了有充分依据的系统理论，该理论在复杂系统的内部管理以及管理复杂系统时都已变得不可或缺，特别是在 21 世纪巨变期间。值得关注的解释，还可参见：Martin Spilker, Heiko Roehl, and Detlef Hollmann in *Die Akte Personal. Warum sich die Personalwirtschaft jetzt neu erfinden sollte* [“The human resources file: why human resources management should reinvent itself now”], Bertels-mann-Stiftung, Gütersloh, 2013。

理远不止于此，还包括组织整体的架构、发展和控制等。如果脱离了这个大背景，就无法理解管理中的人员管理：毕竟，管理者始终管理的是组织里的人和由人组成的组织。

第二，作为这个错误的结果，所有的冲突和问题都被认为是有心理原因的，从而都从心理学方面去寻找解决方案。事实上，更可能的冲突原因在于沟通不畅，这是因管理缺乏职业性所导致的。发生沟通不畅时，即使大量正确应用心理学，也是无济于事的。

第三，应用于管理实践中的心理学有很大部分源于心理疗法，该领域本身就引起了心理学家的争议。大概有 600 种不同的心理治疗程序，但它们在理论可靠性和实践有效性方面，基本上都是值得怀疑的。[一]

然而，对于管理来说，更重要的问题是，这种做法把**病理案例**[二]**的主导性**引入组织当中。心理疗法专家主要关注的是病人，而不是健康的个体。从心理疗法专家的角度看，这是合情合理的，但对于管理来说，这几乎是没有用的。

大多数员工都是非常普通、身体健康的人。人们对人际关系和沟通中的困难、问题、冲突和纷争极为关注，这在管理培训中经常可以观察到，但这种做法会使人头脑迟钝，从而对那些真正重要的心理问题变得麻木。如果可以，我们会要求在管理中运用

[一] 比如，可参见：Dieter E. Zimmer: *Tiefenschwindel* [“Depth vertigo”], Hamburg, 1986, pp. 375 et seq。

[二] Fredmund Malik” *Strategie des Managements komplexer Systeme* [“Strategy for Managing Complex Systems”], Bern/Stuttgart/Vienna, 1984, latest edition 2015, pp. 543 et seq.

针对健康人而非针对病人的心理学。

第四，当精神分析、神秘主义、新时代的形而上学和铺天盖地的预测术等组成的怪异混合体取代了严肃的心理学，并且不断加入受意识形态影响的生态学观点和1968年左派运动以来的思想残余时，事态就变得格外糟糕了。这种思想泥潭及其特有的荒谬性对为数众多的人产生了莫大的吸引力。此类荒谬的思想不仅仅出现在管理文献中，而且经常出现在组织的培训项目中。我这里所指的是，在高层管理者的明确许可下，由半真半假的理论、迷信思想、未经证实的观点和一本正经的文句等组成的具有迷惑性的混合体进入各种组织里。这种结果，源于管理者对几乎数不胜数的管理培训师的专业知识的粗心大意，甚至是无知和轻信。由于缺乏明确的标准，一切似乎都是正确有效的，因而似乎也是可行的。其结果是，这种“思想污染”让人头脑瘫痪——**一无所知者必定会什么都信，不加选择。**[㊀]

正因为如此，得当且正确的管理才显得如此重要。一旦浅薄的学识、形而上学和迷信思想生根发芽，便很难纠正。[㊁]

误解六：管理依赖于文化

管理具有文化依赖性的观点是显而易见且可以理解的，但它是不正确的。它混淆了管理的**内容**和**方式**。在所有的文化中，由

㊀ Marie von Ebner-Eschenbach, in: *Gesammelte Schriften* [“Collected writings”], vol. 1, Berlin, 1893, p. 21.

㊁ 参见：Martin Spilker, Heiko Roehl, and Detlef Hollmann: *Die Akte Personal. Warum sich die Personalwirtschaft jetzt neu erfinden sollte* [“The human resources file: why human resources management should reinvent itself now”], Bertelsmann-Stiftung, Gütersloh, 2013。

于组织发挥职能要依赖于有效管理，因而卓有成效的管理者在工作内容上是相同的，或者说是高度相似的。他们的**管理方式**可以存在不同，可以受到文化的影响，还可以受到其他个人参数的影响。

比如，在每一个正常运转的组织里，都会制定清晰的组织目标和有效的监控系统，这与民族或种族的文化环境无关。另外，如何确定目标并监控目标的实现可能因文化的不同而千差万别，至少与文化的外部表现形式有关。

即使文化不是根据种族或民族来定义的，但这个事实不会改变：无论是高科技企业还是非高科技企业，知识密集型企业还是劳动密集型企业，时装行业还是科技行业，投资类企业还是消费类企业，得当管理的内涵在任何地方都是一样的。即使在同一个国家内部，具体的管理方式也可以有很大的不同，而且通常都是如此。比如，从外在表现上看，一家意大利机械公司和一家意大利时装公司的管理就有很大的不同。

这种情况让很多人要求管理要以文化为基础。事实上，他们混淆了管理的内容和形式。没有理由去过分关注跨文化管理，但要注意这样一个显而易见的事实：每个国家都有自己特定的风俗和传统[⊖]，出于礼节考虑，我们首先要学习，其次要尊重。但是，这与管理无关，而是关乎礼貌和尊重。

“国际”管理也是这个道理。这种类型的管理一直就不存在，

⊖ 相关文献包括：Paul Watzlawick: *Gebrauchsanweisung für Amerika* [“Operating instructions for America”], Munich/Zurich, 1978, 1984, and Max Otte, Amerika für Geschäftsleute [“America for businesspeople”], Frankfurt, 1996, revised edition 1998。

而其对立面，即“国内”管理也从未出现过。真正存在的是在国内、国际或跨国范围内经营的组织。本打算且仅仅关注国内运营的组织如果决定开展国际业务，可能会遇到大量的甚至无法解决的问题，但这与**管理**无关，而与对他国缺乏了解有很大的关系，其中包括不懂他国的语言。

就像体育运动一样，正确的管理与国家和文化都无关。在任何地方，高尔夫球的打法都是一样的，网球和国际象棋也是如此。某些运动项目可能在一些国家不是特别受欢迎，这应该归因于文化。例如，滑雪在美国肯定不如在奥地利和瑞士流行。但是，当美国人滑雪，尤其是进行高水平滑雪的时候，他们和欧洲人一样，遵循的是相同的原理。同样，在任何地方，有效管理的原则也都是一样的，这就好比语法规则：在全球任何地方，正确且地道的英语的评价标准都是一样的。

误解七：运营任务就是管理任务

这是最经常出现的误解，其后果是灾难性的：出现这个错误后，便无法正确实行有效管理。显然，它混淆了管理任务和运营任务，后者是与目标相关的任务，比如人员选择或市场沟通。企业经济学家最容易犯这个错误。例如，在医疗保健行业中，几乎不会出现把外科手术（运营任务）和管理任务弄混的情况。但企业经济学家经常对我说，我的有效管理模型（见图 29-1）不够全面，没有包含财务管理和生产等任务。其实，这些任务属于管理的范围，但它们本身并不代表管理。

CHAPTER

第 3 章

管理是一种职业

现代社会拥有各种各样的组织，在我看来，能为这些组织的管理问题提供圆满答案的唯一方法就是采用政治学和法律上所谓的"宪法学分析"(constitutional approach，又称为"立宪主义")。㊀组织和国家一样，需要具有宪法地位的规则才能正常运转。当然，由于要遵循组织所追求的目标，这些规则的实质内容需要有所差异。本书及书中提出的建议是以宪法学分析的若干基本理念为基础的，特别适合于分析管理问题。在本书及我的其他书中，㊁

㊀ 更深入的研究，参见：Friedrich August von Hayek: *Die Ver-fassung der Freiheit* ["The constitution of liberty"], Tübingen, 1971, pp. 221 et seq., and his three-volume work *Law, Legislation and Liberty,* London, 1973–1979。

㊁ Fredmund Malik: Management: *The Essence of the Craft*, Frankfurt, 2007; *Corporate Policy and Governance: How Organizations Self-Organize*, Frankfurt/New York, 2011; Strategy: Navigating the Complexity of the New World, Frankfurt/New York, 2 nd edition 2013; *The Right Corporate Governance: Effective Top Management for Mastering Complexity*, Frankfurt/New York, 2009; *Strategie des Managements komplexer Systeme* ["Strategy for managing complex systems"], Bern/Stuttgart/Vienna, 1984, latest edition 2015.

我进一步发展了这些理念，目的是为正确而良好的管理打造出一个具有宪法学基础的理论，因为管理是社会和组织的最重要的职能，是社会的表现形式。管理是使得组织正常运转的社会职能。

宪法思维

宪法思维（constitutional thinking）的第一个原则是：几乎在每个组织里，过去曾出现过而且将来还会继续出现一些举足轻重、影响深远的人，但即便如此，组织的命运不应该简单地由个人来决定。对高层管理者的终极检验不是看他在位时所取得的成就，而是看他离任后的组织状况。组织面对高层管理者的更迭，是会继续辉煌、稳健发展，还是会因为此人之前的大权独揽而分崩离析、灰飞烟灭呢？

宪法思维的第二个基本思想是：组织里的每个人，即便是高层管理者，也必须做到法规面前人人平等。这个思想对应于要法治不要人治的原则。[⊖]无论管理者有多么重要、能力有多强、成就有多大，组织都不应该受制于他们的武断决策。

宪法思维的第三个重要方面（而且这也许是本书最重要的内容）是这样一条原则：从长期来看，重要的不是那种让其他一切都黯然失色的特别卓越的表现，而是可以连续保持且普通人都可达到的高水准表现。根据这条原则，追求持续改善要比谋求某种

⊖ 参见：Friedrich August von Hayek: *Die Verfassung der Freiheit* [“The constitution of liberty”], Tübingen, 1971, p. 195 and following pages。

特别的大成就来得更重要。其中包括，对延续和变革、维持和更新、经营和创新、稳定性和适应性等的整合，还包括对旧的和一切过时的东西进行系统清除，从而为全新的、更好的未来留出空间。

以上这些对立的两极，标志着21世纪巨变（即我所说的全球社会及其组织的社会生态系统的根本性变革）的发生领域。它们界定了有效管理、未来导向型领导以及负责任的治理这三个方面的任务，还界定了过去向未来的世俗转变所带来的三重挑战。

宪法学分析从提出到取代武断且随机的决策经历了很长时间。有关统治和执政的问题，主要是要弄清以下问题：**该由谁来领导我们？**由于时代和理念的不同，对该问题的回答也是五花八门：最强者、最优者、真命天子、智者、人民、大多数人……所有这些答案都错了，尽管这个观点尚未获得主流思想界的一致认可。

但更重要的是：不仅答案是错的，而且问题本身就错了。应该这样问：**“我们应该如何组建我们的政治体制，以保证糟糕无能的执政者（我们应该尽量不遇上他们，但总是很容易遇上）不会造成太大的破坏？”**㊀

在过去相对简单的社会中合理可行的政体管理方法，同样适用于越来越复杂的现代社会里的各种组织。于是，问题变成了：**必须如何去组建现代社会里的组织，如何发挥管理的职能，**

㊀ 参见：Karl R. Popper: “On the Sources of Knowledge and Ignorance,” in: *Conjectures and Refutation*, London 1963, 4 th edition 1972, p. 25.

以使组织目标得到最好的实现，而且能确保平庸无能的管理者把破坏降至最低，还能让我们立即发现他们的无能并轻而易举地替换掉他们呢？问题很清楚，但答案不简单。谁来领导是个很重要的问题，但同等重要的问题是：什么是正确的管理？

20世纪，鲜有企业管理者深刻领悟了这个问题并落实在行动上。阿尔弗雷德·斯隆是其中之一。在他整整20年的掌管下，通用汽车从起初遭到福特公司的碾压，成长为全球最大的汽车制造商。虽说通用汽车在过去几年里陷入困境，但这显然不是早在1946年就已卸任的首席执行官斯隆的责任。

实行宪法学企业管理的另一个例子是赫尔穆特·毛赫尔（Helmut Maucher）。在他的领导下，总部位于瑞士的雀巢集团成为全球最大、最成功的食品公司。

毛赫尔掌舵雀巢公司长达20余年，打造出一家真正的全球性公司（当时为数不多），该公司的成功一直延续到他的继任者包必达（Peter Brabeck-Lethmate），并一直持续到现在。[一]

企业宪法学管理理论的创始人是德鲁克，在社会和政治理论方面，他是真正的行家。德鲁克认识到，即便是正常运转的组织，也必须以某种类似于宪法的东西为基础。[二]德鲁克把通用汽

[一] Helmut Maucher, Fredmund Malik, and Farsam Farschtschian: *Maucher and Malik on Management. Maxims of corporate management-best of Maucher's speeches, essays and interviews*, Frankfurt/New York, 2013.

[二] 参见德鲁克的著作：*The Concept of Corporation*, published in 1946 via General Motors。

车的斯隆称为“真正的管理专家”是不无道理的。[⊖]

阿尔弗雷德·斯隆很可能是第一位基于宪法思维认识到必须把管理作为一种**职业**来理解和实践的管理从业者。这种认识将自动解决两大问题：首先，正确得当地管理组织，从而根据组织目标来产生业绩并取得成功；其次，在社会上为管理正名。在资本大亨主宰美欧商界的当时，这种认识可谓远见卓识、非同凡响。而德鲁克，则是将这种认识用易于理解的方式表达出来的先驱者。

职业精神是可以学习的

在此背景下，我建议把管理看作一种职业，原则上跟任何其他职业都一样。从一开始，我想对管理与天职及各种对管理进行神秘化、高贵化和理想化的形式之间做出明确的区分。有一个广泛流传的神话，认为存在拥有特使才能和坚强性格的卓越天才，这显然是管理教学和实践令人着迷的一个原因。这个神话根本不是事实，不利于人们深入理解现代社会中最重要的职能之一（管

⊖ Peter F. Drucker: *Adventures of a Bystander*, Düsseldorf/Vienna, 1979, pp. 227 et seq. I have published a series of articles and papers referring to Peter F. Drucker’s works include the article “Von Peter Drucker für die Krisenbewältigung lernen” [“Learning from Peter Drucker for coping with crises”], *Neue Zürcher Zeitung*, November 19, 2009; see also the chapter entitled “Konservatismus und effektives Management. Wege aus der Orientierungskrise” [“Conservativism and effective management: ways out of the orientation crisis”] in Drucker and Peter Paschek: *Kardinaltugenden effektiver Führung* [“Cardinal virtues of effective management”], Redline, 2004.

理)。最重要的是，它妨碍了有效培训的正常进行。诚然，有些人在管理上特别有天赋，但大多数人，需要学习管理。

因此，我提出了一个颇为谨慎的观点。如果把管理理解成一个职业，那么就应该更加重视可以学到和传授的内容，这是管理具有技艺的一面，即职业精神。本书将证明，这方面的内容相当多，而且与普遍认为的观点相反，它们是可以学习的。大多数**管理**者只是学到了一点皮毛就心满意足，因此他们的管理业绩远远低于本可以达到的水平。

管理是职业，不是天职。

管理是可以学习的，而且还是必修课。对于管理者理应有能力做到的一切，管理者不是自动就能做到的，这种能力也不是与生俱来的。因此，我不仅区分了管理和天职，而且区分了管理和作为爱好的业余管理（这是受到同等广泛认可的观点)。

管理者必须像学习外语或某类体育运动等其他职业一样来学习管理。管理并不容易，因而必须勤学苦练。但它也不比别的职业更难学，因此每个人都可以获得一定程度的管理能力，比业余管理者更强。很多人还可以变得高度职业化，这对于掌握深刻的变革及其动态来说是不可或缺的。有些人的确在管理方面比别人更有天赋，但这个事实并不影响学习管理的可能性和必要性。与此相关的是，与其他职业一样，需要建立管理的标准。遗憾的是，在管理领域中，这些标准至今尚未在平常的培训和学习课程中出现。

我们是否能够因为管理是一项能够学会的职业而沾沾自喜?

我们对特定的任务和职位就没有更多要求了吗，比如天赋？我们能对管理就此心满意足吗？哪怕只是偶尔，我们是否还有其他方面的要求，比如领导？我先把这些问题放在这里，因为其答案取决于我们对“管理”的理解。本书的内容就是我对这些问题的答案。

管理不仅仅是一种职业，而且是几乎每一种职业的组成部分。与以前形成鲜明对比的是，人们如今从事每一种职业，几乎都是在组织内部或者有赖于组织，才能进行。

管理是一种职业，使得现代社会的各个**机构**变得**富有效能**，而且，正是因为管理存在于每种职业中，才使得各个机构内部的**人员**变得卓有成效。

每种职业都具备管理要素。

在组织以外，几乎没有人存在效能问题。组织所带来的问题是，如何从平庸走向卓越，从努力走向成果，从效率走向效能。

在绝大多数的管理文献和管理教育中，这一点都遭到了忽视或漠视。我们谈论的要么是人员，要么是组织。但我们需要谈论的是另外的问题：管理针对的是组织**里**的人以及（反过来说）由人组成的组织。这种关联是我们无法消除的。

现代社会最重要的职业

前面说过，管理在原则上与其他职业并无二致。但是，在某些方面还是有所区别的，因此需要特别重视。

在我们的社会中，几乎一切对我们来说重要的东西都依赖于管理，依赖于管理上的职业精神以及对管理从业质量的重视。管理——对社会的组织、控制和指导还决定着经济价值的创造，继而影响社会的繁荣水平。管理可以动员或闲置社会资源；管理将原材料转变为资源，再将这些资源转化为经济价值。

社会的生产率和创新能力都依赖于管理。资源的利用可以是高效的，也可以是低效的；可以用于过时的旧目的，也可以用于有前景的新目的，这一切都依赖于管理。

社会及其经济是否有竞争力依赖于管理。人们经常谈论“有趣”或“无聊”、“好”或“坏”的行业，但这样做并没有什么意义：在每一个行业中，都有业绩出色的公司，也有正处于困境的公司。

每个行业的基本环境可能不尽相同，但在同一行业内，大抵相似。如果竞争的条件相似，但结果相差甚远，那么影响结果的因素只有一个——公司的管理方式。这方面典型的例子是瑞士和日本：两国在竞争和经济方面的成功在很大程度上可以归结到出色的管理能力这一点上。翻开两国的整个历史，它们都不具备通常所认为的地理优势。特别是日本，清楚地表明了管理**失误**可以以及如何导致竞争力的削弱。

我认为有必要将这种观点展开讨论。的确，我主要分析的是西方发达国家，举的例子也是来自这些国家。

然而，管理并不是这些国家的特有产物，管理的重要性也不仅限于这些国家。事实恰好相反：管理对于发展中国家和起步国家来说更加重要。抛开对发展中国家状况的意识形态化和理想化的解读，我们得出的结论是：与一个国家的发展关系最大的是该国的管理水平。德鲁克曾经非常明确地说明了这一点，他说：**没有欠发达的国家，只有欠管理的国家**。[⊖]任何国家，只要可以引进并组织起有效的管理，其经济状况和社会状态就能迅速改观。

即使是在发达国家，也能看到这种情况，在非商业部门尤其如此。如果我们把眼光放宽，把管理纳入非商业部门，如果我们不为表面的职称和头衔所困扰，那么，管理同样决定着我们的健康水平和教育水平。这两个方面都依赖于履行事实上的管理职能的人，即便他们不愿或根本不把自己称为管理者。他们的头衔与商业领域里的不同，比如主任医师、病房主管、院长、机构领导，等等。但他们的工作中有相当大一部分是管理职能，类似于商界的营销主管、财务主管或工厂厂长。这个事实可以推而广之。严格说来，当今各行各业，处处有组织，因此也就处处有管理。

最终，大多数人的满意度以及他们生活幸福，都受到或好或坏的管理的影响。我认为让人们幸福不是社会组织的责任，更不是所有商业企业的责任。在前面章节中，我已经阐明了我的理由。然而，每个人都在职场体验过和优秀的上司共事的快乐，与平庸甚至优柔寡断的上司共事的苦涩。当一切工作都完成后，这一天的经历和发生的事情并不会留在工作场所，而会被我们带回家。统计数据已经证明，每个上班族大约与 2.5 个人（包括他们的配偶、孩子）打交道，这些人会受到上班族的经历、心态和感情的影响，进而会受到管理的间接影响。

⊖ Drucker, Peter, *Technology, Management and Society*, 2011 (first publication 1958), Routledge, New York, p. 35.

仅仅这些观察结果就完全可以证明管理的重要性。因此，在管理上要坚持高标准，其实是要坚持最高标准。业余人士难当管理之大任。但同时也不能把经济繁荣时期易于解决的问题当作标尺。应该把那些困难的问题作为衡量管理职业化程度的标准。

现代社会的生产力和创新能力取决于管理。

管理是一种“全天候”的职业，干脆把它视为一种“坏天气”职业更恰当。当形势一片大好、组织正常运转且经济繁荣昌盛时，管理并不是必需的，而在困难的形势下，就需要管理了。为管理者的管理职业所开展的培训和准备针对这些困难的形势来设计。在任何其他职业中，这都是不言而喻的事实。比如，飞行员不会专门挑好天气时训练，他们必须时刻准备着迎接高难度操作和恶劣天气与局面的挑战。

最重要的大众职业

管理已经成为一种大众职业。现在，实际履行管理职能的人比以往什么时候都多。在以前，管理是少数人的特权，甚至是负担。领导者、管理者、司令官和统治者的数量甚少；少量的管理职位只有通过特定的方式才能获得：要么出身显赫，世袭获得，要么在教堂里接受神的感召。

在过去，社会不需要很多管理，因为没有组织，更准确地说，只有少数组织，往往数量少，而且结构也很简单。除了政府、教堂、军队，别无其他，而且与现代组织相比，即便是最大的组织，也显得微不足道。因此，管理几乎没有必要。

如今形势不同了。如同德鲁克在 20 世纪 60 年代末所指出的，现代社会不是由个人而是由组织组成的。我们在做几乎所有的事情时，都不是作为单独的个人，而是作为组织的用户、客户或雇员来完成的。所有组织都需要管理：不管是商业组织还是医疗或教育机构，不管是在公共管理部门还是在非政府组织或非营利组织中，皆无例外。因此，在当今各国，很多（十万甚至数百万）人必须在组织内部承担管理任务——无论他们是否还从事别的工作。

有些人的公开身份或在媒体上出现的身份是组织里决策部门的成员，但在此背景下，只把他们视为管理者的做法是不够的。我以前就说过：**谁从事管理，谁就是管理者**。即便是工厂里的工头，也在承担管理任务，在这一点上，他就是管理者。项目管理者、团队管理者、部门领导等都算得上管理者。

即使采用最严格的标准，管理者占就业总人口的比重在发达国家也才 5% 左右，其中包括一般产业中的企业和典型的公共管理机构的管理者。如果分析当代的行业，比如计算机、信息技术、软件工程、生命科学、咨询服务、金融业、一般性的服务组织或者科学、艺术和文化领域里的组织，这个比例会高出很多，达到 20%～25%，并且在不断升高。由此可见，管理已经成为一个大众职业。因此，在德国这样的国家里，有数百万人在事实上承担管理任务，无论他们如何称呼自己、如何给自己定位，他们都是管理者。

随着知识社会的出现和复杂性的加剧（21 世纪巨变的两大

特征)，管理将变得比过去更加重要。未来将出现更多的事实管理者，他们的管理任务会比今天更加困难。说到底，在这种社会里，几乎人人都得管理自己，而且，由于复杂性的增加，这种社会需要比迄今已知的任何类型的社会都需要更多、更好的管理。

没有系统培训的大众职业

令人惊讶的是，只有少数管理者接受过系统的管理培训。我要清楚地强调这一点：是**管理**培训，不是工商管理培训。

管理是现代社会里最重要的大众职业，但缺乏具体的培训，这是我们需要面对的事实。我没有说管理者都不够称职，优秀的管理者大有人在。如今受过良好训练的管理者比以往任何时候都多，他们受过有史以来最专业的培训。

我个人遇到过很优秀的管理者并与他们共事过，其中很多人都是高度职业化的管理者，因为是职业管理者，他们异常好学。但是，他们取得成就并不是通过培训，而是通过其他方式，我将就此详加解释。

培训在任何其他职业中都没有像在管理中这样无足轻重。如果飞行员像管理者那样缺乏专业的培训，那么是没有人愿意登上飞机的。考虑到管理者队伍的庞大、管理的重要性以及管理失误所带来的风险，这种情况在全球范围来看都是最严重、最危险的。

的确，即使不是绝大多数，也有相当一部分管理者拥有大学学位。在高层管理职位上，这个比例接近100%，但是，大学教育并不是专门培养管理者的。相反，他们研究某个学术课题（不管是科学、技术、经济，还是法律、心理或其他类似领域），因为成了专家，他们在组织里找到岗位，不断晋职，直到有一天发现自己登上了一个除了要发挥自己的专业技能，还需要**管理技能**的职位。但是，几乎没有人像飞行员在允许操控一架大飞机之前那样接受过全面且系统的培训。

即便是重点院校里最好的培训计划，也亟待改革；如今，复杂性、全球性互联以及 21 世纪巨变带来了史无前例且波及全球的挑战，这一点显得愈发急迫。

工商管理是唯一在一定程度上能学到管理的学科；即便如此，与核心课程相比，管理也没有受到重视，即使开设这类课程，也只是选修课。由于每门课程的核心内容都需要学生认真投入，他们几乎没有时间来潜心研究管理。

管理如今依然是一个缺乏培训的职业。

在所有的大学毕业生中，无论专业如何，95% 的人不懂得一些管理知识，很难在工作中，即在组织里变得卓有成效。准确地说，在组织环境里，想要应用新学到的技能和知识并有所建树，绝非易事。

在私人场合和小公司里，几乎没有人觉得高效工作很困难；如果这方面出现问题，通常很快就会得到纠正，因为会有人立即注意到你的工作结果，尤其是工作中的错误。但是，在现代社会的组织中，工作成果和错误很难被发现，自然也就不会自动得到纠正。

有人可能会反驳说，有相当数量的管理者在他们的职业生涯中学过 MBA 之类的课程。这是实情，但并没有改变我们在此描述的困境。MBA 课程名副其实：传授的是正统的工商管理，但不是**管理**。这两个领域可不一样，相反，它们几乎没有共同点。

毫无疑问，MBA 非常适合那些没有接受过任何工商管理培训的人，使他们可以相当迅速地获得工商管理的相关知识。另外，对那些已经有工商管理学位的人来说，MBA 课程提供了深入学习的机会。但是，抛开表面的称谓，仔细看看 MBA 的课程，会发现 MBA 课程并没有提供任何管理培训。在课程中倒是经常出现“管理”一词，但这不过是误导罢了。

也许还会有人反对说：通过（尤其是大公司开设的）内部培训和外部培训师开设的研讨班，可以学到丰富的管理知识。事实上，能针对当今的挑战开设出真正好的管理培训班的公司并不多。其中大多数都以研究经营话题为主。另外，研讨班虽然提供了填补现有知识缺陷的机会，但在学习内容上往往支离破碎、脱离现实。

有效管理的要素

每种职业本质上都有四个要素。如果把管理看作一种职业，如果期望管理（尤其是在职业精神方面）满足同样的要求，那么这四大要素就必须同样存在。现实也的确如此。

图 3-1 是有效性管理模型的简化版。由于它的形状，所以普遍被称为“管理轮盘”。详细版本见本书第五篇，其中有对该模型的详细解释，包括功能、形式、图形描绘等。除了四大基本要素，考虑到有效沟通在实际应用中的重要性，我将它也列入其中。

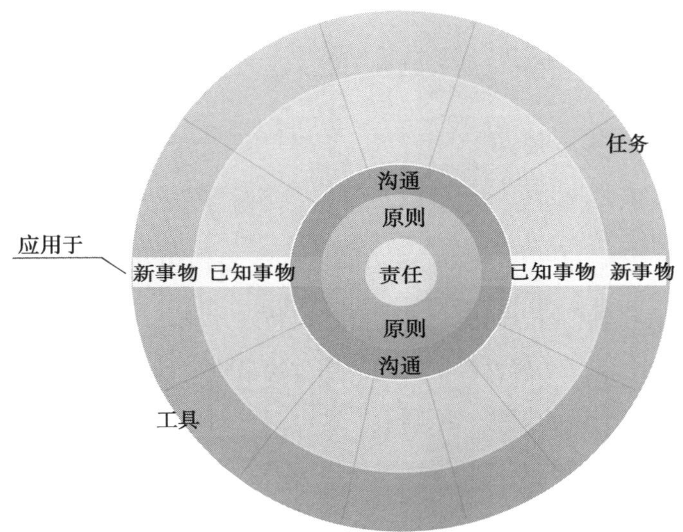

图 3-1　有效性管理模型

1. 原则

职业的第一个要素是**原则**，在完成相关任务和应用管理工具时要遵循这些原则。这些原则决定着工作完成的质量和工具应用的效率。对原则的了解和观察无须天分，需要的是我们所谓的**洞察力**，最重要的是对以下两件事有洞察力：职业的重要性和犯错所带来的风险。即使是洞察力，也是可以传授和学习的。除此以外，坚持原则还需要一定程度的自律。

2. 任务

每种职业的第二个要素是要完成的任务。任何职业的任务都是可以描述和分析的，任务执行也可以通过传授和学习来达到一定的水准。管理职业也是如此。懂得一种职业的任务，不需要超出常人甚至具有异常的天赋或天资，最重要的是，需要掌握某些知识。

3. 工具

每种职业的第三个要素是执行任务所用到的工具，也可以通过学习来掌握。同样，不需要任何特殊才能就可以达到标准的职业化水平。掌握这些工具的使用方法最重要的是训练，不知疲倦、坚持不懈的训练。原则上，这个观点同样适用于任务：即使那些天资聪颖的人也必须练习使用工具。没有哪位外科医生生来就会使用骨锯或激光手术刀；即便是极具天赋的运动员，也必须接受如何持网球拍或高尔夫球杆的训练。需要注意这样一个在管理上鲜有人提及的观点：通常经历过最严格的训练的，恰恰是那些最有天赋的人。这不仅仅限于体育项目，各行各业都是如此，在音乐领域中尤其明显。

4. 责任

每种职业的第四个要素是与该职业相关的责任。职业越重要，风险越大，责任也会或必定会随之增大。同样，责任与天赋大小无关。我把与责任相关的东西称为伦理——我指的是日常意义上的**职业伦理**。它最终的含义是：要对任何你做的和未做到的事情负责。承担责任有一个必不可少的前提，那就是个人决策，在人生的某个时刻做出的、不会回避责任的决策。

5. 沟通

组织里的沟通有两个方面。一方面，沟通是一项运营任务。这方面的例子包括市场沟通或企业沟通，大公司通常有专人和专门的部门来负责沟通。但就管理而言，我认为沟通不是一项特殊的任务，而是使管理者变得高效、遵守原则、完成任务、使用工具并最终承担责任的媒介。

6. 应用于已知事物和未知事物

我的管理模型无须经过预先修正就可以应用于各种大相径庭的领域，这算是它独有的特点。如本书前言所解释的，管理不需要管理者专注于创新。我的管理轮盘可以应用于已知事物和未知事物，换言之，可以用来管理**运营**和**创新**。区别在哪里？二者的管理方式是相同的，但新事物管理起来要困难得多。因此，管理新事物要求对本行业极为了解并娴熟掌握，即实行有效管理。这需要上乘功力。

人人都可以接受良好的培训

根据前三个要素——原则、任务和工具，我们可以为管理这种现代社会最重要的大众职业设计出良好的培训。足够多的管理者可以（通过这种培训）学到必要的知识，这也是本书后续章节中所涉及的内容。我将从有效管理的原则讲起，因为如前所述，这些原则决定着管理职业的执行质量。

单纯依靠培训不足以实现管理的卓越——要出色地完成最为

困难的管理任务，仅仅靠在研讨班上学到的东西是不够的，还需要天分以及最重要的经验。但是，即使没有天分，也没有经验，对于那些一心想着提高自己管理技艺的人和那些努力完善自己并培养自身能力的人来说，或许不那么做反倒会在管理上表现得更好。

但更加重要的是，**不掌握**这些职业要素，任何有天赋的管理者都无法在效能方面有所突破。有两种典型的情况值得注意，它们与管理职业精神的要素直接相关：一种情况是，有些人天资平平，却凭借坚持不懈的自我完善而成就非凡；另一种则比较悲剧，这些人天资过人，全力以赴，却**因缺乏效能而一事无成**。

MANAGING
PERFORMING
LIVING

02

第二篇

有效管理的原则

CHAPTER

第 4 章

导　言

本篇所讲的管理原则，为管理中的职业精神奠定了基础，为管理任务的执行和管理工具的使用提供了指导，也构成了管理效能的核心。我认为这些原则也是企业文化的重要组成部分。虽然我从不认为“企业文化”这个术语特别有用，但是其内涵大有裨益。组织需要我们所说的“组织精神”，需要**价值观**，比如效能价值观。通过管理原则，能最有效、最清晰地体现出价值观，因为原则是行动的指南。

简约而不简单

我将用管理原则来解释行为模式；如果没有学习过，识别这些行为模式并不容易，用语言描述出来就更加困难了。但是，一旦明确制定出来，管理原则是容易理解的。

从知识的角度来看，很可能正是因为这些原则的简明性，很少有人传授它们（也许曾经有过）。这一点在学术领域中尤其明显：教师对这些原则并不太感兴趣；至于学生，也只有那些拥有大量实践经验的人才会感兴趣。值得注意的是，这些管理原则理解起来很**简单**，但对大多数人来说，坚持这些原则很难。为什么呢？有三大原因，且最后一个尤其重要。首先，依照原则办事需要自律和努力，而许多人并不乐意这样做。其次，有些人认为管理原则会让管理失去灵活性，这种看法几乎总是错的，它把管理上的灵活性和机会主义混为一谈了。

管理原则在应用时难度很大的第三个原因就是，尽管在我看来，适用于所有组织的管理原则本身都是一样的且适用性相同，但是它们总要应用于具体的个案，这些个案可能与以前的大不相同，可能从未发生过，也可能是目前的管理者没有经历过的。管理原则可能很简单，但具体个案及其特定环境通常是极其复杂的。因此，理解原则和应用原则完全是两码事，因为除了原则本身，我们还必须了解特定环境的大量细节。如何将管理原则应用于具体个案，在这方面做出决策是很困难的。

这一切可能听起来复杂，但大多数人都能理解其实质。尤其是律师，对此非常熟悉，因为应用原则构成了律师职业的主要内容。了解相关法律是一回事儿，应用法律却是另外一回事儿。事实上，人们在不同程度上都有过类似的体会。拿到驾照之前，首先得学习交通法规，即便了解了这些法规，也并不意味着就可以驾车了。应用原则的关键在于**培训和经验**。

效能原则界定了管理任务的执行方式和管理工具的使用方式。

仅适用于困难环境

不论是在管理中还是在其他情境中，只要面对的是容易应对的环境，就不需要原则。这里要讨论的原则只有在困难环境中才有用，甚至才是必要的，因为在困难的环境中，我们遇到的问题很复杂，却又找不到明显的解决方案。比如，星期五的晚上，其他人已经开始过周末了，我们仍在伏案工作，处理一个棘手的问题，并且问自己:“在这种情况下，应该怎么办呢?”在这个时候，就需要用到管理原则了。

复杂的结构、系统和组织在构成与运转方面，可以用规则来进行最佳解读，内部的正确行为也可以靠规则来引导。在我的另一本书中，我详细解释过这个问题。[⊖]究其根本，原理原则也不过是一些规则而已。也正是因为这一观点，我一直在寻找有助于管理应对复杂性的正确行为规则，即**有效管理的原则**。原则固然可能很简单，但应用这些原则所带来的系统结构可能非常复杂。反过来说，遵守非常简单的原则，可能产生非常复杂的系统。[⊜]

并非与生俱来——必须学习

在我所认识的人中，没有谁生来就知道管理原则。尽管并非

⊖ *Strategie des Managements komplexer Systeme* [“Strategy for Managing Complex Systems”], 11th revised edition, Bern/Stuttgart/Vienna, 2015. 有关这些问题，最好的著作来自哈耶克（Friedrich von Hayek）.

⊜ 这是数学上的混沌理论中最重要的见解之一，因此没有什么新意。它是 18 世纪苏格兰伦理学家提出的社会“自发秩序”理论中的重要组成部分，被哈耶克应用于现代社会和现代组织。

所有人都愿意承认这一点，但是每个人都需要学习这些原则。然而，每当我有机会去了解表象背后的真相时，就会发现那些因某种原因不愿意承认这一点的人，并不是天生的管理人才，他们也不得不像其他人一样去学习管理。我始终不明白的是，他们为什么把自己描述成天生的管理人才。

那么，如果他们必须像其他人一样学过管理，是从哪里学的呢？通常有三种途径：第一种，绝大多数人通过**试错法**来学习，即从错误中总结管理经验教训。这是一条漫长而艰辛的道路，可能要犯下很多错误，蹉跎许多岁月才能悟得真理。20 多岁的年轻人并不知道管理的重要之处，大多数人在一定程度上认识到管理的精髓时已经接近不惑之年，甚至有很多人都超过这个年龄了。

第二条途径，少部分人在职业生涯早期，即第一或第二份工作时，就有幸遇见了一位**有能力的上司**，请注意，我说的是有能力的上司，而不是有合作精神、和蔼可亲、思想跟得上时代的上司。这意味着，在该上司团队里的员工，在开始职业生涯之初，就可以从这位上司身上学到东西。但对于极少数人来说，他们学习管理的动力甚至是热情源于相反的情况：遇到了无能的上司，与这位上司无法合作或者在这位上司手下工作很痛苦。但这种情况只是激发了他们学习的动力，真正学习管理还是要通过前两条途径。

通过第三种途径来学习管理的人，在非常小的时候（通常是儿童时代）就积累了初步的管理经验。典型的例子是那些经常参加青年社团组织的人、积极参与某些体育运动的人，以及那些在学校里经常被选为班长的人。显然，第三种途径是第一种途径的变体，也是从试验和错误中学习的。但由于这类人起步较早，他们较早地学得了管理经验。

学习管理的这三种典型途径并没有形成一个完整的体系。[⊖]这种通过经验来学习的过程是漫长的。到了某个时候，我们所学习的管理知识就可以在一定程度上帮助我们执行管理任务了，因此我认为，大多数组织的管理者都是有能力的。但是，人们顺顺当当或者跌跌撞撞地升任重要管理职位甚至是高级管理职位的过程，往往是存在严重问题的。在其他职业里，很难见到有人靠这种学习方式获得晋升的情况；如果高风险职业（比如多次提到的飞行员或外科医生）也是如此的话，其后果是不堪设想的。

理想化与妥协

如果把某种东西提炼成原则，有时难免会带上理想化的色彩。但凡有点经验的人，都不会幼稚到以为理想化的东西可以在管理中得到贯彻执行。我们总是要做出妥协，所以需要原则来帮助我们区分两种类型的妥协，即正确的妥协和错误的妥协（这或许让有些人听起来觉得很老套）。多做正确的妥协，少做错误的妥协，是区分管理是好是坏、管理者是否有责任感的要素之一。

任何组织都需要由能够区分出机会主义和机智行为的人来担任管理要职。组织需要管理者做到，在遇到困境时，不仅要问自

⊖ 仅在几个国家存在以高度系统性和全面性为特征的第四种学习途径。它是由军队来提供培训和教育的。传统上，这种途径在瑞士非常重要，但现在，已经失去部分意义。

己我应该怎么办，而且还要思考一个更难、更重要的问题：目前怎样做才是正确的。

虽然看似很难让人相信，但是这样的管理者的确是存在的，他们不寻求最轻松或最让员工满意的方案，不关心媒体和工会的期望，不在意那些最有利于他们升职加薪的东西，而是一心一意地寻找正确的管理方案。

管理者这么做，并不一定总能找到答案。即便是这些人也会做出错误的妥协，但偶尔错误的妥协并不会造成永久性的危害。只有在错误的妥协累积起来后，才会造成破坏，产生危险；如果管理者不再寻求理想化的解决方案，忘记或者忽视管理原则，这种情况就会时常发生。

哪种管理者才是典范

在谈到优秀的或有能力的管理者时，我指的是哪种类型的管理者呢？本书对这个问题进行了解答，而且我相信读到最后，答案会水落石出。但我首先想谈的是**非我所指**的那种管理者类型，即那些可以称之为创造了“三年奇迹”的管理者。几乎所有人都可能在短时间内取得成功，这是相对容易做到的，但是这证明不了什么，而且这根本就算不上真正成功的证据。多年前，我也曾对短时间内取得成功的人感兴趣，因为他们是各大媒体关注的焦点。但是，短期成功是毫无意义的，真正有价值的是长期成功：尽管会遇到各种各样不可避免的挫折，但是，在长期（不是 3 年而是 30 年）里能不断取得成功。

我已经很久没有认真研究过所谓的“媒体奇迹”了。成为媒体奇迹的管理者总是昙花一现：快速崛起，又快速陨落。还要注意一种更为危险的类型：创造出**各种版本**“三年奇迹”的管理者。这些人的职业生涯看起来光鲜亮丽，有时还在商界和社会上身居高位，但仔细研究他们的简历，会发现他们只是具备并完美发挥了这样一种能力：懂得什么时候该离开，而且总是在自己留下的烂摊子无法收拾之前及时离开。从表面上看来，他们拥有辉煌的职业生涯，但实际上，他们留下了一大堆麻烦。他们不是管理者，更谈不上是优秀的管理者，也不是什么领导者，只是一群**野心家**而已。

管理者要想成为得当管理的典范，至少要满足两项标准。第一，他需要在同一职位上待足够长的时间，这样才能让他看到自己所犯下的错误。几乎每位管理者都曾经犯过错，只是有许多人不愿意承认罢了。不过，仅仅承认错误还不够，**第二项**更为重要，即如何改正那些错误。管理者犯了错，是勇于承担，还是逃避责任？

我还非常看重的是，在管理者离职多年后，他的下属和同事如何评价他。可能是“我们从他身上学到了很多东西”，兴许还会补上一句“他不太好相处，和他共事不容易”，或者“他就是个混蛋”之类的话，但这也无妨。只要他们提到从这个人身上学到了东西，我就认为他有可能算得上管理者的典范。

最后，提请大家注意以下几个方面，它们有时可能让人难以理解。首先，必须从整体上考虑本篇讲到的所有原则，最重要的是，要考虑它们所带来的诸多影响深远的后果，其中一些后果可能与主流理论是截然对立的。这样就产生了如何选择的问题：在两种相互冲突的观点中，哪一种更好，更准确地说，哪一种更有用。我认为，这是管理原则带来的重要影响之一。这些原则让我们有机会批判性地审视这个问题，从而有助于消除错误观点和看法。与其他学科不同，管理学科迄今为止尚未出现任何批判性讨论。这正是在管理领域里新思潮层出不穷但进步难得一见的主要原因之一。在大多数情况下，这些新思潮都只是流行一时，难以持久。

应用这些原则，可以大大减少江湖游医式的管理。这些管理原则，就像那些能够起到规范作用的观点和标准一样，可以帮助我们区分正确的管理和错误的管理、有用的管理和无用的管理、得当的管理和不当的管理、可接受的管理和不可接受的管理。

CHAPTER

第5章 关注结果

在管理中，结果是重中之重。

优秀管理者的思维和行动反映了一般的管理模式，即关注**结果**。他们主要（甚至唯一）感兴趣的就是结果，其他任何事情都是次要的，根本提不起他们的兴趣。他们对于结果的关注有时甚至已经达到了病态的程度，这一点无可否认，但我对此不赞成，也不提倡。不过，结果的重要性毋庸置疑。

本书的一个基本观点是：管理是一种职业。结合第一条管理原则，可以这样表述：管理是以实现或产生结果为目标的职业。管理成败的重要评判标准就是目标是否实现，任务是否完成。

这条原则的重要性并不是一成不变的。如果由于经济形势特别有利等原因，结果比较容易实现，管理就不会有太大的压力，有时候甚至没有必要管理。在这些情况下，就可以不需要第一条原则了。但如果结果不能自动实现，需要付出艰苦的努力，那么，第一条原则就变得必要、有用，甚至成为急迫需要了。

当然，坚持这条原则并不意味着要完成所有计划，实现所有目标。这是一种不切实际的幼稚想法。即便是把“关注结果”作为行动座右铭的管理者，也有可能偶尔遭遇挫折和失败。但他们不会因为失败而放弃，最重要的是，他们不会满足于为失败找出各种借口。

显而易见的事实?

有人可能会认为，“关注结果”这条原则是不言而喻的，所有的管理者都会按照这条原则行事，因而无须再提。但遗憾的是，事实并非如此。只要留意，谁都可以观察到不遵守这条原则的现象，有经验的管理者都可以证实这一点。我经常做这方面的小测试：当我和管理者会面时，有时间就会喝上一杯，我会问他们：“你在公司做什么工作?”如我所料，大部分管理者在回答时首先会描述自己的工作。接下来就有意思了：约有八成人会开始讲他们对工作如何卖力，付出了多大的辛苦，承受了多大的压力，遇到了多少麻烦，等等。只有两成人会接着谈论他们的工作**结果**。

这种情况值得深思。当然，也许有些人是因为谦虚而不愿谈论自己的成绩，认为那是在自吹自擂。但是，即便考虑到这种情况，通过观察我们不难发现，多数人的思维模式和行为方式都倾向于关注投入而非产出。努力工作、辛勤付出、承受压力等方面当然很重要，如果没有这些，管理将不能进行。但是，这些都是投入；投入其实并不重要，真正重要的是**产出**。

关注投入的倾向还可以在另一个非常典型的现象中得到验

证。在我进行招聘的时候，80% 的简历都会列出一长串求职者从事过的工作或职位，但是，只有 10% 的简历会提及他在那些职位上所**取得**的成就和目标的完成情况。

因此，不应该假设人们生来就关注产出。人类生来就关注的不是产出，而可以说，关注的是投入。婴儿会问："我来到世上，这个世界应该给我什么东西？"这个问题问得有道理，因为我们把婴儿带到这个世界上，的确应当给他一些东西：营养、教育、关爱，等等。对于小孩来说，有这种想法是正常的。然而，到了一定年龄（比如，15～25 岁这个年龄段），我们就得颠倒这个问题的顺序了，不再问"这个世界应该给我什么东西"，而是反过来问："既然我已经被养育了 25 年，受过良好的教育和培训，拿到了本科学位，那么，我应该为这个世界做些什么呢？"

如此提问，有些人可能觉得这个问题听起来有点怪，但是，对于管理者和管理效能来说，这种态度的转变是至关重要的，是管理者取得成功的关键之一。

一旦开始重视"关注结果"这一原则，并且从这个角度看待世界，你就会发现，有很多人能够向你准确指出（并给出大量理由）：哪些工作**不会**有效果，哪些任务**不可能**成功，组织**发挥不出**哪些职能。我建议管理者不要在这些事情上浪费太多时间，而应该集中注意力、发挥自己的优势去关注那些**能**产生成效的事情。

错误认识

管理结果最重要的原则有时会被人们错误地认识和应用，通常会引起情绪的过激反应。首先，请注意，我把这条原则叫作管理原则，而非一般的生活原则，经常有人把管理原则和生活原则混为一谈，甚至等同起来。但是，适用于管理的未必适用于生活，必须把二者区分开。

在管理中，每个人都必须自行决定是否应用“关注结果”的原则。我个人在生活中做的很多事不是为了结果，而是出于完全不同的原因：喜欢、乐趣、觉得有意义，等等。我热衷于滑雪，单纯是因为我喜欢，并不是为了赢得比赛。但是，管理不是为了好玩或享乐而存在的。管理者必须关注结果，必须根据这些结果来衡量管理效能。

其次，和其他几条原则一样，这条原则本身与管理风格并无关系。根据我的经验，有很多管理者觉得难以理解和接受这一点。有关管理风格的讨论，几十年来一直在理论界和培训界占据着主导地位，这使得很多人难以区分管理的形式和本质、管理的外部特征与实质内容。可能与管理风格有关的是应用或表达这一原则的方式。可以采取强硬、粗略或大张旗鼓的方式，但这很可能不是特别有好处的管理风格；也可以采用悄然、仁慈且友好的方式，这也许是更好的风格。但是，这条原则本身及其内容、观点和有效性并不受管理风格的影响。

关注结果与粗暴管理、压迫式管理等类似的管理并无关系。因此，此原则并不像许多人想的那样，仅仅存在于粗暴甚至不人道的组织中。在每一家管理精良、取得结果的组织中，都能看到该原则的身影。学校和企业一样注重结果，只是结果的性质不同罢了。就连医院，也要取得结果，这是建立医院的唯一目的。它同样适用于军队或者其他致力于世界和平的社团组织。

这自然会产生如下问题：在关注结果时，到底要关注什么样的结果？这个问题尽管很重要，但它与这项原则也是不相关的。出于明显的原因，我没有讨论一个有人偶尔说起的诡辩观点：没有达到目标本身也是一种结果。单纯从字面上讲，这么说也许没错，但它并不是我想要讲的内容。不过，**只有**在谈论某个具体的组织时，才能给出具体的、积极的答案。显然，对于公司来说，重要的结果与那些对公共组织或文化艺术组织来说重要的结果是不同的。

不过，在每个组织中，几乎总是可以看到两类结果：一类是和人员相关的结果，包括聘任、晋升、人力资源开发和人员配置等；另一类是和金钱相关的结果，即与财务资源的获取和使用相关的结果。换言之，每个组织都需要人力和金钱。如果不这样分类，很难再找到其他分类办法。但即便是分成这两类，不同的组织中情况也不尽相同。举例来说，即便金钱对每个组织来说都很重要，但金钱在公司和非商业或非营利组织中的作用是完全不同的。

这里所提的结果并不像有些人经常不假思索地认为的那样，总是而且只能是**商业**结果。因此，管理并不一定像商界以外的人所想（他们对此并不熟悉却急于这样认为）的那样，必然会导致纯物质主义的经济观。这些人有时把宏观结果和在商业中格外受重视的某一类结果混为一谈。一旦纠正了这种错误的想法，**每个**组织都需要结果的事实就显而易见了，这也是组织得以建立的目标。

因此，结果至上（说到底，其他一切都无所谓）的原则适用于所有组织。与广泛流行的观点相反，对于那些渴望取得非商业、非物质尤其是非财务结果的组织而言，这一原则更为重要，而且应用起来更加困难。在结果无法量化的情况下，这一原则尤其重要，当然财务结果往往可以量化。

高效能管理者不在意自己工作量的大小、工作的努力程度，只在乎结果。他们根本不关心动机，但确实会在意结果。努力工作之后，他们也会和其他人一样感到疲惫，但是他们并不满足于此，他们还想了解自己的工作是否取得了什么结果。

高效能管理者能够区分投入和产出，即工作和绩效。

不接受此原则怎么办

上述讨论产生了一个重要的问题：尽管我们进行了诸多解释、区分和说明，但还是有人不想遵守这条原则，那该怎么办？经常有人（可能还是大多数人）会说这样的话："我明白你的意思，但这不是我的风格，我不能（或不想）接受。"是这些人无能吗？没有用吗？他们是顽劣的员工吗？虽然不能完全排除这些可能性，但情况通常不是这样的。他们当中，有很多人非常敏感且受过教育，这些人只是觉得很难承认或接受这样的事实：现实存在不太美好的一面，因此管理是必要的。

这种现象的结果是：这种人不会对他人负责，也不会对组织及其实体负责。对待这些人的合理态度应该是这样的："你说你无法接受这条原则，我很高兴你能告诉我。在当今社会能承认这一点，说明你勇气可嘉。但是，既然我已经知道了，那么作为你的上司，确保你不走上本公司的管理职位便是我的职责之所在。”

这当然不是说此人必须要离职（必须强调这一点）。他也许是非常合格的专家，其专业知识和专业技能对组织至关重要。但是，这类人一定要远离**管理**职位，这符合组织的利益，符合可能受其不良管理影响的员工的利益，最重要的是，符合其个人利益，因为他们如果身居管理职位，自己才是最痛苦的。

这类人会病倒在管理职位上，他们夜不能寐、压力山大，往往会变得神经质；环境的压力导致专业技能无从发挥，从而失去作为专家的价值，这种情况并不罕见。不应当把管理的重担交给这类人，如果这样的事已经发生，就应该迅速纠正这种错误。

为了避免此类错误，比平常更频繁地提出以下问题是很重要的，而且首先要问自己：你真的想要成为管理者吗？你真的想要这个职位，而且非常了解管理者的工作内容吗？最重要的是，你是否知道，在某些情况下，即便是感到困难和痛苦，你也必须坚持原则并做出决策？

这些问题并不用经常问。有太多的人立志走上管理职位，但他们完全不清楚这能给他们带来什么。这些人没有经过深思熟虑，更准确地说，是跌跌撞撞就进入到一个未曾预料或者说无法想象的位置。多数人是受到了地位、加薪、影响力和发展前景的诱惑。

关注结果的原则对于某些普遍信念的影响巨大。这些信念被写进公司使命，是培训讲座中的经典内容，人们像对待宗教信仰那样虔诚地倡导它们，情绪高昂地维护它们，有时甚至走极端。一旦有人质疑这些信念，就会被看作一种冒犯。

要快乐还是要结果

有一条宗教信条是：工作应当是快乐的。它有多种形式，可能是一项要求、一种期待或者现代人事管理理论中的一个假设条件。毫无疑问，这听起来挺有道理，最重要的是，很人性化、招人喜欢，因此颇具迷惑性。但是，这种貌似合理且很人性化的要求是很多重大错误和误解的根源，有时会导致和管理者预期完全相反的不利后果。因此，我建议管理者最好持怀疑态度，不要过快地接受这一要求，而应在经过深思熟虑之后再得出正确的结论。这种态度不仅适用于上述观点，而且适用于任何听起来很有道理且人性化的观点。出于这些原因，我想对这个问题进行一些讨论。

首先，我要大方地承认：在带给人快乐这方面，没有多少事情比得上工作；工作对于组织和个人来说都是有益的。凡是享受工作的人，都应该是快乐的，这是好事；对管理者来说，如果他能够通过自己的工作来让尽可能多的组织员工去享受工作，这同样是好事。这就是对于“工作应该是快乐的”这一观点的合理解读。

然而，当理想目标变成正当要求（即人们开始认为他们有“权利”去从事能带来快乐的工作）时，问题就变得严重了。

我建议：管理者必须考虑以下要素，并且要让员工清楚且明确地了解这些要素。

没有哪一项工作能永远都让人快乐。有些人似乎认为而且期望他们的工作在每一天都能让自己快乐。这是一个天真的幻想，如果抱有这种期待，痛苦和失望将在所难免。如果从大体上讲，我们的工作在大部分时间里都很有意思，可以带来一定程度的满足感，我们就应该感到快乐和幸运了。期待更多不仅是不现实的，而且也不利于度过工作的灰暗期。这些让人不太快乐或者根本不快乐的阶段，是对人们的考验。

每一项工作中都存在使人不快乐的因素。即便是最有意思的任务和活动，也带有让人不快的一面，也涉及绝无快乐可言的决策过程。每一项工作都有令人感到乏味和麻烦的方面，但它们又是这项工作的必要组成部分。即便通过细致的工作设计，努力把这些不快乐的因素降到最低程度，也总会留下很多不便之处，员工偶尔也要去完成一些让人烦恼的任务，或者要忍受让人不快的环境。

即便是那些很多人觉得有意思的工作，比如乐队指挥、飞行员等，也会有让人厌烦的一面。大多数乐队指挥并不喜欢没完没了的排练、出差、夜宿酒店，但这些本来就是他们工作的一部分。如果是第 215 次演奏莫扎特的同一首交响乐，乐队和指挥都会觉得是在例行公事。正是出于这个原因，许多音乐家表示他们已经不想再听莫扎特的曲子了。同样，外科医生很有可能不再对他操刀的第 864 次胆囊手术抱有热情，特别是在面对手术带给病人的紧张情绪时，他更是会无动于衷。这样的手术对于他们来说算得上家常便饭了。飞行员也是如此，他们大部分时间都在执行常规性的飞行任务，任何人都从中感受不到快乐。即便是企业集团的董事长，也不可能从各方面的工作中都得到快乐，更不可能天天快乐地工作。

那些不可能给任何人带来快乐的工作也必须有人去完成。即便人们的工作环境和执行令人厌烦且繁重的任务的自动化程度都已经大有改善，但是，不管社会发展到何种阶段，在各种社会里，将长期存在（也许会永远存在）一些任何人都不喜欢的工作。

未来永远需要处理垃圾、清理下水管道、处理污水，还要有执行判决的行刑者、被迫解雇员工的老板。这些工作必须有人来做，而且不能指望它们带来快乐。

有些人天天在工作中都碰到苦难和悲剧，例如，无法提供实质性援助的难民援助者，无法消除吸毒、嫖娼和无家可归现象的社会工作者，城市贫民窟的教师和神父，在重症病房和癌症监护病房目睹治疗失败的医生和护士。对他们来说，快乐工作的要求就更值得怀疑了。

在企业管理中经常出现的“工作必须是快乐的”这一要求，很少涉及这些从事救助性职业的人。他们在工作中并不是寻求快乐，而是把工作视为一种必要但总是很艰难的付出。如果问他们在工作中是否快乐，大多数人很可能会觉得你无事可做了。

对于从事这类工作的人来说，还有其他几种动机。他们肯定偶尔也会在工作中找到快乐的理由，但这肯定不是选择这项工作的原因。不管出于何种原因，他们从事人道主义工作是因为他们已经选择了救助职业，花费时间和精力去帮助那些从未有过快乐的人。有时候即便很累，即便遭遇身份危机，他们还要在岗位上坚持，就是出于责任感。

在过去20年间，“履行责任”一词已经日渐褪色。在研究管理和动机的文献中，取而代之的是“自我实现”“快乐原则”之类来自“60后”的人的词语。尽管我在大学时期亲眼见证过这些运动，并被它们短暂吸引过，但是我现在认为，这是20世纪下半叶最有害的思想之一，影响至今。

现在，所谓的知识分子已经不再使用“履行责任”“责任感”之类的词汇，但是，对于现代社会的**管理者**来说，它们是不可或缺的品质，同样重要的是，敢于提出这类要求的勇气（尤其是在它们并不太受欢迎的时候）。

有些事情之所以要做，是因为必须要做，没有其他理由，与它们能不能带来快乐无关。尤其是在不那么令人愉悦的情况下，有些事也必须要做，比如，对其他重要工作构成妨碍或拖延的不可预知的紧急任务、由某人负责的麻烦任务、其他人完成不了的艰巨任务、近乎不可能完成但又必须处理否则会危及生命安全的高风险任务等。

上述分析表明，我们在概括总结“工作应该是快乐的”这个观点时，一定要小心谨慎，而把快乐当成一种权利，会更加自相矛盾。

还有一点需要考虑：如果且只要工作是快乐的，管理的存在感就会大大降低，也就不需要管理了。每当形势变得困难，工作毫无快乐可言却又不得不完成的时候，管理就会受到组织的考验。尽管“快乐工作”的观点如果得到正确的解读是可以被理解和接受的，但是盲目的总结推广是很危险的，因为它产生的预期是谁都无法实现的。“工作应当是快乐的”这种要求至少没有考虑到以下三点。

任务即便艰巨，也必须完成；唯一的办法就是关注结果。

首先，一个常见的观点是：如果我们不喜欢做一件事，就不可能把它做好。也就是说，快乐是实现良好绩效的必要条件。如果考虑一下我对救助性职业所做的评论，这个观点就不攻自破了。

在讨论第四条原则时，我将详细讲述为什么这个观点大错而特错，原因有两个方面：它不符合事实；组织完全无法接受它。也就是说，不管是从经验上看，还是从理论上分析，它都是错的。

其次，对快乐的要求会把我们的注意力引向错误的方面，会导致管理者和员工都只关注工作本身，而不关注那些更重要的东西：工作**结果**、成就与结果导向原则。

我的建议是：如果能让工作带来快乐，那当然很好。但即使做不到这一点，或者在任何时候都做不到，那么我们也可以通过关注工作**结果**来获得快乐。这时候我们的思维和动机应当聚焦于结果，即便工作本身非常枯燥、艰苦、难以忍受，我们也可以做到这一点。因此，我建议应该将“工作应当是快乐的”替换为“工作结果应当能让我们快乐”。

与许多管理者的看法相反，这两种观点并不是一回事儿。虽说在表述上有些相似，但在本质大有不同。即便是在现代社会中，满足第一个要求也存在诸多限制，但是第二点可以在很大程度上满足。第一种观点产生了不可能实现的预期，而与第二种观点相关的预期却是可以实现的。

最后，与此直接相关的第三点是："工作应当是快乐的"这一要求没有考虑到各个方面。只有关注结果才能帮助我们有效地完成工作。对于绩效或结果来说，工作本身本不是决定性的。它是完成**绩效**的一种方式，不可避免地既麻烦又困难。绩效与工作效能有关，而工作效能是连接投入和产出的方式，决定了工作的结果。

与其关注工作是否快乐，不如关注效能。我认为这是一项非常重要但管理者总是忽略的任务。鼓励员工高效能地工作并提供必要的条件，这可能产生一种非常特殊的快乐：在为组织做出贡献的过程中所体现出的高效能的痴迷和自豪感。为组织做出更大贡献所带来的快乐遵循的是下一条不可或缺的原则，下一章将要讲述这条原则。

其实，效能的有趣之处在于：它本身就是快乐和痴迷的源泉，进而形成人们的动机。经常可以观察到下列事实：

- 一个人在做某件事时效能越高、态度越认真细致，就会发现这件事越来越有意思。厌倦和失落只是表面现象，究其根本是人们对待工作的方式。
- 一个人的效能越高，工作就会变得越容易。效能一旦提升，以前需要付出巨大努力才能完成的工作，现在可以轻松、迅速地完成；只要下定决心要去做某项工作，不必遭遇千辛万苦，就能迅速、有效地完成。有了高效能的支持，就无须再像以前那样苦苦挣扎了。
- 你会体验到**成功本身**的快乐，并且在回顾过去时会感到自豪。工作可能还是原来的样子，但这不重要，它不再是关注的焦点。因此，带来满足感的是完成工作过程中的效能。

- 一个人的效能越高，越敢于承担重大的任务。即便是在困难时期，也能带来职业发展的机会。

总的来说，如果工作本身是快乐的固然很好，但是，更重要的是工作结果和工作效能，它们同样可以带来快乐和自豪感。一般的管理者满足于前者，而优秀的管理者追求后者，因此他们可以帮助员工及自身产生更强的动机，取得更大的成就。他们贡献出自己的力量去帮助员工找到人生中最重要的事情——人生的意义。正如我们从维克多 · 弗兰克尔[⊖]的著作中读到的：意义，很难从工作本身找到。即便工作本身对任何人来说都毫无意义，也能从工作结果和工作效能中找出意义来。

因此，很明显，有效管理的第一条原则能起到很多很重要的作用。第一个作用就是，引导组织员工，使其在态度、思维和行动方面朝着组织需要和实现组织目标的方向发展。第二个作用是，如果能够正确理解该原则并深入探究其逻辑结论，就可以纠正管理上的一些流传甚广的错误信念和错误观点。我早就提过这一点，而且这也是其他原则的一个显著特点。

⊖ Viktor Frankl: *Man's Search for Meaning*, Washington, 1984.

CHAPTER

第6章

为整体做贡献

重要的是为整体做贡献。

我发现，第二条原则是最难在讲座和培训班上讲清楚的。在所有原则中，它是最抽象的，但同样重要。应用该原则，可以使管理者的心态发生根本性变化，是确保影响组织绩效的最大障碍至少处于可管理范围的关键要素之一，而且为解决一系列长期得不到解决的重大管理难题奠定了基础。

- 它是所谓的“整体思维”的精髓。
- 它是企业家行为的要求之一。
- 它是专才变为通才的唯一方式。
- 它是建立层级较少的扁平化组织的几种方式之一，或者说至少可以防止现有层级妨碍组织的正常运营。
- 它是确保激励长期有效的要素之一。

以上就是我们在此认真对待并讨论这一原则的充足理由。

第二条原则的基本思想在“三个泥瓦匠”的故事中得到了最好的体现。有些人可能会觉得这个故事有些牵强附会，但它很能说明问题。有个人走进一处工地，有三个泥瓦匠正在那儿工作，他们看上去没有什么区别。这个人走到第一个泥瓦匠身边，问道：“你在做什么？”建筑工疑惑地看着他，回答说：“我在谋生。”他走向第二个泥瓦匠并问了同样的问题。这个泥瓦匠用炯炯有神、明显自豪的眼神注视着他，说：“我是世界上最好的泥瓦匠。”当他走向第三个泥瓦匠，也问了同样的问题。这个人思考片刻后说：“我在参与建设一座教堂。”那么，这三个当中谁是真正意义上的管理者？当然，这是一个带有比喻意义的问题，对于任何熟悉组织运行方式并有切身体验的人来说，答案都是显而易见的。

一个人之所以成为管理者，不是凭着权力和地位、收入和特权以及权威。真正的管理者，是那些意识到或者说至少努力去意识到整体的存在，然后认为自己的任务（不分职位高低和专业领域）就是要为组织整体做贡献的人。那个想到了整座“教堂”并参与其建设的泥瓦匠就是这样的人。

关注职位还是贡献

第二条原则最核心的要素是：卓有成效的管理者对任务的理解，不是从自身职位的角度出发，而是以在此职位上凭着自身的知识、能力和经验可以做出什么**贡献**为出发点。职位、身份、特权本身并不重要；只有在它们有助于做出贡献的时候才变得重要。职位及与之相关的一切，都只是管理者有所作为、有所成就的前提条件。

正是职位构成了组织的层级结构。但是重要的并非层级本身，而是它是否对员工绩效构成阻碍。其实，以贡献为导向的管理者会认为这种层级结构毫无意义，它仍然存在，还没有被取消，但不会造成任何影响。有些人可能会怀疑我在这方面太过理想主义了，并认为管理者实际上更看重的是特权和地位之类的物质性的东西。不可否认，组织中的确存在这种人，并且很可能占了绝大多数，至少在商业组织里是这样的。但是，有两件事值得注意：首先，并不是所有的管理者都像媒体描绘的那样注重物质利益。大众所熟知的管理者的形象是媒体塑造出来的，只是很有限地反映了部分现实。遗憾的是，这种情况是由多种因素造成的，比如，对深层次心理学不太准确的分析、对串谋理论的解释以及对某些事实的直接忽视，等等。更为重要的第二点是，我这里对一般管理者和**优秀**管理者，即“仅居其位不谋其政”的普通管理者和注重效能的管理者进行了明确的区分。

我绝不是要把管理者笼统地理想化，并把美德加诸其身。我知道有很多管理者的确拥有这些美德，但是，我也不想犯下人们常犯的错误：先做出人性本恶的负面假设，然后从这个角度开始分析。确实存在一心一意想要为组织做出贡献的管理者，**他们**才是我们能够而且应该学习的榜样。正是这种人，一直深深地吸引着我，使我对他们进行了深入的研究。但这并不意味着他们不考虑自己的利益、收入和职权，如果能够兼得，当然更好，但重要的是，在拿不准而需要做出选择的时候，有些管理者优先考虑的是**对整体的贡献**。如上所述，据我所知，这部分人虽然不占多数，但也不像社会评论员说的那般稀少。在这里，数量多寡不是重点，重点是遵循这一原则的管理者确实实现了最好的业绩，真正做了一些贡献。他们不怎么抛头露面，通常也不是媒体关注的焦点，这正是我们很少听说他们，以及许多人认为这种管理者并不存在的原因。

之所以做出这种区分，是因为我们需要区别真正的优秀素质和一般的公关技巧，区别媒体宣扬的业绩和真正的业绩。根据这些东西，就可以判定一个人是不是真正的管理者，也可以判定一位顾问兼专家是否真正懂得管理。如果管理也会像其他职业那样建立起相同的职业标准，也需要做出这种区分。

因此，故事中的第三个泥瓦匠对真正的管理者做出了最好的诠释，尽管他只是个泥瓦匠，而且永远得不到权力、豪华办公室和高薪。第一个泥瓦匠也不构成问题，因为生活中到处都是这种人，永远都会有，而且我们也需要他们。有的人的谋生信条是：我干好工作是为了高工资，给钱多就多干，给钱少就少干。他们也很少带来麻烦，一旦我们了解他们的想法，就很容易管理他们。不要试图去改变他们，除非他们还很年轻。可以问问年轻人这是否就是他们想要的生活。如果答案是肯定的，那我们就爱莫能助了。

要专才还是通才

第二个泥瓦匠的问题比较棘手，他代表了所谓的**专才**类型。专才并不仅仅是掌握特殊知识或接受过特殊培训的人，而且他们的自我认知和人生观也基于且源于其自身的能力（这正是问题之所在）。他们深信宇宙就是为了让他们在自己的专业领域里纵横驰骋而创造出来的。他们充满激情甚至是狂热地对**自己**专业领域里的一切都感兴趣（这不错，可以称之为专业精神），但他们对任何其他事情都提不起兴趣，甚至表现得漠不关心。他们对自己掌握的专业知识感到骄傲，而且理直气壮，但他们对自己毫不了解其他领域也表现出同样的骄傲，这就是傲慢自大。傲慢自大和漠不关心是专才的典型通病，并且会给组织带来不少严重的问题，严重违背了优秀组织的要求。

从这个意义上讲，对专长的误解是导致很多组织出现问题的原因（甚至是主要原因）之一，人们经常感慨的沟通问题也好，不常提及但同样重要的与现实相脱离的问题也罢，都与此相关。专才只关心自己，对组织却漠不关心。因此，他们对自己的无知感到无所谓，能够自顾自己、不顾现实地工作。

当然，我绝不是要反对专才或专业分工，恰恰相反，我认为，对于专业化分工的任何轻视都会给组织的进步和业绩的产生带来威胁。我还认为，人们对通才的普遍看法也是天真幼稚的。一个特别不切实际的观点是：让专才学习两三项或四项专业，就能成为通才。这种想法完全不靠谱，不论是在时间上还是在个人精力上，都不现实。

专业化重要而且必要。首先，现代社会只有专才，没有其他的类型，我们每个人从自身角度看都是专才。其次，社会在各个领域都需要受过专业化培训的专才，否则，在当今社会，你就不会有所成就。最重要的是，要是没有专业化分工，你就不会有超越别人、形成并保持自身竞争力的机会。

不过，这里所指的，是那些愿意让自己融入整体的专才。只有在确保有效管理的第二项原则得到应用的情况下，才会出现这类专才，没有别的选择。既然我们只有专才，就需要让他们**高产出、高效能**地工作。单纯做专才是没用的，实际上那样的人是危险的；相反，只有能够为整体做出贡献的专才才是现代社会最重要的资源。

我们回到本章开头"三个泥瓦匠"的例子上。第三个和第二个在专业水平或专业能力上不相上下，甚至没有差异，但是在对待整体的态度、所关注的焦点以及对相关事项的认知和考量上大有不同，这是根本性的差异，体现在指导其行为的原则完全不同。

培养整体思维

关注"为整体做贡献"的原则是整体思维的真正精华所在。如今，人人都需要注重整体和相互关联性的思维方式。多年来，我也在积极推广这个概念，但现在不再这么做了。到底什么是整体思维？它对人们有什么要求？人们都是按照自己的思维方式进行思考的，不会采用别人的思维方式。

如果人们正确进行思考，即进行有逻辑的思考，这是值得引以为幸的，但要求他们进行整体思考，就勉为其难了。**能**要求的只有考虑更大的整体这一点。诚然，满足这个要求并不容易，但有可能做得到。员工可以通过学习做到；管理者的首要任务之一就是让员工了解什么是整体，使他们能够认识到整体。

在优秀的管弦乐队指挥身上，这一点可能体现得最明显。每名乐手都是高水平的乐器演奏者，即狭义的专才，他们会一直保持这种专家的身份。单簧管乐手不太可能会成为小提琴手，小号手也不会去演奏双簧管。乐队成员不会去交换演奏同一类的其他乐器，所以，区分管乐组和弦乐组对他们的演奏来说，是毫无意义的。对他们来说，这不过是抽象的分类罢了。长号手用小号奏不出像样的曲调来，反之亦然，即便是通过大量的练习学会了，他的长号演奏技能会受到损害，而且在小号方面也不会很出色。同样，小提琴手如果想在乐队里有出色的表现，就不能也不该转行去演奏大提琴。

但是，对于指挥来说，这一切都不成问题。他需要的就是这些专才，所以永远不会要求小提琴手去吹小号。不过，有一件事是需要指挥去做的：杰出的指挥家要花大力气让乐手从**整体上**理解所要演奏的音乐，并且要求每位乐手都和乐团**融为一体**，并将乐曲牢记在心里。即便是独奏，也是整体的一部分，离开了整体，独奏也毫无意义。精湛的艺术能力并不在于演奏水平的高低，而在于能否把这种能力融入音乐之中。

请注意，我所说的并不是泛泛的融合，而是要融入所演奏的乐曲中。纯粹的整体融合并不存在，许多人没弄明白这一点，仍在孜孜不倦地追求。在商界，经常有人谈论“人际关系”，并且总是错误地认为这是一个积极因素；在交响乐团里，也确实存在“人际关系”。有友谊，也有敌意；有亲密，也有距离，还有羡慕、嫉妒、满足、崇敬。简言之，几乎各种复杂的情感在人类合作群体中都会存在，但这不是乐曲演奏需要考虑的因素。首席小号手是否喜欢第二小号手，这是你能想象到的最没价值的问题。真正重要的是任务本身（比如，可能是演奏布鲁克纳的《第七交响曲》，也可能是爵士乐名曲 *Take Five*），是它决定了你必须做什么。

区分贡献与动机

为整体做贡献，是产生激励的根源。这种激励是组织需要的，它与上司做出的任何刺激或激励都无关。深刻了解整体，服务于整体，为整体的创建、维持和成功做出贡献等，都与日常的激励策略没有关系。在此基础上，将出现一种更稳定、更理想的激励模式，其效果要比其他大多数所谓的激励可能实现的效果更好。

请注意，并非所有人都能做到像我们讨论的那样看到整体，“注重整体”的原则也没有要求所有人都做到这一点。我要强调的是，这一原则可以从那些优秀且**高效能的**管理者的思维和行动中找到理论根源，正是这种思维和行为方式使他们变得卓有成效。对于他们来说，知识和能力并非毕生所求，职位和权力也不是。这些只是他们为组织（比如，公司、医院、乐团、学院或部门）做出贡献的工具和条件。

正是这种态度，即对第二条原则的应用，或者用更准确的措辞来表达，正是这种自愿接受该原则约束的责任感，使得管理者异于常人。比如，他们会使用简单易懂的语言，而不是那些艰深晦涩的专业词汇（他们作为专家，非常精通这些东西）。他们并不需要向别人（尤其是下属）展示自己的专业才能，而是希望让别人了解自己的意图，从而让组织受益。作为专家，他们是有能力给同事留下深刻印象的，比如，如果有必要，在公司会议上发表主旨演讲，但是，作为管理者，他们不会在组织内这样做。

我到底为整体做出过什么贡献？

希望变得卓有成效的管理者有时会从文件堆中抬起头，凝视窗外并扪心自问：**我的专业对于组织和世界有什么意义？谁会从我的工作中受益？如何确保我的工作有价值？**他们明白，这些益处不会生成在自家后院，但会在组织外，让市场上的客户和接受服务的人享受到。注重整体贡献是顾客导向的基础，是创造顾客利益的需要，因此也是专业化营销的基本条件。这些都是企业家思维中的基本要素。

为整体做贡献的原则也是开放、创新和持续学习的先决条件。纯专才式的狭隘视野，比实际上的一无所知要危险得多，因为专才**以为**自己能看见，并为不闻不顾自己专业范围以外的东西而引以为豪。专才看到的是病变的肝脏而非病人，看到的是利益而非公司，看到的是辩护词而非被告，看到的是产品而非顾客。

注重贡献而非头衔

显然，不能要求所有人都拥有这种态度，但是**管理者**必须要有，而且必须通过教育和培训来实现。然而，许多管理者对这种态度并不熟悉。如前所述，只要有可能，我就会问管理者他们在公司做什么工作，他们全部谈论的是自己的职位，但关键在于，他们是**如何**履职的。

第一个人说他是某公司的市场调研部经理，第二个人说他是某银行的主管，第三个人说他是某公司的质检经理，第四个人说他是某公司的商场楼层主管。但是，这些其实都不是“你是做什么的”这个问题的答案，而是在回答“你是谁”。这四个人在回答时说的是自己的职位，即**头衔**。但这并不重要，也不是我想要的答案。当然，人们可以向我描述他们的职位，但是这并不意味着他们知道更大的整体是什么，以及自己可以为整体做出哪些具体的贡献。

如果我们对管理效能感兴趣，就不能满足于此。我们必须保证组织中尽可能多的雇员（首先是管理者）可以清楚地看到“教堂”，即尽可能清楚地看到整体及其目标与使命。

如何做到这些呢？其实很简单。管理者可以定期问自己的下属：你的贡献是什么？或者用更准确的说法（虽然稍显不太礼貌，但更有效果），直接问：“公司为什么要聘请你？”令人惊讶的是，竟然很少有人能正确回答这种问题。许多人不知道如何回答，部分原因是从来没有人问过他们此类问题。但我们必须与他们详细探讨，努力让他们给出正确的答案。答案的开头不应该是“我是……”而应是“在这个组织中，我负责……”

举个例子，作为一名市场调研部经理，要为组织做贡献并帮助公司取得成功，他需要做出什么贡献呢？收集数据，进行访谈，还是委托市场调查机构进行调研？当然，这些都是必须要做的，但并不重要。一名市场调研部经理的回答应该是这样的：“我的职责是保证公司了解顾客的真正需求。”不管怎么说，这是一个很不错的开头，有这种觉悟的经理已经不再需要接受管理了，他可以进行自我管理。他能**自觉地**将自己和自己的贡献置于整体框架之中，不再需要得到进一步的指导。层级结构或许没有因此而消除，但这是使层级结构**在实际中**变得不再重要的另一种途径。层级制没有消失，但已经变得不重要了。

绝不要假设组织里的员工已经意识到应该注重贡献而不是头衔。有人会觉得这一点应该是显而易见的，但事实并非如此。必须把它作为一种指导原则，进而当作一项管理任务，来确保员工清楚这一点。

现代式组织的后果

从前，不需要向人们解释什么是“贡献”。原因很简单：工作把人组织起来了。不管是 100 年前还是现在，从来都不需要有人告诉农民该做什么，几点起床，对什么做出贡献。当奶牛在早上五点左右开始焦躁不安时，农民自然清楚该做什么了。

世界是真实的，可以用五官去感知；世界是可以理解的，可以去触摸。我们可以感受、聆听和看见世界。那么，在现代组织（不仅仅指那些大型组织）中，情况又会如何呢？几乎所有的现代组织都已高度抽象，仅凭感觉完全无法理解。而现代组织里的人正在遭受一种专业说法叫作“知觉剥夺”的痛苦，他们的感官体验在逐渐消退。这是在现代组织里工作所带来的一种遭到普遍

忽视的后果，更多内容可参见拙作《如果极限不在了：管理与登山》。[⊖]

在过去，人们尚可看到教堂，至少能看到教堂的规划图纸，但如今没法看到组织整体，因为现代组织无法用五官去感知了，只能在头脑里“构建”出来。但这一点也不是普通人能做到的，只有极少数人能做得到。因此，人们只好退缩到自己知道而且理解的狭窄领域里。

靠工作把人组织起来的日子已经一去不复返了，现代社会的情况恰恰相反：**人必须把工作组织起来**。然而，人们还没有学会如何做到这一点。因此，管理的任务之一就是训练人们做到这一点。如前所述，从本质上讲训练起来很简单，无非是一起讨论他们要做出哪些贡献。这样迫使他们开始考虑“教堂”，思考做出什么贡献，才能让“教堂”变得清晰可见、可以理解。这种讨论要持续下去，直到他们自然而然地以“我负责……”为开头来回答问题时，才能结束。

如今，由人来组织自己的工作，而不是相反。

我建议，每年拿出一整天的时间来讨论，并且仅仅围绕这一话题而不掺杂其他议题（遗憾的是，经常会掺杂其他议题）。对于那些年轻员工、新员工和缺乏经验的员工，这种讨论需要一年一次；对于经验丰富的老员工，约三年一次。对于后者来说，虽然此类问题不需要过分强调，但

⊖ Fredmund Malik: *Wenn Grenzen keine sind: Management und Bergsteigen* [“When limits are not limits: management and mountaineering”], Frankfurt/New York, 2014.

是不能完全忽略。原因很简单：大概每三年，每种工作都会随着经济和环境的改变而改变。如今有关改变的讨论很多，人们把它当成了一种哲学，但很少关注改变所带来的实际后果。后果之一就是工作本身的改变，这种改变通常很微妙，悄然发生，但是一段时间之后，因为累积效应，整个形势就会焕然一新。

最后，我们还是回到核心问题上。如果欣赏完音乐会后，问一名乐队成员："你今天演奏的是什么？"倘若他耸耸肩，说："我不清楚，我只是一名小号手……"那么，这个乐团或乐队肯定有问题。如果有一位好的指挥或队长，这位小号手的回答将会是："今天？今天我们演奏的是贝多芬的第三交响曲，效果从来没有这么好过！我是首席小号手。"他完全有理由为自己是一流小号手而感到自豪，但如果仅仅如此的话，那他就是所谓的技术专才，只是一名乐器演奏者，绝对算不上是**音乐家**。他会因为自己能在 54 秒内演奏《一分钟圆舞曲》而自豪，因为他从来不了解演奏速度和音乐之间有何区别。

就像我在本章开头提到的那样，"为整体做贡献"这条原则大概是所有原则中最难解释和理解的了。此外，这一原则与管理中的许多"慢性病"息息相关。在我们面临重要抉择的时候，它可以给我们指出正确的方向，还能防止我们陷入广泛流传的错误的管理观念之中。

CHAPTER

第7章 聚焦关键

真正重要的是，聚焦于少数关键的事情。

许多管理者和相当一部分管理学文献似乎在孜孜不倦地寻找管理秘诀，认为有什么神奇的秘方能让他们永远取得成功。当然，这些都是无用功。但是，如果真有这种秘诀存在的话，“**聚焦关键**”必居其首。

取得成果的关键

“聚焦关键”这条原则在任何领域中都很重要，在管理上尤其如此，甚至极为重要。这是因为，没有任何其他职业和其他工作，会如此严重、如此系统地受到精力分散和精力浪费的影响。虽说此类风险也会在其他职业中出现，但是没有哪个职业像管理领域那样，**约定俗成**地把这种风险视为富有活力和工作高效率的标志，被广为接受且受到严重误解。同样的道理，没有哪个职业像管理领域那样，历来把聚焦关键的能力或艺术（更好的说法是纪律）视为效能的标志。

然而，单单使用“聚焦”这一词是不够的，依然会遭到误解。如果我们想要有所作为并取得工作上的成功，关键是要把注意力集中在**少数几件事情**上，抓住少数几个经过仔细选择的关注焦点。偶尔会有人反驳说：这一原则不能应用到复杂且相互关联的情况中去，是已经过时了的管理思想残余。但是事实恰恰相反，正是因为环境变得复杂、互动关联加剧，这一原则才变得如此重要。以前并没有现在这么重要，原因很简单：在简单的环境中，不需要主动应用这条原则。这是因为没有多少分散注意力的东西，它自动就得到了应用。

情况已经非常清楚：我们可以应对很多不同的事情，甚至可以同时做到，但是，我们不可能在很多不同的领域中取得同样的**成功**。再说一遍：在这里，投入和产出、工作和成就、活动与成功之间的差异很重要。

凡是在取得结果、获得成功的地方，都可以看到聚焦原则的身影。几乎所有功成名就者都会关注一件事情、一项任务或者一个问题。这一点在过去以及现在常被认为是痴迷，有时甚至被认为有些病态（我当然不赞同这种看法），但是有一点不可否认：**取得成功的关键在于聚焦**。

来自不同行业的很多人都遵循这一原则，比如爱因斯坦、马丁·路德金、贝托尔特·布莱希特、克劳德·雷诺阿、约翰·施特劳斯、路德维希·维特根斯坦，等等。更具启发意义的是那些身处困境（比如，疾病、残疾和极度紧张）仍然工作高效、有所成就的人；他们成功的原因无一例外，都是能集中精力去完成在恶劣条件下必须完成的工作。

一个最著名的例子是哈里·霍普金斯[㊀]，第二次世界大战期间，他在美国政府大受欢迎，因担任罗斯福总统最亲密的私人顾问和代表而声名显赫。尽管身患重病，差点儿死掉，每工作一天就要休息一天，而且只能工作几个小时，但他同样取得了远超大多数人的巨大成就。这是因为他严格做到了关注少数真正重要的事情，同时忽略掉不太重要的事情，以至于丘吉尔称他为“核心事务之王”(The Lord of the Heart of the Matter)。

同样具有启发意义的还有另外一些人，他们没有过人的天资，却因为特别善于聚焦于重要事情而取得了非凡成就。其中一个代表人物就是美国总统杜鲁门。美国媒体空前一致地认为杜鲁门天分欠佳，但没有人在那样艰难的环境下取得他那么多的成就。同样，在同时代的专家看来，世界著名指挥家冯·卡拉扬的天赋平平是没有争议的。不管是那些羡慕他的人还是他的竞争对手，都认为他的音乐天赋相当有限。

然而，正因为他有系统地聚焦于音乐，为音乐世界带来了前人几乎无可企及的改变。他每次都全神贯注地聚焦于一个目标，有些人称他为“自律大师”[㊁]。在人类现有记载的历史上，能够同时做很多事情而且取得成功的人有两个：达·芬奇和歌德。在这两个例子中，很多事实表明：他们浪费了很多精力，如果他们

㊀ 参见：Robert E. Sherwood: *Roosevelt and Hopkins: An Intimate History*, New York, 1948。

㊁ 参见：Frank Welser-Möst: *Profil* 16, 1999, p. 174。

在这方面能稍有节制，很可能会取得更大、更重要的成就。

没有道理的反对

关注少数几件事情（如果可能，甚至只关注一件事情），我提出的这个请求经常遭到反对，有时候属于感情用事，有时候甚至带有攻击意味。但是几乎没有什么客观论据能够真正反驳聚焦原则。反驳该原则的主要理由包括：第一，在现代的工作和组织中，聚焦根本做不到；第二，它会导致片面、狭隘的专业分工；第三，它有损员工的动机（积极性）。实际上，只有第一条值得重视，后面两条更像是借口，或者是对管理的误解。

的确，在当今的工作和组织环境中，已经很难专注于某个特定问题。我曾说过，没有任何职业会像管理那样深受时间浪费和精力浪费的威胁。正因为如此，聚焦原则才变得如此重要。

我承认：有的时候，因为环境的约束，即便是最能自律的人也无法聚精会神地工作。有的上司每隔十分钟就会把员工或秘书叫到办公室，遇到这样的上司，员工虽然在努力工作，但往往也难以取得成果。这样的管理者混淆了得当的管理和工作的忙碌。在这种环境里，员工只能选择忍受上司的行为，任其影响自己的绩效，否则，就只好选择离职。因此，不自律的上司，是导致聚焦原则不适用的最重要、最常见、最明显的原因。

这并没有让该原则本身失去价值，但它是前面提到的这条原则经常遭到攻击性反对的一个原因。如果有人在我的培训班上提出这种反对，我可以断定，他就是那种不能自律的管理者，他会觉得自己的自我感知被击中了痛处，这是可以理解的。当然，他本人可能认为自己不是不自律，而是特别有活力，是符合时代精神的，是管理者的典范。但遗憾的是，事实并非如此，很明显他需要做出改变。

第二个理由通常是组织问题。有些组织结构有利于驾驭复杂性，而另外一些组织结构却适得其反，所谓的矩阵型组织就是其中一个例子。在矩阵型组织中，几乎不可能聚焦到任何事情上，因此，它对生产力发展构成了障碍。矩阵型组织的出现可谓事与愿违，也许它很现代化，但绝不代表着进步。

有时，在有些市场结构条件下以及在有些企业中，必须采用矩阵型组织结构，因为目前还没有替代方案。然而，矩阵型结构永远不应该是组织的首要选择，而应该是最后的选择。在矩阵型组织中，很难实现效能。但是，得当的管理恰恰相反：它能帮助人们提高效能。

实际上，前面提到的第二个反对理由并不成立。反对的根本原因在于第 6 章讨论的专才与通才的区别。这种反对意见是以错误的通才概念为基础的，而且是对专业分工的非理性拒绝。一旦我们承认以下三个事实：组织需要专才；实际上也只有专才才能生存；专才只有在不将自己融入整体组织的情况下，才构成问题，这条反对意见就完全失去了意义。

管理始终存在浪费时间和精力的风险；聚焦原则是取得结果的关键。

第三条反对意见，即聚焦原则会对动机产生不利影响，源于对动机和组织目标的误解。正如我在前面多次提及的，组织必须在自己运营的领域里取得结果，并实现组织建立的目标。就算有的话，也只有少数目标是为了激励人们而建立起来的。第一个组织的目标是治愈病人，第二个组织的目标是生产无公害洗涤剂，第三个组织的目标也许是让女子监狱更加人性化。在这三种情况下，对于组织整体和组织里的人员来说，聚焦于组织目标都是必要的。因此，必须把聚焦当作首要任务，它能够与激励产生冲突则完全是另外一回事儿。

与普遍的看法相反，动机和绩效之间是否存在关联这个问题迄今尚无任何定论，因此，我建议应该首先考虑聚焦原则。

最后，还有第四条反对意见，认为聚焦原则不利于创造性的发挥。这条原则也许不利于所谓的“**疯狂创造性**”的发挥，这种创造性通常都没有什么用，甚至是有害的。与经常宣扬的观点相反，这个世界并不缺少创意，真正缺少的是如何**实施**创意。这是完全不同的两码事，而要实现这些创意，还要靠聚焦。

那些公认的极具创造力的群体（比如，著名的音乐家、画家、作家、雕刻家和科学家），他们的生活状态和工作方式足以证明事实与人们的误解正好相反。除了极少数例外情况，其他所有人都是只专注于一件事情。恰恰是在这个群体里，经常可以看到近乎病态的专注，几乎接近自我牺牲的程度，没留下关注任何其他东西的可能。某一件艺术作品、某一项工作或任务是他们心目中唯一重要的东西，也是唯一最终（有时候要经历诸多挫折和失败）给他们带来成功的东西。

一个最令人印象深刻的例子就是托马斯 · 曼。他在活跃的写作生涯中，坚持每天从上午 9 点写到 12 点，从无例外，近乎顽固地坚持，虽收获小得惊人，每天只能写一页或一页半，但最后累积起来，作品数量惊人。值得一提的还有米开朗琪罗和舒伯特，他们都留下了大量作品。如果对管理效能感兴趣，就要研究他们的工作方法，而不是只把成功归结于他们的天才基因。[一]

应用范例

为了尽量清楚地说明聚焦原则的作用，我选用了几个应用方面的例子。

1. 时间管理

不管是在哪种类型的组织里工作，大多数管理者都会遇到时间问题。我会在后面的“个人工作方法”这部分详细分析这个主题，现在我只想聚焦于一个方面。不管管理者工作多长时间、工作多努力，他们最常发出的抱怨就是时间不够用。延长工作时间或者加大努力程度显然都不是解决问题的办法，唯一的解决办法就是聚焦。

理由很简单，但经常被忽视。管理者谈论的时间好像只是“他们的”时间。管理者利用时间的方式在很大程度上是**由他人决定**的：他们有 70%～80% 的时间并不属于自己，而是属于其他人，包括客户、老板、员工、同事、助手、财务分析师，还包括越来越占用时间的媒体；真正可自行支配的时间只有 20%～30%，在这部分时间内，管理者可以根据自己的任务和职责来做自己认为合适的工作。

㊀ 参见：Wolf Schneider: *Die Sieger*, Hamburg, 1992。

但是，即使每天工作 18 个小时（当然我并不建议这样做），仅仅利用其中 20%～30% 的时间也很难有所作为，因此，管理者需要专注于关键事务，这说起来容易做起来难。它要求管理者做出带有一定风险的艰难决定。管理者在努力寻找应该关注的领域时，经常会犯错误，但如果想要有所成就，就要下决心去确认自己的聚焦领域。只有两种选择：要么是很多事情没有完成，但是在少数几个选定的重要领域里取得成功，要么是一事无成。

心理学家乔治 · 米勒（George A. Miller）[⊖]曾对人们的注意广度的范围做过研究，影响至今。他在一篇很有启发意义的文章（题目特别新颖，叫“魔法数字 7±2”）中提出了自己的研究成果：在单位时间内，一个人能够成功聚焦的事情的数量为 7±2 件，如果想做更多的事情，只能按时间排序，逐批完成。

我的建议是选择 7–2 而非 7+2，有时候甚至应该比 7–2 还要少。我知道有些管理者在单位时间内甚至只做**一件**事，同样成就斐然。当然，甚至连这些人也在为有太多事情无力完成而苦恼。他们偶尔也会做出一些事后证明为错误的决定。然而，他们还是选择只关注较少的事情，因为他们知道，只有这样做，才能有所成就；只有这样做，才能在充满复杂性和相互依赖性、行动忙乱的环境中实施行动、有所收获。

奇怪的是，很多管理者不接受这一点。有些管理者因自己长期“多线出战”而感到自豪。他们的工作量很出众，但**绩效**难以服众。“多线出战”的话，仗可以打，但打不赢。

⊖ 参见：*Psychological Review* 63, 1956, pp. 81-97。

聚焦原则适用于**任何事情**。如果我们问某个人：你做什么运动？而他却列出了 15 项运动，那我们就可以肯定：他在这些运动项目上水平很差，顶多也就是中游水平。与之相反的是，如果有人回答说工作之余没有多少时间运动，只会打一点网球的话，那么我们可以肯定的是：他很可能不是世界级运动员，但非常有可能的是，他不会轻易就被击败。

2. 目标管理

应用聚焦原则的第二个重要方面就是目标管理。很可能任何组织都以某种方式研究过此种管理方法，但遗憾的是，在这方面取得成功的**组织**并不多。为什么呢？我们同样会在下一篇中讨论具体原因。其中最重要的一点是它们制定了太多类别各异的目标。

我在介绍组织的目标管理时，通常会以一个小练习开始：要求在场人员写下他们未来一年想要完成的事情，没有任何进一步的提示，规定一小时左右的时间完成。无一例外，每次的结果都是一样的：80% 的人会上交两三页甚至四页纸，写得密密麻麻，凡能想到的事情，无一遗漏，而 20% 的人只写了半页纸，只有两三个要点。毫无疑问，后者才是真正的专业人士，他们写的是自己真正想要完成的重要事情。

诚然，前面一类人密密麻麻的纸上也有很重要的事情，但是被淹没在很多琐碎的目标之中。因此，在未来一年中，当他们被繁忙的日常工作所困扰时，会失去对重要目标的关注。这些重要的事情会从他们的视线中溜走。最后，这两类人都在辛苦工作

(这方面没有差异),但是,前一类人只是在工作,而后一类人却能展示自己的工作**成果**。因此,目标管理的成功和效能依赖于聚焦原则。

3. 新型生产力

聚焦原则应用的第三个例子表现在生产力的提升上,这也是所有例子中最重要的。为了理解这一点,我们必须区分体力劳动和脑力劳动的生产力。在过去100年里,体力劳动者(或者说产业工人)的生产力增速惊人,每年达到2%~3%。当生产力最初成为共同话题的时候,没人会想到情况是这样的。取得这种成功的关键在于下面这个问题:完成一项工作**最多**需要多少时间?在提高产业部门生产力的所有方法中,这是最核心的问题。

然而,由于这种成功,体力劳动的生产力如今已经再也不构成问题了。这场"战争"以胜利告终。值得注意的是,这场战争的胜利是在工会的顽强阻挠中取得的,长期以来工会始终没有理解:生产力的提高是工人获得更高工资的前提条件。如今,新的"战场"是脑力劳动者(即那些不依赖劳动技能,而是靠知识谋生的人)的生产力。在发达国家中,他们是增长最快的群体,很快就会在劳动力人口中占到大多数,成为最大的一个群体。他们现在需要做的就是提高生产力。

正因为如此,前面提到的问题就没用了,需要把它变成一个截然不同的问题:完成这项工作所需的最少的时间是多少?这里的重点是"最少"。

我们对于脑力劳动生产力的了解还不多,它的重要性也才刚刚体现出来。然而有一点却是非常明确的，那就是：为了变得卓有成效，脑力工作者需要大块的**工作不受干扰的**时间。对于产业工人来说，这自然不成问题，因为他们的工作性质不允许被打扰。不论是在生产线上还是在独立的团队里，都不会被打扰，正如我们从未听说过有心脏外科医生会中断手术去开会。然而，对于脑力工作者来说，频繁的干扰是常有的事。

举个例子，假设一位产品经理需要针对特定市场制订营销方案，如果经验丰富，他通常会说明需要多久来完成。再假设，因为市场规模小，而且具有大量相关经验而不必从头做起，他估计需要 5 个小时。5 个小时就是 300 分钟，这在数学上当然没错。但是，不受打扰地专心工作 5 个小时和一天工作 10 分钟，持续工作 1 个月的情况是截然不同的。在两种情况下都工作了 300 分钟，但第一种方式肯定会带来成功，第二种却是失败。花费的时间相同，结果却完全不同。

这三个应用场景大不相同的例子，足以说明聚焦原则的现实意义。它们表明了聚焦原则的应用范围之广、重要性之大。聚焦是通向结果和成功的最重要的关键要素之一，也是应对繁忙工作和不断提高的工作要求的最重要的原则。此外，聚焦也是解决管理者的头号难题——压力及其各种影响，如抑郁和倦怠的唯一可持续的方法。

和人们有时出现的错误理解不同，聚焦并不意味着“持续不断地工作”，也不是说“除了工作什么都不做”。聚焦的真正含义是：工作时心无旁骛、不受干扰，专心致志地做一件事，即卓有成效地工作。很多时候，高效能人士也会遭遇低潮期、沉闷期和效率低下期，莫扎特、瓦格纳和舒伯特就遇到过这种情况。但是，他们一旦开始工作，就做到了全神贯注。这就是莫扎特和舒伯特，虽然都经历过停滞期并且英年早逝，但都留下了大量作品的原因。

脑力劳动者需要大块时间且不被打扰，工作才会有成效。

聚焦原则可以得到推广：凡是在成效显著的地方，都有聚焦原则的身影。在医院，不是很多患者一起接受诊疗，而是**一个接一个地进行**，尽管诊疗时间也许不长，可能会非常短，但是在当时，所有的注意力都集中在一位病人身上。著名交响乐团的演出曲目不会很多，仅演奏有限的少数作曲家的曲目。实际上，他们可以演奏十几首不同作曲家的曲目，只是达不到演奏效果最好的要求，也满足不了当今见多识广的听众的期待。

我上大学的时候，总以为自己可以边看书边听音乐，甚至认为自己只有在听音乐时才能学进去。这是一种错觉，要么是读懂了课文却没有真正注意听音乐，要么是认真听了音乐却只是心不在焉地随便翻了翻书。我的孩子在这个年纪也有同样的错误认识。因此，有效工作的原则并不是天生的，大多数人都会本能地与它背道而驰。

谁要是声称自己能够同时处理 15 件事，那他要么是个新手（他还有救），要么就是根本不称职（不可救药）。聚焦原则既适用于人，也适用于**组织**。

如前所述，高效能的组织和良好运转的机构都是目标单一的系统。就像任何其他有用的工具一样，这些系统都是目标单一的工具。任何其他（多目标）系统都会导致糟糕的折中局面，最好的结果也不过是平庸无为，最终会导致失败。**尽管**付出超出常人的努力，这种情况也会发生。失败的原因不是努力程度不够，而是**注意力的分散**。**尽管**付出了努力，最终却不能成功，这堪称悲剧。

CHAPTER

第 8 章

利用优势

重要的是利用现有优势。

这里强调的是**现有**优势，而不是那些尚待开发和培养的优势；同样，关键在于利用优势，而非消除弱点。之所以要强调这一点，是因为大部分管理者，特别是人力资源经理，更关注的东西往往与此相反，是发掘新技能及消除弱点。

本书讨论的所有原则都是同等重要的，但是，如果限定我只选其一来讨论的话，我会选择这条原则，因为人们经常违背它，并且会产生严重后果。利用优势的原则会强烈影响到所有与人力相关的事项，如员工的选拔和培训、岗位设计和招聘、绩效评估和潜力分析等。如果遵从这条原则，则会产生非常理想的结果；如果忽视或违背该原则，即便有时是出于好意，也会带来灾难性的影响。我们所说的管理中的悲剧，有很大一部分是因为忽视这条原则。

忽视这条原则所造成的后果往往是无法弥补的。事实上，在实践中它经常遭到忽视。尤其值得注意的是：只要有人提及，几乎所有人都会表示认同这条原则。虽说通常都是真心认同，但在日常实践中总是背道而驰。

如果能严格实行关注优势的原则，许多人力资源管理中常见的工具就可以弃之不用了。该原则使得人力资源管理更简单、更节省成本、更有效能。如果不坚持该原则，人力资源管理就会做很多无用功。

过分关注弱点

当和管理者讨论时，我不仅会问及前面提到过的问题，还会问他们："说说你的下属。你的手下是哪种类型？同事和上司是什么样的人？"这一问仿佛打开了阀门，他们开始滔滔不绝：下属毛病一大堆，同事无能像白痴，上司就是个失败者。

人的大脑，特别是我们的认知，似乎总是特别擅长接收一些负面的或破坏性的信息。我们明白什么东西不可行，也正是**因为**它不可行，从而带来各种麻烦和困难。管理者对下属的缺陷印象深刻，是因为这些缺陷会带来麻烦，必须费力去解决这些麻烦。众所周知，人类的认知是有选择性的。认知会重点选择**什么，为什么**会做出这种选择，这些并不总是那么清楚。在本章的背景下，认知选择的是他人的弱点和不足。但是，可以确定的一点是：如果一个人不停地抱怨别人的不足，不管是针对下属、同事、上司、顾客、供应商还是针对他自己，都说明他要么是不了解管理的真谛，要么是一个无能的管理者。我之前就提到过，如果是新手，通过向他指出新的关注焦点，还是可以帮助他的，但如果是无能的人，帮他也没有用，从人力资源的角度说，后者会带来危险。

如果我们以关注优势的眼光去看人，通常就会有一个很微不足道的发现：每个人，即便是那些看起来能力很差的人，都有自己的优势。通常只有几项优势，很可能就只有一项。此外，我们还会发现，即便是能力最强、表现最好的人，也会有一些明显的缺点。可怕的是，我们最关注的是他人的缺点，并想不遗余力地去消除它们。

这样做也许能成功，但这是一种不人道的成功。假设一个人有缺陷，比如，在沟通能力或团队合作方面，或者是在当今时代所要求（不管是否合理）的任何其他方面存在缺点。他将参加一个针对其缺陷而制订的能力提升和发展的计划，去参加培训班，或者接受一对一的培训。当然，这些措施会产生一定的效果。经过这一番努力后，他可能会在某些方面取得明显的进步，但在其他方面的进步则不太明显；某个缺点可能得到改正，但另一个缺点可能没有明显的改善。这个人将变得更好，但这该从何说起呢？从“缺点更少”的角度说，他变得更好了。这个人朝着某个方向迈出了明显的一大步，却走向了平庸。作为下属，他将变得“更好管理”，可能以前一天犯三次错误，但是现在三天才犯一次。很多人认为这是进步，因此觉得这样的策略是完全合理的。

把优势和任务匹配起来

然而，更重要的是，如果过分关注弱点及消除弱点的问题，管理者很可能无法挖掘员工的优点并找到员工能胜任的工作，而这才是管理者的首要工作。其次是为员工设计出尽可能让其优势和任务相匹配的工作。

关注并利用优势的原则的意义就是：**让员工在自己擅长的领域内工作**。所有高效、成功的管理者都做到了这一点。他们几乎不关心员工的弱点，因为他们知道依靠弱点做不出成绩，还因为他们认为这些弱点很难改变。相反，他们关注的是员工身上已经存在的优势，然后设计出合适的职位、工作和任务来充分发挥这些优势。

在理论上和实践中，有关适应性和灵活性的讨论有很多，但是，在大多数情况下，这个重担交给了组织里的员工，希望员工而不是组织做出改变。若是从这种意义上去改变组织的话，变革意愿会降低很多。这时管理者往往采纳传统的组织信条，比如强调对组织的调整不应该受个人的制约。

诚然，贯彻落实关注优势原则的要求通常并非易事，但是非常有效。如果做好优势与任务的搭配，也许不会获得 100% 的成功，但必定会带来两项成果。

首先，可能会突然带来卓越的业绩。卓越不是我这里考虑的重点，但是，如果我们努力争取，是可以实现的，而且只有在具有优势的领域中才能实现。无论如何，绝不能指望员工在其劣势领域中取得卓越的业绩。

其次，人们可能会看到更重要的结果：激励方面再也不会出现问题，因此管理者不必再为此费心费力。激励问题就这样消失了，原因在于：在自己擅长的领域中工作，员工不需要激励；在自己不擅长的领域中工作，根本无从进行激励。这种做法还会产生一个附带效果：人们不再指责“强制化管理”。要求员工在自己擅长的领域里做出更好的业绩，这不会有什么问题，但是要求他们在不擅长的领域里大有作为，却是有违人性的。

这种有违人性的做法源于一个要求：管理者要求员工消除他们的弱点。单单做到这一点，就需要付出巨大的，有时甚至超常人的努力。从本质上讲，即便是这种努力，也不是什么关键问题，因为人们有理由认为：只要最终消除了弱点，付出多大的努力都是无所谓的。但是，事实证明这种看法往往是错误的。消除弱点就没有弱点了，但没有弱点和拥有优势完全是两码事。消除弱点并不像人们想象的那样，会自动带来优势。按照教育标准来说，如果某人在一门外语上没有弱点，但不能就此推断说：他在这门语言上拥有明显的优势，他可以凭借这种优势成为作家或者翻译家，并取得非凡的成就。

要求员工在其弱势领域里产生良好绩效是不人道的行为。

奇怪的是，总有人问我：在弱点背后，是否有可能隐藏着某种优势？这个问题其实蕴含了一种观点，至少带有某种希望。虽然不能完全排除这种可能性，但现实经验表明这种情况非常罕见。《圣经》中有关所罗（Saul）变保罗（Paul）的故事并不意味着弱点经常可以转变成优势，这不过是一个神话故事而已。这是个见仁见智的问题。我不排除有发生奇迹的可能，如果一旦发生，就要好好利用，但是，不要指望这种奇迹的发生。

当然，有些人会误以为自己有（但其实没有）某方面的弱点，这是有可能的。毕竟，我们（特别是在年轻时）对自己的优势和弱点缺乏可靠的认识与成熟的看法，有的只是希望、憧憬和幻想。多数人客观评价自己的能力是有问题的，甚至是很欠缺的。人们在错误的教育方针下接受的教育越多，限制了绩效评估，缺乏目标与结果的明确对比，模糊了边界和标准，因而越是难以进行客观的自我评估。他们不但回答不了自己在哪些方面具有个人优势和劣势（他们取得成功的最重要的要素）的问题，而且也理解不了这个问题的重要性。所以，本以为是弱点但实际上是优势，这种情况其实是有可能发生的，但是如果真的是弱点，那就另当别论了。

现在反过来看这个问题。消除弱点通常会带来不良后果，但事实往往与此相反：如果发挥现有优势去完成某项工作，所需要付出的努力会小得多，而在不擅长的领域里，哪怕是取得中等水平的结果，也需要付出多得多的努力。

这种不相称的情形几乎无处不在，因此必须要在管理上加以应用。再次提请大家注意：我所谈的组织的管理和组织里的人。如果某人决定集中精力来消除自己的弱点，而不是发挥自己的优势，那是他自己的事。但即便是在这种情况下，我也会建议他培养和利用自己的优势。唯一真正值得我们高度重视的弱点，是那些影响充分发挥优势的弱点。

应该忽视弱点吗

关注优势是否意味着可以忽视弱点？当然不是，这个想法是幼稚的。我们必须了解自己的弱点，但其原因和大多数人的（了解弱点就是为了消除弱点）不同，而是另有原因：避免把员工安排到他的弱点领域里。所以，关注优势并不意味着不切实际、幼稚和理想主义。

从原则上讲，得当的人力资源管理（与人力有关的所有管理）必须像训练运动员那样进行精心设计。从事青少年运动培训的教练会让他们尝试各项适合的运动项目，同时在这段时间内观察他们的表现。经过这个测试阶段后，教练会和孩子单独谈话。他可能会对一个孩子说："你是一个短跑健将。"然后引导这个孩子朝短跑领域发展。训练中会反复练习起跑，这是短跑成功的关键。对另一个孩子，教练可能会说："你不擅长短跑，你的资质更适合长跑，虽然我还不明确多长的距离适合你，但无论如何，短跑并不适合你。"因此，这个孩子的训练项目中可能不包括起跑，因为这不是长跑的关键，就像没有人是因为起跑快而赢得马拉松比赛的。但是，教练会训练他的耐力，教他如何在跑步中运用战术，因为这些才是长跑的关键因素。

在这样的训练计划中，可能存在某种消除弱点的行为，这总是会导致一些误解。但是，这些训练消除的是那些阻碍运动员开发和利用优势的弱点。例如，短跑运动员必须不断提高起跑技术，以达到最佳水平为目标，但这方面的训练并不会使他成为一名马拉松运动员。优秀的教练绝不会让跳高运动员练习田径，也不会让游泳运动员去推铅球。优秀的教练总是按照优势原则来选拔运动员，并根据运动员的优势来安排相应的训练。当然，这些并没有削弱对各个细节进行精雕细琢的要求。

不要试图改变个性

到目前为止，我讲的都是在请求大家不要试图改变人的个性。有太多的管理者一直在做这方面的尝试。他们没有吐露真言，美其名曰“个性**开发**”。在现实中，说到底这就是在尝试改变员工的个性。

有很多理由可以证明改变人性的尝试是错误的。首先，存在一个在道德伦理上是否合情合理的问题。我认为这不是合情合理的。现在也许有人认为这个问题并不是特别重要。但是，我们必须关注一个实际问题：个性真的可以改变吗？或者，就算有可能，在一段时间内就能改变吗？

到人们进入组织参加工作的时候，尤其是在 20 多岁甚至 30 多岁（在这个年龄段，迟早有机会走上管理岗位）的时候，他们的个性基本上就已经定型了。接触过很多心理学家的主张后，虽然我有诸多疑虑，但还是愿意接受这种观点：在儿童时期，个性和性格上的改变是有可能的。不过，随着年龄的增长，个性的改变越来越困难，到了 30 多岁就几乎不可能了。

请注意，我并不认为人们无法改变**自己**。如果真心想改变，是可以做到的。但是，这种情况十分罕见，而且只有在特定情况下才可能发生，最可能的情况是遭遇巨大不幸且承受一定的压力，很少是因为意识到自己的不足而去改变。只要生活和工作一切如常，就没有人觉得需要去改变，尤其是在需要付出巨大努力的时候，就更没有必要去改变了。同样，我也承认有些职业的目标就是改变人性（尽管存在重重困难），但其结果，在我看来，似乎不是特别有说服力。

政治领袖也一次又一次地试图改变人们，由此引发了历史上一些最严重、最血腥的灾难。虽然有些职业和机构认为改变人性是可以接受的（我不想对此做出评论），但是可以肯定的是：改变人并不是一项管理任务。尽管理论上可能（我表示怀疑），但是实践表明，要改变人并见到明显的效果，需要花费太长的时间。管理任务就是要接受员工的现状，发现员工的优势，并设计出与其优势匹配的工作任务，让员工将优势转化成业绩，并取得结果。除此之外的任何尝试，在道义和经济上都是说不通的。

改变人并不是一项管理任务。

为什么会关注弱点

为什么大多数人会执着于弱点而非优势？主要原因有以下几点：第一，发现弱点非常容易，而发现优势则困难得多。弱点之所以惹眼，是因为它们会带来麻烦。要看出一个人**干不好**什么，不需要太多的智慧和经验，更重要的是，不需要跟他深交；相反，要找出一个人的优势，不仅需要智慧、经验和交往，还需要更多，而且经常是大量需要。必须对一个人感兴趣，才能发现他的优势，当然，这个过程很耗费时间。

第二，就是我们在学校所接受的教育。作为教育机构，学校（这么说没有任何批评的意思）关注的是消除弱点，这是因为没有人能预知孩子长大后会从事什么职业。因此，无论将来去哪里，每个孩子都需要掌握满足未来工作要求的最低限度的技能，更准确地说，就是掌握能够帮助他找到工作的技能。简言之，一个人必须会读写、懂数学，才能成为现代社会中正常的一员。比如，如果某个孩子在算术上有问题，老师将会帮助他消除这一弱点，鼓励他勤加练习，这样做是非常有意义的。

因此，学校教育传授的是工作能力，但不是要让一个人精于此道。没有一个人因为会读写、懂数学并达到了学校的培养标准就取得了成功。人们的成功和效能是源于对现有优势的利用，而非消除缺点。因此，真正优秀的教师虽然会减少学生的弱点，但更多的是关注他们的优势。他们可能会这样对家长说："很遗憾，您的儿子不太擅长数学，如果不想留级，就得勤加练习了。他很可能成不了伟大的数学家，但是我注意到，他在语言方面有天赋，我希望您多加留意，尽量创造机会开发他的语言潜能……"

向伟人学习

"伟大"一词如今可谓铺天盖地，因被过度滥用、误用而最终变得毫无意义，但不管我们怎么理解它，能称得上"伟大"的人通常为数极少。他们有明显的弱点，而且其中大多数人都只拥有一项特别过人的能力。

托马斯・曼擅长写作，但在其他各方面都乏善可陈，大多数其他大作家都是如此。毕加索是伟大的画家，莫扎特是伟大的作曲家，他们在其他方面也都能力平平。莫扎特不擅长打理日常生活，但是这没有关系，因为人们只在乎他的音乐。尽管他在其他方面的不足会引起一些人的兴趣，但是在他的成就面前，这些都是微不足道的。

每个领域都存在这种情况，不管是音乐、绘画、雕塑、文学、政治、科学，还是体育领域，人们几乎只能在一个很狭窄的领域里取得杰出的成就。不管是物理学家、数学家还是化学家，他们都只是擅长自己的领域。

需要承认的是，少数人具有多方面的才能，但这种人很少见，而且，只有极少数人具备多项明显的优势，并且在多个领域里都取得了出色的成绩。在历史上，大概只有30多位在多个领域里具有过人的优势，包括凯撒大帝、富兰克林、霍夫曼、腓特烈二世，当然还包括歌德和达·芬奇。不过，这未必意味着，他们能在每个领域里都取得同等大小的成功。

分析这点并非易事，而且深入挖掘下去也超过了本章的研究范畴。凯撒大帝和腓特烈二世的确都在不同领域里做出了成就；本杰明·富兰克林是一位特别的人，歌德和达·芬奇本可以做出更大的成就。歌德本引以为傲的颜色理论，令现代人感到颇为难堪，即便是在他那个年代也是如此。他对牛顿光学理论的猛烈抨击，当时也同样令人感到尴尬。至于达·芬奇，乔治·瓦萨里（达·芬奇的传记作者）对他做出了精辟的评论：他虽然做了很多事情，但是最后真正完成的很少。

在历史上，还有一位有多项才能，既智慧过人又深谙效能之道的人，他就是米开朗琪罗。尽管他掌握多项技能，但他明白自己真正的优势在于雕塑，所以他尽量排除其他干扰，一心致力于雕塑事业。比任何学术论文都能更好地证明这一点的是：在与教皇尤利乌斯二世进行诸多抗争之后，他在 1508 年在与西斯廷教堂签订天顶绘画合同时用的就是“米开朗琪罗，雕塑家”这个签名。

适用于伟大人物的原则对于我们普通人更加有效，那就是：想要真正有所成就，就必须把自己限定在自己具有优势的领域里。但即便如此，想要发挥优势、取得成功也很困难。

除了一些我要讨论的特殊情况外，集中精力减少或消除弱点的做法只是在浪费时间。有时候即便是做到了这一点，即便与我们所付出的努力相比，似乎取得了重大成就，但通常也不会是理想的**客观**结果。

冒着被认为过于顽固的风险，我还是想要提醒一句：我这里所说的仅仅指的是管理问题和组织中的人员。根据我的经验，有的人断章取义，试图把我的建议用于个人生活。但是，一个人是否把“做一个全面的人”设为自己的目标，从而关注消除弱点，这只是他的个人决定。

如何识别优势

结合以上所说，与其说令人吃惊，不如说令人感到遗憾的是：在目前的管理中，几乎没有可以帮助和鼓励人们发掘自身优势的体系。每次研究分析这个问题时，所提出的优势发掘方法总是让人误入歧途。

其原因在于这样一个近乎公认的观点：只要喜欢做一件事，你就要擅长做这件事。职业顾问也会经常问：你喜欢做什么？我们也会问孩子同样的问题，是希望找出他们未来的职业方向。大多数人认为这个观点是正确的，因此也很少有人去质疑。然而，它是错误的，因为喜欢做和擅长做并没有什么必然联系。

认为自己的优势存在于自己感兴趣的事情上是错误的。

那么，这个想法（认为优势存在于感兴趣的事情上）源于何处呢？在不喜欢做某件事和做不好这件事之间，存在很强的关联性。如果带着厌恶的情绪去做某件事，的确很难做出成就，道理很简单：对于我们不喜欢的事情，习惯去拖延和逃避，于是无法积累专业知识和经验。由于问题不会自行得到解决，我们会在最后时刻以最少的努力匆匆完成。由于这种关联性的存在（这是无可争议的事实），人们就推断这个观点反过来也一样成立：喜欢做某件事，就一定能做好。

我们需要重新思考这个问题，如果把这句话反过来说也许还有道理，那就是：因为能做好，所以喜欢做。但是，这仍然不是问题的关键。对于大多数人来说，决定成功和命运的关键是：做什么事情容易。真正重要的关联性是在**容易做**与**做得好**之间。

这方面最好的例子是爱因斯坦。经常听人说爱因斯坦小时候是个差等生，但事实上，他十分擅长物理和数学。他小时候的确与几位老师相处不和，但那只是因为他是个让老师为难的学生。对于他来说，物理和数学学起来非常容易，在这几科上几乎没费劲就取得了最高分。然而，什么是他真正**喜欢**去做、能使他激情燃烧的事情呢？是音乐，尤其是小提琴。为了成为一名伟大的小提琴家，他愿意付出很多努力。但是，即便他全力付出，他在小提琴方面也不过是个平庸之辈，因为他不具备拉小提琴所需要的协调性。

爱因斯坦的例子很能说明问题，但实际上，即使不举他这个例子，我们也能明白其中的道理。唯一要做的事是很多人力资源管理者从来不做的一件事：**观察员工**。很多人像爱因斯坦一样，去做一些自己并不擅长的事情，比如打网球、高尔夫或做其他运动，但从来就没有达到一定的水准。他们喜欢做，却做得并不好。另外，通过观察那些真正的专家，我们可以发现，他们对某项工作的兴趣和从中体验到的乐趣随着工作日益变得常规化而逐渐减少，但这并不影响他们的专业发挥。换句话说，他们不需要喜欢自己做的工作就能把它做好，因为他们做得很轻松。对于飞行员和外科医生来说，是否喜欢这项工作也无关紧要，因为他们是专业人士。没有人会问及这个问题，乘客和患者都对这个问题不感兴趣。

一个人做什么可以做得很轻松？这个问题之所以很重要，不单单是因为喜不喜欢与成功概率之间存在关联性，还因为人们经常关注错误的关联。但可能最糟糕的是：正是因为做起来轻松，那些人们做起来很轻松的事总是不能引起关注。不受到关注就无法对其加以利用，因此，我们忽视了能够使我们提升效能、取得成功的事情。这种成功其实是相对容易、能比较快速取得的成功，原因就在于做这件事是我们的优势之所在，甚至能使我们更容易地获得满足感、快乐，找到人生的意义。

无视或忽视聚焦优势的原则是导致目前管理困境的原因之一。在我看来，这也是一个造成心理压力、挫折和缺乏意义感等现象的重要但基本被忽视的原因，而且会导致职业倦怠综合征。造成管理困境的根源在于，人们不了解这里所说的关联性，低估甚至忽略了自己的优势（因为这是他们做起来很轻松的领域），同时又过分关注弱点，或者耗光精力去消除弱点。在自己容易获得成功的领域里，他们甚至没有去尝试，而在自己关注的领域里，往往付出了很大努力却没有结果。这里再次提前大家注意第一条原则：关注结果（结果是管理上真正重要的东西）。在那一章中，我对“工作应当是快乐的”这个要求做过分析。不难看出，这个问题和如何识别优势之间存在着直接关联。

学会利用个人优势可以带来效能和成功，因而获得满足感、快乐和人生的意义。

找到乐趣并享受工作是一码事，擅长做某事且容易做某事是另一码事。如果混淆了这两点或者其中的关联，将会导致错误。有些管理学书籍和研讨会上所提到的相关理论，也是错误的。

弱点的类型

为了让读者真正理解“关注优势”这一原则的重要性，我再补充几点。最重要的是，需要做出一些区分。有些弱点看似弱点，但**并不属于**本章所谈论的弱点的范畴。有的缺陷是能够而且应该消除的。大体上，有五大类看似弱点的缺陷，其中有四类是能够被消除或大大减轻的。

第一类是**知识欠缺**，但是这种缺陷大部分是可以通过培训和学习来弥补的。如果工作需要你学外语，那就去学习一门外语。虽然没有语言天赋，经过努力可能水平也不够好，讲外语会有口音，也读不了原版名著，但是这些都不重要。即便是语言天赋有限的人，也可以学习一门常用外语以应对工作的需要。同样，如果从未学过工商管理，也可以通过学习掌握组织、战略和会计等领域的基本知识。要知道，如果没有这些基本知识，不管是在公司还是在其他任何组织里都会举步维艰。

第二类是**技能**。操作电脑、制定会议议程、写报告、做演讲介绍等是每个人都可以学习的技能。即便成不了演讲家，也可以学习一些基本的演讲技巧。有些技能是我们在现代组织中必须掌握的，这就好比在当代社会学开车：即便永远不会参加赛车比赛，也要学习驾驶。

第三类关系到对工作以外的任务和领域的**理解力**与**洞察力**。这方面的缺陷也是可以克服的。制药公司也需要营销人员，生化学家即使从来对广告宣传不感兴趣，也要学着去理解这一点。同样，人力资源专员也需要在一定程度上理解：在某些场合和出于某些目的，公司需要与数字打交道。也许他们自己从来就不懂资产负债表，甚至在他们眼里会计师总是有作假的嫌疑，但是他们需要能够给予最低程度的理解，这样可能最终为相互理解和相互尊重打下基础。

第四类是**坏习惯**。它们看似弱点，但往往只是坏习惯，在一定程度上也是可以消除的。例如，长期不守时、粗心大意、工作留尾巴，等等。

第五类就是我们所说的很难或者不可能消除的弱点了。比如，有的人经常无法与同事和谐相处，即便其接受了大量培训也难以改变这种弱点。很难把一个天性孤独的人变成一个真正优秀的团队成员，但幸好，这并构不成什么大问题，只要分配给他可以独立完成的任务就好了。如今我们经常听到一种论调，认为每个人都是团队参与者，只有通过合作才可以完成工作，然而这是错误的。此外，这也恰恰说明了人们经常没有经过仔细考虑和验证就接受了别人的断言。

世界上没有两片相同的叶子，也没有完全相同的工作方式。

这也表明，做出这一断言的人并不了解实际情况。有的人是优秀的团队合作者，甚至只有在团队中才有效率，而离开了团队就会变得手足无措；然而，也有人不认为团队是绩效和生产力的象征，他们觉得团队缺乏灵活性，工作节奏缓慢，效率低下，流程拖沓。也许在团队需要的时候他们也会听从指挥，但他们在团队里的表现并不是特别好，倒是在独自工作的时候表现出色，可以全神贯注，不需要顾虑其他人。典型的思想家有着卓越的分析能力，擅长思考问题、制订方案，但是他们成不了卓有成效、执行力强的执行者。这两种人都是组织需要的，但这两种品质很难在一个人身上共存，我们也不能寄希望于此。有的人一辈子都很少与他人起冲突，但不擅长和数字打交道，而有的人却唯独喜欢数字。有的人在高度系统化、接近程式化的环境中工作时效率更高，而有的人会觉得这只会让他感到窒息。

《圣经》告诉我们上帝创造了“人”，这是不对的，原因倒不在于达尔文和他的进化论。总之，不管是上帝还是进化论，被创造出来的是独立的**个体**。世界上没有相同的两个人，也没有相同的工作方式。总之，这里所讨论的是真正重要、难以消除的弱点：一个人的特质、个人特点和气质特征。这些都是模糊的概念和领域，至今尚未得到系统研究。

卓越绩效的两个来源

一旦管理者采纳了“关注优势”的原则，许多问题将会迎刃而解，但是如果忽视这条原则，问题会很难得到解决。

然而，这不是问题的全部。现在有可能突然达到前所未有的高绩效水平，因为这条原则给我们指明了方向。当我们研究如何实现卓越绩效的时候，总有两点会引起注意：一是**准确认识优势**；二是**坚决聚焦优势**。由此可以看出，卓越绩效源于第三条原则（聚焦原则）和第四条原则（关注优势）的结合。

要想有所成就，就必须利用优势；要想利用优势，就必须承认自已有许多弱点，而且经常都是很明显的弱点。必须想办法弥补（和消除不是一回事儿）这些弱点。必须把弱点变得无足轻重、无关紧要，这正是组织的目的。不管组织还能实现什么职能，其首要职能就是充分利用优势，并弱化弱点的不利影响。这一点也适用于组织中的团队（团队或许是每一个组织里最重要的实体）。

只有系统地利用个人优势，才能取得卓越的绩效。

为了明白无误地阐明这一点，我来举个例子。如果一个组织对待弱点的一般态度（也许是组织文化）表现为管理者这样评价员工："约翰非常擅长齿轮设计，但是很难相处，没有团队合作精神，进取心不强……我们应该让他离开"，那么，这个管理者就犯了一个根本性的错误，他与得当管理的精神背道而驰。这句话应该倒过来说："约翰？虽然他有点难相处，团队合作精神不强，进取心不强……但是，这家伙是个不可多得的齿轮设计师，所以，作为他的上司，我的任务就是让他专注于自己的设计工作。要是他难以与周围世界相处，我会帮他解决问题的。我们之所以聘用约翰，并不是因为他令人愉快、容易相处，原因只有一个：他的设计可以让我们领先对手三年。"

利用优势这一原则还有一种重要的例外情况，对此，我将在第 9 章中提到。

CHAPTER

第 9 章

信　　任

相互信任很重要。

第五条原则与动机和组织文化相关，但是，它反驳而不是证实了当前流行的观点。此外，相互信任这个问题证明了流行的思维方式错得有多离谱。由于当前对动机的普遍关注，一个更为重要的问题被忽略了，那就是信任。⊖

自 20 世纪 80 年代初以来，我对这个话题越来越关注，因为

⊖ 现在出了一本著作，名为：*Vertrauen führt. Worauf es im Unternehmen wirklich ankommt* ["Trust leads: what really matters in companies"] by Reinhard K. Sprenger, published in 2002 (Frankfurt/New York)。当我在 20 世纪 80 年代中期开办的高级管理人员培训班上讲到这个话题的时候，除了戴尔 · 赞德（Dale Zand）的研究，没有任何其他适合管理背景的相关文献。一直到 1994 年，当我给每月管理通信的 8 月期就信任话题发文时，依然没找到相关资料。即便是在德鲁克和圣加伦管理研究中心的研究中，有关信任话题的研究也不多见。直到 21 世纪初，市面上才突然涌现出大量相关作品——有趣的是，其中大多是以前从未发表过相关作品的人写的。偶尔有人建议我在本书中多谈谈信任这个话题。只是，信任并不是我的主要关注点，我关注的只是信任中对有效管理来说很重要的那些方面。

它引出了一个重要的问题：按照管理教科书的标准，有些管理者所做的一切都是错误的，但他们在自己的组织里营造出了良好甚至是极好的环境、文化和工作氛围，应该如何解释这个事实呢？而有些管理者完全依照教科书行事，他们熟悉动机理论并遵照执行，但组织文化很差甚至非常糟糕，这又该如何解释呢？

当我探寻这个问题的根源时，总会想起信任这个要素。如果管理者可以赢得下属和同事的信任，就会形成良好的企业文化。如果缺乏信任，所有改善企业文化或提高员工积极性的努力就会白费，有时还会适得其反。组织里的员工会认为这些努力只是管理者欺上瞒下、玩弄权术的手段，是一种极其狡猾的犬儒主义的形式罢了。

有这样一个见解：**最终起决定性作用的还是互相信任**，我是从这句话里推导出第五条原则的。真正重要的是信任，不是任何其他东西，比如我们经常提到的动机、领导风格以及各种形式的企业文化。

奇怪的是，当前对组织中信任问题的研究和文献少之又少⊖，

⊖ 现在出了一本著作，名为：Vertrauen führt. Worauf es im Unternehmen wirklich ankommt [“Trust leads: what really matters in companies”] by Reinhard K. Sprenger, published in 2002 (Frankfurt/New York)。当我在20世纪80年代中期开办的高级管理人员培训班上讲到这个话题的时候，除了戴尔·赞德（Dale Zand）的研究，没有任何其他适合管理背景的相关文献。一直到1994年，在给我的每月管理通信的8月期就信任话题发文时，依然没找到相关资料。即便是在德鲁克和圣加伦管理研究中心的研究中，有关信任话题的研究也不多见。直到21世纪初，市面上才突然涌现出大量相关作品——有趣的是，其中大多是以前从未发表过相关作品的人写的。偶尔有人建议我在本书中多谈谈信任这个话题。只是，信任并不是我的主要关注点，我关注的只是信任中对有效管理来说很重要的那些方面。

远远不如其他领域的多，实际上其他领域对企业文化的贡献远远不如信任来得重要。看起来似乎是人们忽视了这个问题，至少在有关动机或企业文化的英文和德文文献中，有关信任的内容很少出现㊀。大部分书的参考文献中也没有这方面的提示，即便是有，也只是一笔带过，很少有实质性的内容，最终只能停留在形而上学的范畴，没有实践意义。

直到20世纪90年代中期，才出现对信任问题的深入讨论，最初是在美国蔚然成风，但是没有得出什么实质性的结论。接下来的发展就在意料之中了，特别是由于翻译的局限，有关信任的问题在德语国家并没有引起重视。越来越多的人觉得有必要写写“组织中的信任”之类的东西了，与其说是为了解决这个问题或在这方面做出点贡献，不如说只是为了“应景”。

在德语国家中，商界人士迅速开始大谈“信任**文化**”，因为在那些地方，几乎所有的新鲜事物后面都可以迅速加上“文化”二字。大部分相关文献都归入（第一篇提及过的）“心理化”范畴，这个事实反映出一个很常见的误解。实际上，信任与心理学几乎无关，尤其是与情感状态无关。当然，信任或不信任会伴随着特定感情出现，但是其中不存在因果关系。

我并**不是**说信任可以替代激励，当然激励也不可能被取代。但是，只要有相互信任，就会出现激励；或者说，至少能够提供产生激励的良好环境，通常无须付出具体的激励努力。相反，如果离开了信任，就得去“建立”激励，往往这种努力也不会取得

㊀ 有一个例外，见：Dale E. Zand: Wissen, Führen, Überzeugen, Heidelberg, 1983, S. 46 et seq。

良好的效果。总之，缺乏信任，就不会有真正的激励。信任是形成激励的重要前提，是催化剂。

创建坚实的管理环境

管理者如果成功获得了员工的信任，就取得了非常重要的成就：坚实的管理环境。坚实的反面是脆弱，适应性的反面是敏感性。坚实的管理环境对什么具有适应性？对那些即便付出努力、严格自律并发挥管理技能后仍然反复出现的错误具有适应性。即便是最优秀的管理者每天也会无意间犯下若干个重大错误，有时他往往都注意不到这些错误。也许看起来令人感到遗憾：管理者没法像科学和教育专家（尤其是那些受到人际关系学说影响较深的专家）所希望的那样对这些错误保持敏感。除非相反的情况已经得到证明，我们可以假定在各类组织中都是这种情况。在我的印象中，管理者不分男女，情况都是这样的。也许很多人难以接受这一点，无法接受这个不可更改的事实。但是，管理者也是人，和任何其他人一样，也会犯错。

因此，重要的问题并不在于在管理中是否犯下了错误；这些错误在繁杂的日常工作中的确经常出现。真正重要的问题在于：这些错误的严重程度以及是否会带来严重的后果。

基于信任的管理环境非常坚实，可以吸收、适应这些管理错误。员工也许会偶尔抱怨，但是他们知道可以依赖上司。即便是在充满信任的组织中，工作也不会每天都充满乐趣，也会有不和谐、不满意和冲突发生，但是只要存在相互信任，这些就不会带来严重的后果。

顺便提一句，以上所述情况也适用于其他两种人际关系：婚姻和友谊。良好的婚姻和友谊并非没有冲突，而是这些冲突可以得到妥善解决，两个人之间的关系可以经历风雨。

如何建立信任

遗憾的是，由于信任问题基本上被忽视的时间太久了，对如何建立信任的问题我们也知之甚少，因此我只分析几个要点，其中包括几个应该避免的错误，因为它们会毁掉信任。记住下面这句话很重要：大多数管理者在刚开始工作的时候，员工是给予了他们一定程度的信任的。

杜绝“诿过游戏”

有的人不愿意承认自己的错误，当他们走上管理职位后，他们就不幸拥有了掩盖自己错误的权力和工具，或者花言巧语，诿过于下属。当然，这些伎俩早晚会被识破。

并非每个人会立即注意到，但如果这种情况经常出现，即便是最天真的员工也会意识到这一点。人们通常会接受偶尔的“失败”，但如果想让他们参与根本没有机会获胜的“诿过游戏”，他们会拒绝玩下去。

当员工意识到，由于管理者频繁修改规则而导致自己总被当作傻瓜时，必然会发生的结果不外乎是：那些因工作能力强而有其他选择的员工会跳槽；那些没有能力跳槽的员工（比如，年纪太大）会在内心里“辞职”：表面上人还在，但只是为了工资，不是为了组织而工作。管理者最后拥有的只是“旁观者”而非“参与者”，对他的信任也就无可挽回地烟消云散了。

由此可以得出以下几条简单的规则：

- **下属的错误也是上司的错误**，至少在组织外部和高层管理者看来是这样的。管理者不可能对员工的处境不管不顾后还能留住员工的信任。请注意我所说的是“在组织外部和高层管理者”看来是这样的，并不是指组织内部。如果员工犯了错误，管理者应该指出来并帮助他改正。上司可能会对员工提出严厉的批评，甚至进行惩罚。但是，当这个错误被组织外部和高层得知时，犯错的员工就必须得到上司的信任和支持。
- **管理者的错误就是其自身的错误**，这是没有例外的。管理者必须有勇气承认自己的错误，至少必须学会这样做。他们可以让员工帮助自己纠正错误，但是不能把责任推卸给他人，否则将会失去下属对自己的信任。

这些规则可以进一步扩展为：

- **员工的成功属于员工本人**。管理者绝不要贪他人之功为己有。
- **管理者只能把单靠个人努力获得的成功说成是自己的功劳**。但是即便如此，优秀的管理者（尤其是真正的领导）也会说：“这是**我们**的成功。”

可能这听起来有些理想化，但是优秀的管理者的确是这样做的，因为他们深知员工的信任比自己的形象更为重要。当然，也有的管理者与这一理念背道而驰，可能他也取得了成功，爬到了很高的职位，但是永远得不到员工的信任，也不会获得在充满信任的环境中可以得到的信息。从长期来看，这将会给他们带来很大的不利影响。

聆听是建立信任的关键

管理者通常没有太多时间，但是如果他能够给每个下属挤出十分钟的话，应该用这十分钟认真聆听下属的意见。管理者往往没有耐心，对于他们来说聆听并非易事，但是，优秀的管理者会强迫自己这样做。虽然可以让下属把话说得简练些，但不能完全忽视他们要说的话，尤其是在他们还信任自己上司、愿意和上司交谈的时候。

唯有真诚才能获得信任

优秀的管理者不会欺骗下属，也不会去扮演一个自己不能长期坚持的“角色”。因此，他们不会过多地关注自己的管理风格。他们真诚正直，虽然偶尔也会有棱角。他们不仅会承认自己的错误，也会忠于自己的个性，同时做出相应改进。基于这些原因，我对关注管理者“角色”的文献的评价不高，我知道这是一个社会学术语，而且它对社会学的确有用，但是我认为它不适用于管理。我们大多数人都不是社会学家，我们和一般人所理解的一样：“角色”就是由演员在舞台或者电影中所扮演的。连小孩子都知道，演员所扮演的角色是虚拟的、不真实的。也许在观看电影的时候，小孩子会被情节迷住，但是当电影结束时，他们就知道这只是表演而已。偶尔也会有从事社会学的同事说："但你在家里也要扮演父亲这个角色啊。"我回答他："我不是在扮演，我尽我所能在履行一个父亲的责任，这比扮演角色要严肃多了。"管理者应当完成任务，而非扮演角色。

管理风格并不重要

管理者的角色与管理风格密切相关，正如我在小标题里所说的，我的观点和现在普遍流行的观点正好相反。对于大多数管理者（特别是管理培训班上的众多导师）来说，管理风格十分重要这一点是毫无疑问的，而且，只有一种管理风格是可以接受的，那就是合作型管理风格。

在将近十年里，我曾经认为管理风格很重要，但是现在，我坚信管理风格并不重要，至少不像书籍和相关研究中所说的那么重要。我的观念发生转变的原因如下。

首先，除非是在人为设定的实验环境中，管理风格和管理结果并无联系。一方面是权威型和合作型管理风格，另一方面是好结果和坏结果，如果对以上两个方面进行区分，会发现如下结果：

- 某些合作型的管理者会取得良好的结果，这是非常理想的，只能祝愿每个组织都有大量此类管理者。
- 然而，也有的管理者采用合作型的管理风格但是**没有**取得任何结果，他们也许很友善，受到员工的喜爱，但在管理方面没有成效。

- 当然，也有的权威型管理者没有取得成效，这对于任何组织来说都是灾难。
- 然而，我也遇见过一些喜欢发号施令、非常强势的权威型管理者（通常意义上的理解），但他们取得了**卓越的**成就。

对于第一种和第三种情况，无须解释。第一类管理者应该受到“一流待遇”，而第三类则应该尽快被“扫地出门”。但是第二种和第四种情况比较复杂：我们面临着是注重管理风格还是看重管理结果的选择。我的选择是要结果，哪怕这些结果的取得是以员工不高兴甚至可能是严重后果为代价的。前面我曾多次指出，管理的目的就是取得结果。遗憾的是，取得结果的管理者少之又少，其原因就在于另一种管理风格受到青睐。

我的建议是，不要被培训班上的角色扮演练习所欺骗。那些仅仅是为了“管理培训”而设定的练习，目的是为了“证明”合作型管理风格会产生结果，而权威型绝不会获得成功。这些练习是经过精心设置的，因而能让人印象深刻且非常具有说服力。其实，也有一些练习可以证明相反的情况才是正确的，只是这些练习不会出现在培训班上，一部分原因是许多培训讲师笃信合作型管理风格，根本不会去怀疑它，另一部分原因是这类培训是基于这种意识形态的，并没有关注有效管理。

为了避免可能的误会，我需要说明一点：与其他类型的管理者相比，我本人也喜欢和合作型管理者共事，因为他们让人心情舒畅。但是在管理上，让人心情舒畅或受人喜欢并不重要，重要的是有效的管理和正确的管理。

我承认：权威型的管理者可能实行错误的管理，但是，合作型的管理者也有可能实行错误的管理。与注重合作却没有取得结果的管理者相比，注重权威却取得正确结果的管理者要好得多。但是这一观点并不流行，我也会因此而受到严厉的批评。但无论如何，这是我和上万名管理者打过交道后得出的结论。

管理风格不重要还有第二个原因。我认为，我们对“领导或管理风格”（这个术语本身就不清晰、不准确）的理解，有 90% 的内容与教科书和培训班上教授的是完全不同的。后天习得并精心打磨的“风格”并不重要，真正重要的是更为简单的东西，即最低限度的**基本礼仪**。我并不是指那些名门贵族的礼节，而是指那些本来就不言自明的“良好的品行”，即让生活和工作都变得更加轻松自在的教养。

遗憾的是，如今再也不能想当然地认为：每个人都自然而然地拥有这种品行，所以必须向那些缺乏这种教养的人传授这些基本礼仪。不需要办培训班，只需要求他们这样做就够了。绝不能容忍粗鲁的行为。当然，礼仪并不是组织运行的动力，但是可以起到“润滑剂”的作用，让员工紧密地工作在一起。

根据物理学定律，两个物体接触会产生摩擦。组织就是不同的“物体”（人员）接触的地方，所以会产生“摩擦”（分歧）。即便是设计精良的发动机也需要润滑剂，而我们的组织距离设计精良还差得远，就更需要“润滑剂”了。人们偶尔会容忍那些品行不端者，但是这些人永远得不到尊重。

我们所谈论的礼仪和烦琐的礼仪毫无关系，当然在管理中，后者有时候也很重要，那些想要达到很高的职位的人就需要去学习那些烦琐的礼仪。我们这里所说的是最基本的礼貌，是如何与人文明地交流。管理者不应该因为个人问题拿周围人撒气；有人说话的时候不应该打断；不应该抱怨员工的弱点；不应该嘲笑或抨击员工，等等。

建立信任需要诚信

品格，或者更准确地说，诚信这种品格，可能比上述所有建立信任所需的要素都更加重要。尽管它算不上管理培训中的核心主题，但大多数读者都会同意这一点。

什么是诚信品格？什么是个人诚信？围绕这个话题可以写一本书。实际上，也有很多书写这个话题，但大都非常模糊、复杂和难以理解，包含着形而上学的内容。一言以蔽之，这个话题的哲学讨论可以归结为一句话：**心口如一，言行一致。**

一致性很重要，可预期性同样重要。多数人认为信任是一种一般性的、难以言传的、模糊的感觉或情绪。不消说，信任和不信任都与感情有关。但在管理上，这些感情并没有为研究信任这个话题提供多少指导。在这里，人的可预期性和可信赖性才是至关重要的。不管是上司、同事还是下属都需要了解对管理者可以做出哪些期待，而且他们必须能依赖这种了解。这就是组织需要制定严格执行的规则、员工需要信守承诺的原因。

在这里，也会出现误会。“心口如一”并不意味着管理者需要说出所有心中所想，那就太幼稚了。有时候每一位管理者会在特定环境下有充足的理由对某事保持缄默，当然，一旦管理者开口说话，就一定要言为心声。

当然，这个要求并不意味着管理者就不能改变自己的观点了。当然可以改变，而且往往必须做出改变。管理者只需要在做出改变的时候告知相关人员，比如，管理者没有任何理由不告诉下属或同事自己改变观点了："直到昨天我还以为甲是正确的，但现在我认为乙更好。"管理者只需把这些说出来，而不是让大家蒙在鼓里，或者寄希望于别人早晚会注意到。如果想要成为现代管理者，就需要解释自己改变立场的原因，也许在多年以前不需要这样做，但是今天的员工希望管理者这么做。

让别人相信你是一个心口如一、言行一致的人。

凡是我遇见的那些深受员工信任的管理者，全部具有言行一致、为人诚实的特点。经常有人说，这类管理者只适合于简单的工作环境，无法适应复杂的管理环境（例如，董事会和政治机关）。这是一个广为接受的观点，但是我认为它是错误的。

有一个例子可以有效反驳这个错误的观点。他或许是 20 世纪最出色的管理者之一，所从事的都是非常复杂的工作。他就是在 1939～1945 年担任美国陆军参谋长，后来先后出任杜鲁门内阁的国务卿和国防部长的马歇尔将军。作为第二次世界大战期间的美国陆军参谋长，他成功策划和指挥了历史上规模最大的军事动员，完成了难度最大的军事行动。作为美国国务卿，他是举世闻名的"马歇尔计划"的发起者，该计划对欧洲的战后重建做出了巨大的贡献，而且在很大程度上推动了欧洲的战后复兴。

马歇尔必须在错综复杂的政治环境中完成这些任务。他遭遇到很多反对势力，在某种程度上，甚至是强烈的敌意（在麦卡锡时代）。马歇尔的生活和工作方式，以及与他人——无论是下属、同事、上司、国会和议会中的政客、盟军部队的将军，还是那些难以对付的领导人物（如罗斯福、丘吉尔、戴高乐，等等）交往的过程，始终都体现出他极度的诚实和坦率，换言之，就是诚信。马歇尔从来没有欺骗或操纵他人，他受到人们前所未有的尊重，即使是他的对手与敌人。他的传记非常值得一读。[⊖]

要建立信任，必须远离阴谋家

这是最后一条建议，也是利用优势原则的一个例外，我在第 8 章最后已经提过这一点。管理者不应容忍自己身边存在阴谋家，即便此人有很多突出的优势，也必须要远离他。

你无法与阴谋家一起合作，他们会给每一口井下毒，会污染每一处环境，破坏每一次建立信任的尝试。然而，这方面几乎没有科学的研究，似乎被忽视了。

然而，在日常生活中具有启发性的例子随处可见。凡是对研究阴谋和阴谋家这种现象感兴趣的人，如果自己没有亲身受过伤害的话，只需要阅读几部世界名著，或者观看莎士比亚的戏剧就可以了。据我所知，目前还不清楚一个人为什么以及何时会成为阴谋家，迄今为止也没有人研究过这个问题。但是，我们知道，

⊖ Ed Cray: *General of the Army: George C. Marshall, Soldier and Statesman*, New York, 2000.

如果一个人发现使用阴谋论比努力工作更易取得成功的话，他就会反复这样做。我们不应该陷入与这种人合作的痛苦境地，幸运的是，还有很多正直、真诚的人值得合作。生命短暂，不应浪费在阴谋家身上。

建立信任有难度怎么办

人们总是反复问我：是否真的可能在大型组织内建立基于信任的管理方式？他们认为，这些组织似乎不需要诚实的管理者。

我认为，基于信任的管理是完全可行的，在任何组织中都是如此。信任是可以建立起来并维持下去的，当然也是可以被破坏的。马歇尔的例子就说明了如何建立信任的问题。我是刻意选择这样一个极端例子的，因为它是基于一种异常困难的环境，是我们认为会出现很多妥协、遭遇很多权术斗争的环境（也可称之为马基雅维利主义）。

的确，建立和维持信任并非易事。我也承认，在大规模的公司里，按照公开、诚信、正直的原则开展工作可能是相当困难的。我们会遇到障碍和困难，更重要的是，会经常受到诱惑去改变做事的方式，选择看起来比较容易的方法。但是，无论环境有多艰难，都没有理由认为：在能产生**直接**影响的范围内实行不了基于信任的管理模式。

问题的关键不在于完成事情的难易程度，而在于事情是否**正确**。当然，也有一些公司或者其他类型的组织（事实上，有很多，而且不仅限于大型组织），不欢迎诚实和公开的管理方式。尽管这些组织中没人承认这一点，但是真实情况很明显。然而，这类组织的存在，绝不应该成为继续错下去的理由。

首先，有时候事情是可以改变的。除了那些失败的变革和变革者之外，成功的情况同样存在。我们无须改变世界，只需要在自己能产生直接影响的范围内建立信任并使其发展就好。如果我们还年轻，有余地去选择的话，就可以离开不采纳此种管理方式的企业。

其次，有些人认为信任就是“盲目地相信”。我当然不这么认为，我认为组织中不可能出现盲目相信的情况，因为这很幼稚。在生活中，有时候可能必须盲目地相信某人，因为别无选择。然而，这条规则并不适合所有场合，没有一个组织是在这种**盲目自信**的基础上建立起来的。我所说的是理性的信任、合理的信任。

关于信任，人们可能会有很多误解，我在研讨会上也曾多次提到这一点，就像有的人把信任和盲目相信混为一谈，他们最终会失望沮丧。这个世界没有那么简单，在道德层面上也没有那么美好。有的人信奉这样一句话：**信任固然美好，控制更为重要。**我认为这一观点很扭曲，终将会破坏组织中的信任，从而带来灾难性的后果。如果一个组织中缺乏信任，就不会出现良好协作和绩效。不信任是组织中的“毒瘤”，除非在初期进行治疗，否则将无法治愈。

有没有第三种可能性？在我看来，确实有。遗憾的是，它有一点复杂，且要求很严苛，但正是这一点能区分出谁是优秀的管理者。优秀的管理者不会陷入常见的误解当中而不能自拔，他们能比其他人进行更深入的思考。正因为如此，得当的管理不仅仅包括常识。常识很重要，因为有了常识，就能在公司中发展得更好。值得庆幸的是，在我们的教育和研究中，常识仍然存在。然而，只有常识通常是不够的。

对于这些问题，我提出的解决方案如下：尽可能去信任每一个人，但是要保留底线。这是出发点。除此之外，再补充四点：

（1）时刻保持清醒的认知，确保别人在滥用你的信任时能马上知晓；

（2）确保下属和同事知道你关注信任问题；

（3）确保破坏信任的行为将承担严重的后果；

（4）确保员工知道相关惩罚的后果。

这到底在实践中意味着什么呢？我可以举一个大家都熟悉的生活中的例子。父母都尽其所能去信任自己的孩子，我们都知道信任对于一个孩子有多么重要，任何不信任的信号都会破坏父母和孩子之间的关系。

但是，也不要陷入盲目信任的陷阱。因此，我们要考虑到孩子的年纪，给出一些中肯的建议，比如："我们会尽可能信任你，晚上和朋友出去玩的时候，远离酒水和毒品，不要耽误功课。也许你会犯错，但是不要隐瞒，及早和家长谈谈，我们会尽可能地帮助你。如果你不清楚底线的话，趁早问我们。"

这是最合适的态度，也是基本规则，我们需要做的就是按照规则做事，只需要对孩子的行为多加观察。如果约定晚上 11 点半之前回家，就不要午夜再回；如果约定"不许饮酒"，就不要说"只喝了两杯啤酒"。

需要与孩子在哪些方面达成共识，必须由每个人自己决定。

这方面的观点可能有所不同，它跟孩子的年龄、在学校的表现、性格以及其他因素有关。我们需要反复与孩子讨论这些问题，说清楚什么可以做，什么不能做。

由于信息和教育水平的影响，管理者也需要向下属解释一些事情。这是民主、多元社会的结果，对于这种进步，我十分欢迎。一旦就某事达成一致，就必须严格执行。如果能够偶尔检查询问一下，确保信任没有被滥用就更好了。

我再举一个日常生活中的例子来说明信任的问题。我问我的儿子："你在学校表现怎么样？"他会说："非常好。"我愿意去相信他，因此会高兴，而且不会认为他在骗我。但是，我也不能盲目认为一个 12 岁的小男孩会时刻诚实。所以，我偶尔会给他的老师打电话询问情况。通过这种做法，我可以避免直到期末，学校给我提交儿子表现不佳的报告时，再去面对那些棘手的问题。而我的儿子事先也会知道我这样做，这是作为一个父亲的责任和义务。

因此，我和儿子会形成一种基于信任的良好关系。我们更加了解彼此的想法，产生更少的误解，孩子拥有更多的空间和自由，而且会合理、成熟地利用这些权利。可能某天他会对我说："爸爸，我可能遇到麻烦了，我犯了个错误……"他知道他可以依赖他的父亲，我也不会和他争论或者责骂他，会帮助他寻找解决办法。

这一观点也可以应用于婚姻、友谊、上下级和同事之间。我承认这并不简单，需要依赖开放、诚实、纪律和真诚这些本章提到的东西，而且也不是每个人都能做到这一点。

然而，本书讨论的内容并不是针对每一个人的，而是针对**管理者**。对于管理者的要求应该更高，但是并不是那些高不可及的只有圣人才能达到的要求，而是高于普通人的要求。

许多公司和管理者并不赞同这一点，甚至不会考虑这些东西。当然，这是一些管理不善的组织和不专业的管理者。仅仅因为这类公司和管理者的存在就放弃这些原则是不可能的。

不愿意深入了解这些问题和不采取诚实态度的人，就不应该被任命到管理岗位上工作。作为管理者，为了员工和公司我们必须这样做。此外，在我们面临困难的时候，信任会使我们赢得尊重，助我们一臂之力。

CHAPTER

第10章

正面思考

关键在于进行正面和建设性思考。

有效管理的第六条原则很容易被人误解。围绕这条原则有很多江湖游医式的解读，但尽管如此，我们也不应该全盘否定。如果理解正确，建设性思考的原则和实践会非常有价值；反之，负面思考和行为极具破坏性，组织绝不应该允许它们的存在。

不管形式如何，体现该原则的管理态度总能在卓有成效的管理者身上找到。有些人可能有些夸张，把它当成了一种哲学。我倒是建议在这条原则上要低调些，这是因为，如果过于高调，就可能给人留下过于招摇的印象，从而产生不良的效果。但是，遵守这一原则的大多数管理者在没人问起的情况下，是不会与他人谈论它的，他们只是按照原则悄然行事罢了。

关注机遇而不是问题

在许多管理学文献中，管理者被视为解决问题的人。结果，各种各样解决问题的方法被开发出来（且仍在开发），旨在帮助管理者完成核心任务。我也一度支持过这种观点，并积极参与到问题解决方法的设计当中。[㊀]

我一直认为，解决问题的能力是管理者最重要的技能之一，但我现在的观点有所改变，不再认为它是管理者的主要任务了。在我看来，比解决问题更重要的是发现和利用机遇。毕竟，即便组织里的所有问题都得到了解决，也并不意味着所有机遇都得到了充分利用。有些人认为利用机遇和解决问题是一回事儿，这是一种诡辩，而且在实践中毫无用处。

正面思考的原则，让管理者把注意力集中到机遇（而不是问题）上，但这并不意味着我们可以忽视、否认或者压制问题。那种做法是对该原则进行的胡乱解读并且是“信心疗法”的一种表现形式。正面思考并不是要求我们对现有问题不闻不问。

卓有成效的管理者，即便已经学会了正面思考，也都是清醒的现实主义者。他们敢于直面问题和困难，从不愿意掩饰或压制它们。最重要的是，即便在遇到最大问题的时候，他们也在寻求

㊀ Peter Gomez, Fredmund Malik, and Karl-Heinz Oeller: *System-methodik: Grundlagen einer Methodik zur Erforschung und Gestaltung komplexer soziotechnischer Systeme* [“Systems methodology: foundations of a methodology to explore and design complex socio-technical systems”], 2 volumes, Bern/Stuttgart, 1975, as well asFredmund Malik: *Strategie des Managements komplexer Systeme* [“Strategy for Managing Complex Systems”], 11 th revised edition, Bern/Stuttgart/Vienna, 2015.

各种机遇和各种可能性："在这个问题中隐藏着什么样的机遇呢?"这就是他们大体上的态度。但是这并不意味着他们做起来很轻松，他们会强迫自己这样做，虽然也不一定能成功找到机遇。然而，**如果**在复杂的甚至看起来毫无希望的环境中真的隐藏有一个机遇的话，进行正面思考的人将最先发现它。在这种情况下，他们就更有可能找到解决方案（如果方案存在的话），仅此一点就构成了重要的竞争优势。

从激励到自我激励

促使管理者在最困难的环境中寻找机遇的是**自我**激励而非外部激励。再说一次，我所说的不是能力，至少不是与生俱来的能力，而是能够促使管理者实行自我激励的某种东西。即便了解并应用这一原则，自我激励的实现也需要坚强的意志和巨大的努力，可能时间久了会成为一种习惯。是否存在自我激励的天赋，我不敢断言，但这并不重要。努力实现自我激励更像是一个实践和自律的问题。通常，它是一种自我强加的压力，管理者容易在洞察力和理智的驱使下承担这种压力。

但是，这并不意味着这些管理者不会出现失落、沮丧甚至绝望的时候，也不能想当然地认为他们会觉得化解失败和失望是很容易的事。他们也会心烦意乱，也会像大多数人一样感到痛苦不堪，有时也想打退堂鼓，去"舔舐伤口"。但是，他们不会长期沉溺于这种痛苦之中，更不会自怜自哀——在这方面，他们有足够的承受能力。

这一原则的应用也许可以在下面这段话中得到最充分的体现。一位在德语地区最为著名的高级管理者，曾在一家超大型企业担任 CEO，他在一次商务宴会上随口对我说："你知道，在我的生活中，我不得不学会从每天 10% 的成功（如果运气好的话）中吸取足够的内心能量，这样才能去应对每天剩下的 90% 的垃圾经历。"

说到底，和我在这里所描述的人一样，那些在有可能而且必要的时候，从问题中寻找机遇和激励自己的人，时刻想要**改变**。他们不会止步于识别、分析、理解并被动接受问题，还会想要采取行动。虽然有时候这些行动是盲目的，但是这既不是该原则的要求，也不是不可避免的结果。

在正常情况下，第六条原则应用起来相当简单，尽管就像我多次指出的，并不是非常容易做到。在应用过程中，会出现问题，遇到困难，但又容不得忽视。管理者不能忍受这种局面，于是采取行动来改变局面。

有足够的证据表明，正是这种态度，才导致管理者给人留下了成熟的印象。那些从现实主义角度来看待问题，而且比别人看的要早，眼光更敏锐的人，被认为是成熟的管理者。他们不会在看到问题后就此打住，而是会问自己："我能做些什么来改变现状呢？"顺便说一句，这个问题也是形成领导力的开端和基础。

正面思考：天生就有的还是后天获得的

正面思考是天生的特质吗？是与生俱来的能力吗？也许有些

人是这样，我们对这些问题并不清楚，就像不知道自我激励的动因一样。

在我接触过的能进行正面思考的管理者中，大多数人在意识到正面思考的能力多么重要（尤其是在困境中）后，就会努力进行这方面的训练，有时甚至还强迫自己去练。这种自我训练的方式方法各异，有的人只是在口袋里放一张纸条，上面写着："傻瓜，往好处想！"有时候思维走偏时，他们甚至不用掏出纸条，只需要摸一下，就能让他回归正轨。这种有些原始的方法未必对每个人都非常适用，但大部分人会选择几种多少有些系统性和规律性的精神训练方法。

我不想在这里详细讨论这些方法，首先是因为它们种类繁多；其次，我认为采用哪种方法并不重要。重要的是采取一种满足自身需要的方法。就我而言，自生训练法在过去和现在一直都非常有效。我 20 岁刚出头的时候，读过汉斯 · 林德曼（Hannes Lindemann）的一本书[一]，他在 1956 年的时候单靠一条 30 英尺[二]的可折叠船穿越了大西洋。在书中，他描述了自己在持续数月的时间里如何承受住持续好几个月的孤独旅程，身体严重不适，没有人可以交流，没法安稳入睡，经常连续好几天泡在咸涩的海水中，忍受饥渴、疲惫、孤独，甚至生死未知的迷茫。

在书中，他还提到了一种由一位德国医生发明的自生训练法[三]，

[一] Hannes Lindemann: *Allein über den Ozean* ["Crossing the ocean alone"], Berlin, 1993.

[二] 1 英尺＝ 0.3048 米。——译者注

[三] Johannes Heinrich Schultz: *Das autogene Training* ["Autogenic training"], 20 th edition, Stuttgart, 2002.

这种方法能够使他有意识地调节身体机能，最终帮助他大获成功。根据他的描述，他可以有意识地调节自己的体温来应对寒冷潮湿，而且还能通过一种半睡眠状态帮助自己恢复体力。

这种方法引起了我的兴趣，随后我开始慢慢自学。作为一种放松、集中注意力、恢复精力和自我影响的方法，它给我提供了很大的帮助。要是没学过自生训练法，我可能就无法应对身体和精神上的问题。我知道我总是可以采用这种方法，这种认识经常帮助我渡过难关、突破极限。[㊀]

然而，我没有推荐的意思。自生训练法对**我**，而且据我所知，对其他许多人也很管用，但是，有些人并不看好这种方法，因为对他们来说不起作用。此外，还有很多别的方法和技巧，从简单的体操，到呼吸疗法、瑜伽、超自然冥想等。尽管这些方法各不相同、效果不一，但除了各自的功能之外，它们都有一个共同点：能够提升自我影响能力。[㊁]

对于这些方法中的超自然因素，每个人都有自己的理解，可能有的人认为它很重要，但是我不这样认为。对于我而言，这只是一种精神训练的方法。如果想要达到顶尖绩效，这种方法是不

㊀ 更多细节，参见拙作：*Wenn Grenzen keine sind* [“When limits are not limits”]。但请注意：最近几年，即便是对于自身训练，也出现了一些不切实际的期待。

㊁ 最近，“正念”（mindfulness）这个概念受到大量关注，在预防倦怠或心理疗法等方面尤其如此。虽然从原则上讲，我是欢迎这一新进展的，但有些东西是强调正念的少数人长期应用的，甚至已经用了几千年。20 世纪 60 年代出现过类似的正念风潮，但很快就再次偃旗息鼓了。关键不在于是否在管理上运用它，而在于是否用对地方。如果它诱使人们认为“首先要感觉良好，然后才能好好工作”的话，它就会对生产率造成负面影响。

可或缺的。虽然原因尚不清楚，但是的确有很多例子证明它的有效性。每一位运动教练都会使用精神练习法，同样，运动员也都在使用。[㊀]

运动员、演员、马戏表演者以及其他需要展示顶级表演的人，都有属于自己的特殊方法来训练和提升自己的技能，使得自己能够在关键时刻集中注意力、控制舞台恐惧和紧张情绪，全神贯注于表演。

这些方法在细节上存在很大的差异，从而反映了每个人独特的个性。然而，它们的共性是丰富的想象力。在体育运动中，人们所说的"预想动作""内心博弈"（高尔夫、攀岩等）的训练方法，都是以此为基础的。基本观念就是想象基本动作，从而改善动作表现。

依我看来，大脑通过**内化**行为来形成精神要素，比如概念和术语。精神状态依赖于身体的活动，而精神训练法就是一个逆向的过程。这一发现归功于伟大的儿童心理学家让 · 皮亚杰[㊁]，他对这个过程进行研究，设计了非常简单却极具想象力的实验和观察项目。

这种通过精神训练来提高身体运动协调性的方法，主要应用于体育和艺术领域。然而，这种方法基本上是可以进行如下扩展的：既包括心理过程本身，又包括人的态度、观点等。所有人

㊀ 参见大量有关"内心博弈"的体育杂志和书刊。

㊁ 让 · 皮亚杰（Jean Piaget）的作品包括 *Einführung in die genetische Erkenntnis-theorie* ["Introduction to genetic epistemology"], Frankfurt, 1973。请注意，皮亚杰所说的发展阶段与心理分析学中的发展阶段毫无关系。

在日常活动中，始终都在不经意间利用这些可能性。例如，当我想要伸手拿玻璃杯，想象和大脑指令是动作的前提，在一定程度上，也是成功做出这些动作的原因。同样，这一原则也可以在一定范围内用来改变身体机能，比如影响脉搏或体温。

另外，每个人都知道自己可以“说服自己”去接受某些情感，比如害怕或喜悦、好心情或坏心情、同情或厌恶。那么，我们为什么不利用这种能力来说服自己保持乐观、充满活力、战胜恐惧或坚定自己能有所作为的信念呢？

据报道，人类可以使用这种方法来应对极端艰难的情况，这方面的例子不胜枚举，其中包括由山地探险者（例如，瓦特 · 波纳提、赫尔曼 · 布尔）以及跑步、马拉松、铁人三项等项目的运动员所做的一些让人印象深刻的报道。此外，还有在困境中生存的报道，比如单独被幽禁几年的人、战俘、集中营幸存者，或者是其他战胜严重事故、疾病、重大家庭不幸或者其他危机的事例。[⊖]虽然对自传作家写的诸多细节应该多少有一点怀疑，但是有一点很明显：精神上的自我影响是身体和心理超常表现的前提。

当然，不一定非得参加极限运动比赛才用到这种能力，每个普通人都可以为了达到自己的目的来检验这种能力。当我们第一次面临能力极限时，可以做出选择：选择放弃，屈服于自己的情绪和敏感性，让它们自由发展；选择说服自己，还没有达到自身力量的极限，然后付出努力，坚持下去。不要把类似的这些方法和逼迫自己陷入筋疲力尽的做法混为一谈；这些方法具有自我激

⊖ 生命意义理论的创立者维克多 · 弗兰克尔报告了他在医学实践中的很多案例，其中有一些特别震撼人心。

发性和自我帮助性的特征。

摆脱依赖

每一个在自己的领域中做出卓越绩效的人，都是认清自己的极限并且加以挑战的人。(在我的书《当局限不再限制》里，我详细分析了这一点。) 他们同时明白自己不应被情绪、胡思乱想等因素所控制，而应学着去摆脱。维克多 · 弗兰克尔经常引用约翰 · 奈斯洛伊（Johann Nestroy）的一句话："我好奇谁将会变得更强大，自我还是本我？" ⊖

我不喜欢将心理学应用到管理学中（我将其称为"管理心理化"），因为这会导致某些伪科学观点的扩散，比如员工只有被激励才会完成一些工作，也就是说没有激励的话，工作就不会被完成。虽然这一观点有多种说法，但是我们可以得出一点：依靠心理。拥护这一观点的培训者和人力资源管理者并未解放员工的思想，而是朝着相反的方向发展，增加了依赖性。

大多数人（甚至是所有人）都受到情绪的某种影响，谁都有这方面的体验，不需要教就知道。但必须告诉或教给人们的是，他们可以采取某些行动来摆脱情绪的影响。

但是这**并不**意味着（在这里，我们似乎在可靠的有用的理论和江湖骗术之间划清了界限），仅仅依靠正面思考就可以移动一

⊖ 维克多 · 弗兰克尔谈到过"人类精神的挑衅力"，并描述了他的恐惧是如何使他开始登山的过程。参见：*Bergerlebnis und Sinnerfahrung*, 6th edition, Innbruck, 2008, p. 5 (author's translation from German)。

座大山（就像某些理论所承诺的那样）。移动大山是需要推土机的。然而，我们的思维可以改变对“大山”的**态度**。它决定了我们看到的是危险还是机会，而且在很大程度上决定着我们的行为。

即便只是起到心理安慰的效果，也没有什么不妥。真正重要的是，它的确对我们有帮助，尽管我们还不知道作用机理是什么。但我始终认为，它的作用不仅仅局限于心理安慰。

我们都知道，精神意念可以引发生理反应。比如你心里想着要吃柠檬，身体就会做出一些反应。这种反应在生物化学和心理方面的准确机理还不为人所知，因为心理和大脑之间的互动机制十分复杂。

除了我们提到过的皮亚杰的研究，还有一些有意思的研究，涉及哲学、大脑研究、心理学等领域，计算机科学、生物学、控制学和系统论等最新理论也起到了一定的作用。这是极为复杂的难题之一，需要综合多个学科的知识，一门跨领域的新学科也可能由此诞生。[1]

摆脱自愿接受的依赖是个人决策。

正是因为它引发的研究兴趣，使得这个领域也成了毫无价值的伪科学理论的乐园。因此，管理者需要肩负起特殊使命，区分科学与伪科学，才

[1] 还可参见：Dieter E. Zimmer: *Die Elektrifizierung der Sprache* [“The electrification of language”], Munich, 1997; John Searle: *Minds, Brains and Science*, Cambridge, 1984; John C. Eccles: Die Evolution des Gehirns—die Erschaffung des Selbst [“The evolution of the brain-creation of the self”], 3 rd edition, Munich, 1994; Karl R. Popper and John C. Eccles: *The Self and Its Brain*, New York, 1977, and the sources listed there。

不会为这些垃圾思想的蔓延（尤其是管理培训中）推波助澜。这种负面的传播在过去和现在都在发生，例如创造力、直觉等。

自 20 世纪 90 年代中期开始，情商运动十分火热㊀，以至于影响了管理领域。这种炒作使得人力资源管理者在组织中开设相关的培训项目，但是热情很快就退却了。㊁我的意思并不是情商不重要，恰恰相反，我认为任何一个进入组织的人都要拥有足够的情商。毕竟情商基本包括两大类：直觉和基本礼节，这意味着一个人不会故意去伤害或者冒犯别人。任何一个不具备这种能力的人是不应该被招进公司的，如果已经招进来，那就应该让他离开。

诚实和谦逊的品质要求我们对无知者给予一定的尊重，但是也需要指出，即便是在那些伪科学猖獗的领域里，我们所知道的东西也比他们多得多。我不是说直觉、情感和创造力没有用，而是需要管理者去区分哪一个对实现良好的结果有用，或者是在什么情况下隐藏着危险。

我们不应该放任迷信和肤浅的思想存在，我们有足够的知识可以识别出那些没有价值的事物。

如果我们不去阻止垃圾思想的传播，就应当承担不良后果的责任。

㊀ 引发该运动的是心理学家高曼（Daniel Goleman）的著作，它们在 20 世纪 90 年代迅速登上了畅销书排行榜。

㊁ 除了逻辑智商之外，还有多种智商，这个事实已经在加德纳（Howard Gardner）等人的作品中得到证实。在这方面最有趣的作品见：Jen Uwe Martens and Julius Kuhl: *Die Kunst der Selbstmotivierung* [“The art of self-motivation”], Stuttgart-Vaihingen, 2013。

做到最好

鉴于21世纪巨变所带来的种种挑战，正面思考对于管理者来说尤为重要。它可以指导管理者从容驾驭这种“创造性破坏”所带来的巨大的复杂性，帮助管理者保持清醒的认知，从而捕捉到新世界所带来的机会，同时，还可以避免管理者受到心血来潮、不情愿或焦躁等负面情绪的不良影响。如果凭一时冲动做事，往往只能回避、退缩甚至是甩手不干，而理智和积极的态度会让管理者在完成任务时全力以赴、绝不退缩。

从根本上积极的、建设性的态度所带来的结果，就是让人们不管身处何地，不管命运、巧合做出何种安排，不管自己做出的决策将自己置于何种境地，都做到**最好**。

这一点很重要，这是因为太多的人把自己身处的环境约束（总是有这样那样的约束条件）作为借口，只是象征性地做一点业绩，甚至毫无业绩可言；或者，声称只有去除这种约束条件，他们才能有所建树。他们自己不去想如何去除这些约束条件，而是等待他人去为他们改变。

持有这种态度的人依然存在于很多地方，他们总是说在某种环境下什么是**不**可能的、什么是他们**做不到**的、什么是**无法**实现的，他们会指出他们所能看到的所有困难，或者坚持认为自己拥有的资源和预算等都不足以完成什么任务。他们的格言是：“这个不行，现在不行，现有条件下不行。”往往，这些人在关键方面是对的。

然而，管理者采取截然不同的积极的态度很重要。不管在哪些方面遇到问题，不应想着否认，而应认真对待并予以承认："是的，你是对的。许多事情可能现在看起来不可能，让我们想想怎样才能把不可能变为可能。"

实行正确得当、有效的管理要遵守的原则是：**无论在哪里，尽你所有，尽你所能。**㊀我们不可能把所有想做或必须要做的事情都完成，这是很明显的事实，而且原则上适用于所有环境，但是，把这些"见解"当作什么都不做的借口，便与"正确的管理"渐行渐远了。

另一个事实是，面对需要完成的事情，可获得的资源永远是不够的。这一点在一定程度上适用于每个人和每一个组织。即便是最大型的公司也会受到种种限制，比如资金、人力、知识或者理想条件。我们应该持有这样一种态度：利用好手头现有资源，停止抱怨，踏踏实实做每一件事。

也有这样一种人，他们有意愿去做事，但总是拖延。这些通常是懒惰的借口，他们实际上并不想做事。我们不应该在这类人身上浪费时间，我们可以给他们一两次机会，如果是年轻人的话，可能需要付出更多努力。

幸运的是，组织中也有那些真正想要做事的人，他们很快就能理解正面思考的内涵。他们是组织中发挥效能的希望，也是应该给予机会的人。他们应该被树立为榜样，其行为应该供大家参考。

不管是哪种类型的组织，如果非要进行激励，员工才能做事的话，那么这个组织长此以往肯定会出问题。

㊀ Theodore Roosevelt: *Theodore Roosevelt: An Autobiography*, New York, 1913, Chapter 6.

CHAPTER

第 11 章

总结：管理的质量

每种职业都具有以下四大要素：原则、任务、工具和责任。原则一般监控的是任务执行的质量和工具使用的效率。因此，有效管理的原则决定着管理任务执行的**质量**。凡是可以被合理认为属于**企业文化或组织文化**的东西，都应该以这些原则为核心。

在具体条件下，可能还会有其他要素，这与特定行业的具体特征、组织的结构、组织的历史和目标有关。我认为，在大多数情况下只需要考虑上述四个要素；本篇提到的六大原则覆盖了普遍适用于不同类型的组织和环境的所有方面。

对于每一个正常运转的组织，这些原则构成了组织文化（即实现效能、采取正确得当的行动的文化）的核心。为组织文化提供了基础的整套价值观都遵循这六大原则。它是效能的文化、绩效的文化，是职业化和责任的文化，是使得员工看到其工作意义的文化。效能文化也是创新和变革的基础，进而也为驾驭巨变所带来的复杂性奠定了基础。

这六大原则足以代表得当且有效的管理，因而不再需要其他原则。更重要的是，不管是否认为还需要其他要素，如果不遵循这些原则，企业的管理就不可能取得长期成功。

在这里，可持续性是一个非常重要的方面。我并没有否认：在有利的环境下，可以一时不遵守或忽视一条或多条原则，而不会立即产生严重的后果。但长期如此，必然会产生负面的后果。

在理解和遵守这六大原则时要综合考虑，也就是说，要考虑到它们之间的相互关系和相互影响。不能相互交换，也不能轻重有别。它们形成了一套指导行为规范的规则，目标是实施有效且职业化的管理，让组织正常运转。

此外，这六大原则导致大量所谓的管理理论成为多余。如此一来，为节省一定的脑力提供了基础，因为我们既不可能也无必要去阅读和学习有关管理的所有言论与文章。我们需要标准来确定哪些是值得关注的，哪些没有必要关注；有效管理的原则就是这样的标准，有助于我们对管理理论进行批判性的分析。

这六大原则是可以学习的。正如本篇前言所讲，即便它们应用起来也许不容易，但理解起来并不难。然而我们是可以应用它们的，并且这是可以学会的。在很大程度上，这些原则用正确的实践弥补了天赋的欠缺，但如果有天赋，它们能让天赋发挥到极致，并将其转化为累累硕果。

MANAGING
PERFORMING
LIVING

第三篇

有效管理的任务

CHAPTER

第12章 导言

管理原则是有效管理的第一要素，而第二要素则是管理者的任务。这也是本书第三篇的主题。然而，这里讨论的并不是管理者的全部活动。我关注的重点与加拿大籍管理学作家亨利·明茨伯格（Henry Mintzberg）关注的重点大相径庭。几年前，他谈到管理者的活动与某些管理文献（比如，彼得·德鲁克的著作）中所描述的内容关联甚少甚至毫无关系，这一时间引起了广泛的关注。虽然明茨伯格的说法基本正确，但他的观点并没有切中要害。

真正重要的问题不在于管理者成天做的是哪些工作，而在于他们应该怎样做才能富有效能。在管理者的日常工作中，有很多都与管理及其效能毫无关系，尤其是那些与完成运营任务有关的工作，如商务宴会、接待、阅读相关报纸等，这也是明茨伯格的正确之处。

如前所述，我们必须区分运营任务（与特定对象、领域或功能相关的任务）和管理任务。在接下来的五章中，我将讨论的重点是决定管理者效能的任务。事实上，在论及任何有关效能的问题时，这些任务都要处于核心地位。这些任务包括：设定目标、组织安排、做出决策、统筹控制以及促进人们发展与提升。如果不能熟练并专业地执行这些关键任务，则任何组织都无法取得理想的结果。

我所提到的关于管理原则的内容同样适用于这些任务，也适用于后面将讨论的管理工具。我们对“什么是管理”的理解都是一样的，而对“如何管理”的理解可以且必须时不时地发生大的变化。如果忽视了这一点，我们就会难以领会管理的逻辑和实质。

人们经常对这一点颇感困惑：为了完成任务，管理者不仅需要掌握管理知识，还需要了解事实以及专业知识。虽然管理任务大同小异，但事实性的知识因情况而异。它取决于诸多因素，例如组织的目的、经营领域、地理位置等，如果是商业机构，还取决于具体的行业。某些还取决于机构的规模，而最后一点则是管理者的职位层级。所有这些因素应该都是显而易见的，但它们在管理文献以及人们对管理的普遍认识中经常被忽视。

举几个例子：我们要谈的第一项管理任务就是“设定目标”，每个组织都必须完成这件事。然而，对于某些特定的公司（比如，铝业公司和制药公司）而言，目标的内容（它们所规定的内容）是完全不同的；同样，政府机构的目标也有所不同，这取决于它是属于内政部还是外交部。戒毒所也有其特定目标，养老院同样如此。

同样，不同的组织层级也是如此。显然，公司高层管理者需要处理战略问题，设定战略目标，与同一家公司的工厂经理（比方说）相比，他们要考虑的事情以及所涉及的知识都有着很大的差异。

还有一个问题：本篇提出的五大管理任务是否足以实行正确而良好的管理。我们不需要拉出一份长长的清单，把所有任务都囊括进去。如前所述，我的方法论基于极小极大值原理：寻找到尽可能少但又能满足尽可能多的应用的要素。因此，管理任务的设定着眼于驾驭复杂性、互联性并应对21世纪巨变的挑战。由于我的思想和管理体系的架构还有发展的空间，因此我会将我的想法说出来供大家参考，以便完善。

对于哪些任务是管理的充分必要条件，基本上是清楚的。彼得·德鲁克学派和汉斯·乌尔里希（Hans Ulrich）学派已为此铺平了道路。因此，尽管许多作者不断发明出新概念、新术语，却不提供令人信服的解释，致使管理者在处理管理核心事务时无从发挥必要的职业精神，这是相当令人苦恼的。重点必须放在清楚、准确地理解每项管理任务的实质上，而不是无穷无尽地杜撰出一连串毫无意义的新词汇上。

对于越来越多的组织，信息和知识构成了关键性资源，对它们而言，情况尤其如此。与传统行业相比，即使这些组织的员工需要掌握全新的知识，完成全新的专业性任务，但其管理任务是基本相同的。二者之间只有一点不同：在信息型和知识型组织中，管理水平必须更高，甚至要更出色。人们总是低估甚至忽视这一点。这一类组织需要的不是全新的管理，而是更精确的、近乎完美的管理。虽然传统组织在很大程度上对管理失误不太敏感，但新兴的知识型组织对此非常敏感：管理上一旦出错，就是难以挽回的错误。

在下面的章节中，需要读者具备管理任务的基本知识以及一定的经验。对于每一项管理任务，只有少数几个方面是对效能真正至关重要的。我不会称其为效能的“秘诀”，因为它们不是秘诀，但这一点并非人人皆知。本篇研究的是可以从高效管理者身上学到的行为模式，他们完成的任务与其他管理者是相同的，但采取的是不同的方式。

CHAPTER

第13章

设定目标

有效管理的第一项任务就是设定目标。这立刻引出了一个近乎哲学范畴的问题：目标是由上级设定（即上级交代给下级员工）还是由上下级共同制定的？不过，对于这个问题，后面会讲到，我暂时不想做答，而且，它远没有大家普遍认为的那样重要。管理的任务是确保设定出目标，而如何设定目标必定赶不上任务本身重要。

说到管理任务，首先要明确并讨论的就是目标管理。早在1955年，德鲁克在他的第一部管理学著作中就明确提出了这一点[⊖]，目标管理的思想最早出现在有关军队领导的文章中。对于目标管理的基本原则，大体上是无可争议的。在许多公司（特别是高度分权的公司）中，目标管理是唯一合理的管理方式。尽管如此，目标管理在实践中的表现却颇为糟糕。其原因何在？

第一个原因在于，目标管理通常被视为管理整个公司或机构

⊖ Peter F. Drucker: *The Practice of Management*, 17 th edition, New York, 1995. 德鲁克是目标管理之父，尽管他称之为“目标管理和自我控制”，这其实符合他的本意。没有自我控制，目标管理就无法实行。

的方法，而不是该组织中个体管理者的任务。组织制定出总体目标当然是必要的，但是，如果每个管理者甚至每个员工都没有遵循相同的原则，那么，这些目标就失去意义了。

第二个原因虽然可能看似陈腐，但其实更为重要：只要认真实行目标管理，就需要做大量工作才能完成这项管理任务。从原则上理解目标管理并不是很难，制定出人们认为合理的目标也不是特别困难。目标管理之所以费时费力，是因为：制定目标时，要从全局考虑、从细节入手，通过讨论和完善，使之具有实际可操作性且能实现其管理目标。

以音乐做类比，也许有助于阐明这一点。如果把组织的使命及战略比作交响乐的主题，那么制定目标的过程就相当于编写乐章。创作交响乐的主题或许需要天赋，但写出乐谱则极为寻常，并且费时费力。然而，即使是最伟大的天才也不得不做这份苦差，而且要亲自动手。谁也不能让别人写出自己头脑中已有的想法和已经形成大概思路的东西。管理者也一样，设定目标时必须亲力亲为，因为某些事情是不能委以他人的。

目标管理通常不奏效的第三个原因，也是本章的主题：有些实践做法，虽然不广为人知，但对目标管理的效能至关重要。

管理者必须设定目标。这项任务无法委以他人。

拒绝系统官僚化

管理者常犯的一个错误是，把一条合理且颇为简单的原则变成一个复杂且高度官僚的程序，这个错误解释了很多常见的无效管理现象。对犯这种错误的管理者而言，这就意味着在管理过程中要投入大量的时间并遭遇大量的繁文缛节。更糟糕的是，几乎必然出现的形式会取代内容，而且系统本身会变得比系统的实质更重要。组织需要的是正确的目标，但未必是目标管理的程序或系统。

因此，应该要求管理者（特别是业务管理者）遵循目标管理的原则。顺便说一下，我在此刻意使用了“要求”一词。毕竟有些事情不适合公开讨论，而且，即便在讨论中采取合作态度也不会起作用。此外，员工和系统方面的专家必须避免好心做坏事，不要把组织变得官僚化。

个人年度目标

组织（尤其是公司）有若干种截然不同的目标。其不同之处在于：时间跨度（长期、中期和短期）、实质（战略目标或运营目标）、范围（总体目标、部门目标或个人目标）和具体程度（一般性目标或具体目标）。讲英语的人比较幸运，可以通过语言手段来区分，比如：短期目标（aim）、具体目标（objective）、运营目标（target）和长期目标（goal）等，这些词汇至少可以帮助他们在一定程度上进行区分。而我的母语是德语，就不存在这种可能性。

因此，每当讨论组织中的“目标管理”时，必须形成一个清晰一致的理解。我的建议是将“目标管理”定义为个人年度目标管理。因此，我保留术语“目标管理”，并将其用于特定类型的目标，限制其使用范围，这是为了确保精确度。因此，本章主要谈论的是刚刚定义的目标管理，当然，其内容也适用于其他类型的目标。

总体方向

经常发生这种情况：公司没有让目标管理的目标员工获悉本公司下一个业务阶段的潜在意图和基本方向。这种失误不太合适：如果员工不知情，便不能指望他们设定出有意义的目标并为实现这些目标而努力。

因此，必须把组织、部门或利润中心未来发展的总方向简明扼要地告知主要员工。口头通知自有其优点，但也可以像大公司那样采用书面形式。不管怎样，接受口头告知后，员工还应收到一份书面通知。口头沟通更加有效，且具有激励效果，而书面沟通则更加精确（不仅在当时，而且在以后），无须进行太多的解释。

目标管理的基本规则

无论个人如何设定目标，我建议应特别注意以下事项。⊖

⊖ 在目标管理工作做得相当好时，我常常会发现一个糟糕的现象：人们过分专注于目标而忽视了任务。这种现象甚至在高层管理者当中也时常发生。当然，正确而良好的管理意味着要完成任务，实现目标。目标可以确定优先事项、重点、方向，强调重心。但这并不意味着任务本身可以被忽略。这对管理者来说应该是显而易见的。如果不是，那么目标管理的消极面则要通过制定绩效标准来抵消。方法论是：当……任务已经被正确完成。

设定少数目标，而不是多个目标

我们做的事情总是太多、太杂，而设定目标则是聚焦原则最重要的应用场合之一。本书第二篇已经提及这一点。

目标（特别是本章提到的个人年度目标），连同所要完成的任务，都是使组织中的人员集中精力去关注某些事情的最重要的手段，简言之，是管理者实行管理的最重要的手段。

与大多数管理者相比，凡是想要追求效能并且期望在年底看到结果的管理者，在设定目标时必须“反其道而行之”：杜绝用一个又一个的目标让员工“不堪重负”，相反，应确保他们只有少数几个精选出来的目标。他们要反复地扪心自问：这个目标真的重要吗？如果我们没有做到又会怎样？

在此，我想就优先事项的问题多说几句，因为这是目标管理的核心目的。与我们常常听到的相反，设置优先事项并不是特别困难的事，除非你毫无经验。任何真正了解自己的组织且拥有大量实践经验的管理者，通常都可以清楚地辨别出哪些事是真正重要的。但真正困难的是那些被忽视的其他事——非优先事项，可以被称为“后天性事务”或次要问题。关键在于，这类事务往往会使我们无法关注优先事项，从而有可能阻碍管理工作的顺利开展。我所指的是那些仅仅在表面上重要的事，它们会占用管理者大量的精力和时间，从而使其无法顾及真正重要的事。必须控制这些事务，并使它们处于受控状态。

在此回顾一下管理大师彼得・德鲁克前辈说过的话是合适的，他说：“有效的管理者是重要的事情先做，次要的事情 ___ ？”

是后做吗？不，不是次要的事情“后做”（我经常请人补全这句话，但大多数人都会这样回答），而是“根本不做”！

我与管理者就这个问题进行过成百上千次会谈，从中得知，他们觉得要做到这一点很难。但是，如果管理者无法接受，将不可避免地陷入自己造成的低效能迷宫之中：要做的事情太多，且各不相同，对于每件事都只是浅尝辄止、无一完成，最后只能无奈妥协或半途而废——年底将会面临这种局面。

为什么专注于关键目标如此困难？也许是因为它与某些国家里的人们所信奉的职业道德相违背。他们依然认为，多做事才好，但是这是不对的：应该把“做正确的事和正确地做事”作为行事准则。当然，更重要的原因还在于组织的日常情况：忙忙碌碌被误认为是充满活力，活动繁多被误认为是富有成效，形式被误认为是实质。

还有第三个原因：显然，管理者必须要处理很多与组织真正重要的目标几乎无关甚至毫无关系的事，这些实际上都是障碍。所有这些“后天性事务”或日常琐事，必须加以消除。高效能人士也不能免除这些小事，但他们可以尽可能迅速地、以最少的时间和精力摆脱它们，使自己专注于关键的优先事项。为了做到这一点，他们用上班后或下班前的两个小时，或是午休时间来处理这些事。无论怎么样，他们都解决了那些次要问题。要牢记第一条原则，他们评估自己贡献的标准不是所完成的工作量，而是实际取得的结果。此外，他们并不关注日常琐事，而只关注为数不多的几个最重要的目标。

少数几个大目标

与人们有时持有的看法相反，少承担几个目标未必就意味着工作量减少、工作懒散和“无所事事”。要记住这条准则：只设定少数几个重大目标，即那些实现后能取得显著结果的目标。

正如本篇第17章将要解释的，能激励员工且使他们不断发展、超越能力极限的，正是大目标、大任务。这一原则不应该是抽象的，而应该反映在年度目标中。难道还有比年度目标更好的用武之地吗？

大多数人有太多的小任务要完成，这会害了他们：一项接一项的工作会消耗他们的精力，到头来工作倒是干了不少，但并没有取得有效的成果，因此也就体会不到成功所带来的满足感，正因为如此，他们才必须受到“激励”。必须打破这种系统性的恶性循环，但不是靠推出复杂的发展规划，而是靠制定大目标来打破。指引员工的应该是他们的任务、工作及目标，而不是上司。权威、方向和控制应该源于个人目标，而不是上级。

哪些事情已失去价值

与前两点一样，第三种观点同样与主流意见相左。人们在制定自己的目标时，常常会问自己：“我该做什么，必须做什么，或者我想做什么？”但是，高效能人士会反过来问：“我应该停止做什么，不再需要做什么？”

第一步必须是清除“垃圾”——系统地摒弃过去的习惯、活动和任务。设定年度目标，不仅为组织提供了关注的焦点，而且提供了系统地净化组织、精简组织、由内而外地“解毒”、清除积淀的垃圾并为新事物腾出空间的绝佳机会。本书关于管理工具的部分，会提到与具体实施相关的细节。

我的建议是，鼓励员工把最重要的活动写下来。和做更多的事一样，停止做某事也是一种目标。放弃那些产生混乱的流程、使人们感到沮丧等负面情绪的事务，往往会对组织产生深远的影响。为了保证做到这一点，可能需要采取一些付诸行动的措施，例如，至少要为他人提供适当的信息。更重要的是，所有这些都必须以书面的形式被写下来，否则它们依然不过是模糊的决心和美好的意愿，可能无法真正实现。

量化，但不教条化

只要有可能，就应该强制员工对其目标进行量化，这一点必须长期坚持，不得间断。可以量化的事情比大多数人想象的要多得多。大多数人总是太快放弃，不去考虑存在的各种可能性，其部分原因在于，除了那些接受过科学或技术训练的人以外，绝大多数人从来没有系统学习过如何进行量化。此外，人们往往缺乏想象力——许多人认为创造力和量化天生就是背道而驰的。事实恰恰相反，将从未被量化过的事物成功地进行量化，不正是极具创造力的完美例证吗？最起码，绝对需要量化的是时间，没有截止期限，目标还有何意义？

这里提及的是“量化”（quantification），而非仅仅“测评”（measurement），这是我特意为之的。控制论专家斯塔福德·比尔在这一点上说得很到位：“能够量化的事比可以测评的事多得多。”因此，在量化的道路上，我们应该尽可能走得更远，至少要超越目前通常驻足不前的地方，但有一点很重要——不要把它教条化。

我们可能陷入这样一个教条中：任何不能被量化的事情都是不重要的，因此也不必在意。⊖这对任何公司或其他任何组织来说都是极其危险的。这个错误源于对量化的误解，看似科学推导的结果，在认识论上，则被称为“科学主义”(scientism)。

经验表明，目标对组织越重要，就越难以进行严格的量化。销售量、市场份额、生产率、现金流等诸多其他事情现在都可以被量化（这在几年前还都被认为是不可能的)。但是，有关质量、顾客价值、顾客满意度、创新等目标又该如何进行量化呢？顺便说一下，不可量化的东西甚至比可量化的东西要重要得多，在非商业组织中，尤其如此。

这纯属一种平衡的艺术：尽可能去量化，但不要过于僵化，那样会分散注意力，忽视掉那些同样重要却不能量化的事情。在这里没有通用的公式可用。在个别情况下，如果所有因素（例如，环境、产品、市场、技术以及最重要的因素——人员等）都是已知的，往往可以比较精确地判断出，能够以及应该量化到何种程度。

无论如何，必须尽可能地保证精确度。即使有时无法进行量

⊖ 这里还有另一个版本，即“无法量化的事就无法管理”，随着财务思维逐渐占据主导地位，这条格言变得流行起来。但我建议采用另一种思维方式：如果正确理解，管理其实始于那些已不再可能进行量化的地方，这主要是因为复杂性太大（当然还有别的原因）。要区分出优秀的管理者和企业家，评判标准在于他们是否具备经验、良好的判断力和敢于冒险的创业精神。只要能够量化，采取简单的、机械化的管理形式就足够了。

化，但保证精确度总是可以做到的。其目标是教会人们尽可能准确地评估目标状态。这个引导性的问题应该是：在该阶段结束时，根据哪些因素来判定我们是否更接近我们的目标了呢？在制定目标时用将来完成时态是个有效的小技巧：不要问“我们想要完成什么”，而是问“我们将会完成什么”。

相互矛盾的目标

教科书经常指出：设定的目标应当清晰明确。这看似合情合理，但实属异想天开。目标越重要，就越显得模糊、矛盾。我们需要接受这个事实。

设定适当的目标，总是需要进行权衡取舍。正如彼得·德鲁克所说：“比起管理者在对各项目标进行平衡时的表现，很少有其他事情能更明显地区分出称职的和不称职的管理者。做这项工作没有公式可循。每一家企业要有它自己的平衡方式，而且在不同的时候可能要求不同的平衡。进行平衡不是一种机械性的工作，而是一种冒风险的决策。[㊀]

所以，这里没有公式可套，这意味着不能将平衡目标的任务委派给员工或电脑程序。设定目标是基本的管理任务之一，不仅需要知识，还需要经验，才能胜任这项任务。

目标还是措施

教科书还告诉我们：要设定目标，而非措施，也非行动步骤。

㊀ Peter F. Drucker: *The Practice of Management*, New York, 1974, 5th edition 1994, p. 112.（该书中文版由机械工业出版社 2009 年出版，本段译文略有改动。——译者注）

这条规则本身没有错，但遗憾的是，人们没有始终遵循它，而它也不应该成为教条。有时，我们制定不出足够精确的目标，但可以制定出通往目标方向的措施或步骤。在这种情况下，制定措施而非目标才是正确的做法。重要的不是理论上的纯粹性，而是实践中的有效性。凡是有助于我们接近目标的，就是有用的、可接受的。

这是一个方面，还有另一个方面的原因，说明我们应该重视措施。措施可能不为社会所接受（即使目标并非如此）：可能在伦理或社会方面存在争议，也可能不符合组织的形象。因此，在设定目标时，绝不能不考虑措施。

资源

教科书上的那种纯粹主义也常常成为我们处理资源问题的主要方式。从概念上区分目标、资源和措施总是没有错，但这并不意味着，它们不能被合并处理，甚至可能还必须被合并处理。当然，某些次要问题是可以通过单独规划流程来解决的。

我建议，不仅要向员工提出有关目标的问题，而且还要向他们了解他们需要哪些重要资源的信息。首先，这将使他们更好地理解组织的业务和活动以及组织内部的运作。其次，这符合整体思维及企业家思维的要求。没有哪个企业家，至少是没有哪个成功的企业家，不同时考虑所有这三个要素的：目标、资源和措施。最后，要设定目标并且确定你真正需要的东西——“切实可行的目标”，这是唯一的方法。

单单设定目标还不够，还需要考虑到如何以及以什么方式来实现目标。多年来，关于“愿景”的广泛讨论一直在进行[⊖]，这是极其危险的，而我反对它的一个主要原因就是它往往过于脱离现实。

拿破仑就是一位资源规划大师。每次手下的将军提交大型进攻方案时，他就会靠到椅子上开始发问，所需的资源是否备齐，需要多少匹战马等诸如此类的问题。通常，将军没有过多思考过这些问题。这些资源规划问题都不能留给下属去想，而所谓“战争的命运”就取决于此。

个人而非群体

每个目标都必须冠以个人的名字，有效的目标即个人的目标。目标负责人是否需要组建一个小组或团队来实现这个目标则是另一回事儿。通常，如果负责人能胜任，这个问题就可以由他来回答。在任何情况下，负责的都应该是一个人而不是一个小组。组织目标最重要的职能之一就是实现个人负责制。正因为组织是集体共有的，所以责任必须尽可能地落实到个人。

如果出于某种原因，个人负责制落实不了（我不否认这种情况确实存在），也就是说，尽了最大努力却仍无法让个人而非群体对目标负责，那么我建议，对目标的实现还是要保持正常的怀疑态度，并抱以较低的期望吧。在这种情况下，要特别留意的是：如果有迹象表明事态可能失控，哪怕是极为不显著的迹象，

⊖ 最近，有关“愿景”的话题并不常听到，它几乎从大家的视野中消失了。不是因为它已经足够完善，或是发展到最高水平，而是因为人们越来越意识到，它实际上是多余的，更重要的是，它还会导致严重的企业管理错误，以及人力资源政策中的错误决定。

也要迅速采取措施，做出回应。

所有员工还是仅仅部分员工

在管理问题上，遗憾的是，人们对“平等待遇”这个错误概念抱有强烈的偏见。毫无疑问，法律面前人人平等是一项基本的宪法准则，也是一项重大的进步。但这并不意味着，在上司眼里，每个员工都应该是平等的，或者说，是可以受到平等对待的。我经常遇到一些管理者，他们似乎相信这一点，只是因为确保有些员工拥有目标是有意义的，那么所有员工都应该制定出目标来。于是，这些管理者强迫组织中的每个员工（包括门卫和每一个厨房杂工）都去设定目标。这通常会导致荒唐可笑的局面，使目标管理整个原则变得空洞和荒谬。

当然，门卫并不是不能有合理的目标，比如安装新的安全系统后，他需要学会操作。但是，通常他不需要什么目标也能履行好自己的日常职责。因此，值得仔细考虑的是：哪些员工应该有目标，哪些不需要有。这是真正的管理决策，且每年都会有所变动。

个体化应用

观察到第二种个体化甚至更为重要：目标管理的个体化应用。这一概念几乎适用于管理上的方方面面。

对于经验丰富的员工和缺乏经验的员工，不能也不应该采用相同的管理方式。对于后者，无论是因为年轻还是因新加入公司而没有经验，管理者必须全面分析他们想要实现的目标、他们认定的优先事项和次要事项等，这里要再次强调精确度和量化的重要性。管理者应该与这些员工深入讨论目标，仔细斟酌他们对所需资源的看法，毕竟这些人对上司和组织还不熟悉，反之亦然。在了解彼此的期望与观点方面，目标是一种很有价值的手段，甚至是最佳工具。

另外，对于经验丰富的员工，管理者已认识十年八年了，知根知底，了解他们的反应方式，尤其是工作方式，因而不必对他们进行过多的管理。因此，对精确度的要求有所降低，这里不需要太多的讨论。

所以，要提防不合理的平等主义思想。如果像对待缺乏经验的年轻员工那样对待经验丰富的员工，会挫伤他们的积极性。毕竟，他们已经证明了自己的能力，证明了自己是可以信赖的。

形势越困难，目标期限越短

如前所述，本章主要讨论的是年度目标管理。年度目标在决定组织发展方向（即发展进程）方面只起到次要作用。方向是由长期目标来决定的。但是，年度目标决定了长期目标的执行效能。在困难形势下，比如企业转型、结构重组、兼并与收购或管理危机等危急关头，有时必须设定期限更短的目标。此时的经验法则是：组织的形势越艰难，目标的时间期限就越短。在极端情况下，甚至需要设定周目标、日目标，甚至时限更短的目标。

这就好比应对极端状况时的生理表现。在生死攸关之际，无论是意外、灾害，还是一般性的生死问题，我们的注意力都不会放在遥远的未来，而是专注于解决手头的问题：如何再活一小时、一天。任何达到个人生理能力极限的人都能体会到这一点，就好比运动，虽少了些戏剧性，但同样有说服力。在耐力运动中，如长跑、越野滑雪或骑自行车，当身体精疲力竭接近极限时，有经验的运动员脑子里想的是“坚持到下一个弯道”而不是“还有 20 英里”。到达那个弯道后，又会想“再坚持到下一棵树”。这样，一次迈出一小步，伟大的目标就能得以实现——即使你认为你已经达到了极限。

目标必须写下来

相当多的管理者不喜欢把目标写下来这个要求，因为他们会由此联想到官僚作风。这种想法在某些情况下也许有合理之处，但对于目标而言是不对的。每个人的目标必须要尽可能精确地以书面形式记录下来，这并不意味着会像人们常常认为的那样增加额外的工作量，恰恰相反，它省去了额外的工作，避免了日后需要用来消除误解、纠正差错和化解沟通问题的工作。此外，记录目标对后期绩效评估也是绝对必要的。

把目标写下来并不需要十分正式，也不需要费很大气力，如果坚持本书的建议，一页纸就够了。如果一页不够，则表明相关目标并没有经过专业的思考与选择，你反倒应该怀疑目标是否能成功实施。

规定目标还是共同商定

本章开头提出了一个没有做答的问题：目标应该是上下级共同商定还是由上级做出规定？已经有无数本书论述过这个问题

了。然而，这个问题并没有那些书想让我们相信的那么重要。管理者的工作是确保有目标，这才是管理的任务。

显然，有许多理由支持尽可能地去共同商定目标。我们知道这种方法会产生激励效果：如果员工参与目标的制定，他们在工作中会更加尽心尽力。

然而，要商定出合理的目标，必须同时满足两个基本前提条件：优秀的员工和充裕的时间。如果两者缺一，就难以达成基于预期的共识。无论如何，都不能采用教条式的方法来达成一致，这一点很重要，不然的话，你总在某个时刻对自己说："这些目标已经讨论了六个星期了，虽然我尽了全力，但现在仍然没有达成共识。"那么，接下来怎么办呢？在这种情况下，目标本身比"共同商定"更为重要。这时，必须由管理者来规定目标，即使这很可能不受欢迎。无论如何，绝不能仅仅因为无法达成共识就不去设定任何目标。

合作式管理几乎总是比命令式管理更好，但正如我在第二篇中所论述的，也有一些合作不会产生任何结果。重点在于管理。我们经常误解"参与"，参与本身并不是目的。"参与"必须服务于某个目的，而不是要赋予人们"发言权"。参与的目的是要让责任成为任务的一部分。

因此，我们有充分的理由参与其中。但是，再次强调其本身并不是目的。组织中可能有员工没有充分参与，但也可能有员工参与过多。一方面，参与不足往往导致员工缺乏责任感；另一方面，参与过多往往导致工作绩效低下。讨论任何话题都可能形成死局。很遗憾，同样没有人能够列出一个通用的公式来定义"太多”或“太少”。不过，在个别情况下，我们能够判断出二者的分界线在哪里。

商业组织并不是在民主的基础上运行的，社会上的其他大多数组织也不是，甚至那些致力于民主政治而自认为必须保持高度民主的组织（如政党或工会）也不是那样。事实上，尽管我们用民主原则来建设社会或国家，但这个事实并不影响组织选择民主作为其最佳运作模式。我们总是把这些问题混淆在一起，由此造成的后果对国家和社会不利，对组织也同样有害。在第 15 章中，我还会再次谈到“参与”，因为在制定决策时，参与显得更为重要。

对每个组织而言，目标都是至关重要的。设定目标及目标管理这种管理任务，在很大程度上决定着组织的效能，若这方面做得不到位，其他任何事情都无法弥补。它也决定着个人的效能，且绝不仅仅局限于商业领域。目标决定了工作转化为绩效的时间。实际上，没有目标，绩效便无从谈起。目标赋予了人们努力的方向和意义。

目标赋予了人们努力的方向和意义。

设定哪些目标

目标实际上是管理的必需品。但是，个人设定哪些目标这个问题并不直接取决于管理本身，而取决于他所在的组织，由该组织的宗旨和处境来决定。在第二篇第 5 章里，我们已经讨论过这一点，在此，我再次简要分析一下。

显然，目标必须适合于具体的组织。商业性企业的目标不同于非营利性组织；跨国机构的目标不同于本土性组织。无论组织的负责人选择的目标是大是小，是抽象还是具体，是远景目标还是现实目标，都与管理的逻辑无关，而与组织当前所处的形势有很大的关系，其中包括组织的宗旨、前期目标和结果、发展历史、竞争对手和合作伙伴、客户和服务对象，还包括负责人的自我理解及其自身的情况。

出于以上所有原因，对组织目标的概括性论述只能限制在一定范围之内。每类组织都至少需要设定两个方面的目标：与人（即组织的人力资源）相关的目标和与钱相关的目标，因为每个组织都需要人和钱。

适合于公司的目标都很典型，但改良后也可适用于许多其他组织，这些目标包括：市场地位、创新绩效、生产率、对优秀员工的吸引力、流动性与现金流，还包括利润和营收要求。企业至少需要在这些方面制定出目标，还可以增加其他方面的目标，例如生态目标、社会目标或政治目标。

CHAPTER

第 14 章

组　织

有效管理的第二项任务是组织。高效能人士绝不会坐等别人来指挥，他们会在个人的工作和责任范围内，为了自己的利益而进行自我组织。我同样只谈重点问题，以我的经验，这些重点问题决定了完成组织这项任务的效能，但它们往往与任何具体情况无关。如果已经出现的种种迹象没有虚假成分，那么公司和大多数其他社会机构的结构问题将成为核心话题之一。这个问题会一直存在，但到目前为止还没有真正有效的解决方案。

组织一个复杂系统，使之能够进行自我组织、自我调节、自我更新并继续发展。

许多组织在尝试不同的解决方案，但大多数方案都存在很大的不确定性。除了业务非常单一的公司与任务非常简单的机构，其他所有单位都在某种程度上存在组织问题。21 世纪巨变后，商业和社会的变化迫使我们重新从根本上思考组织的结构问题。这方面的主要挑战包括基于自我组织和自我调节的应对复杂性的能力，还包括预测形势发展并做出快

速反应的能力。一些人必须重塑自己，而另一些人则必须彻底改变。组织的任务不会改变，但有些解决方案发生了彻底变化。[⊖]

因此，本章研究的不是组织未来的宏观结构，而是：不论组织处于发展或重组的哪个阶段，组织问题中应该长期受到关注的那些问题。

警惕"重组病"

越来越多的管理者采用持续重组战略，以"推动公司不断发展"。我对此不理解，且认为这是错误的做法。这样做算不上合理的组织，而是一种"重组病"，主要发生在两种人身上：认为不惜一切代价也必须保持"动态化"的人；想通过重组来吸引注意力的人。无论如何，这是企业高管和人力资源经理都犯过的错误。

的确，人们可以忍受一定数量的变化，而且在重大变化过程中也渐渐学会了承受。但是，人们也渴求安稳的日子，这样才能富有成效地工作。这对于快速发展的员工群体（我们称之为"脑力工作者"，更确切地说，是"知识工作者"）来说尤为重要。正如第 7 章所提到的，这些人需要休息才能有效地工作。管理者若只是为了变革而推动变革和重组，公司的业绩势必会显著下滑，员工也会变得冷漠而焦虑。

⊖ 据我在解决组织问题时的经验，到目前为止，最有效的组织结构是由控制论之父斯塔福德 · 比尔所提出的可生存系统模型（VSM）。比尔将控制论定义为"有效的科学组织"。他的著作中与之最为相关的书籍已列入本书参考文献。拙作"*Management: The Essence of the Craft*"（中文版《管理：技艺之精髓》已由机械工业出版社 2013 年出版。——译者注）简明地概括了有关组织问题的作品。

组织变革好比对活的生物体做外科手术。但是，外科医生的处境可比管理者好多了，因为他们还可以在手术期间使用麻醉剂，而管理者却做不到。管理者的“病人”是清醒的，并且能够敏锐地意识到会发生什么，还能做出相应的反应。优秀的外科医生知道，只有在完全必要时，才会进行手术。只有在其他疗法都无效时，他们才会拿起手术刀。优秀的管理者也是如此。除非在必要时，否则他们绝不进行重组，如果真到了“不得已而为之”的时刻，也会事先做好准备的充足，全面考虑最合适的方法，并采取一切必要的配合措施。

没有所谓的“好组织”

大多数人，特别是经验不足的人，可能会认为组织能够以“无摩擦”的形式运行。可是，管理理论或企业管理实践是否能确认有任何类似形式的存在，依然有待观察。无论如何，我们迄今尚不得而知。

所有组织都不尽完美，都会产生冲突、协调不当、信息问题、人际关系摩擦、缺乏明确性、缺少交流等问题。管理者明智的做法是：不在“好”和“坏”的组织之间做选择，而是在“坏”和“不太坏”之间做选择。妥协在每个组织中都是必要的。此外，选择一种“纯粹”的组织形式几乎是可能的，它只存在于教科书中。真正的组织其实是若干种“纯粹”形式的组合，是一种混合结构。这也没有什么不好，除非你偏偏就是一个纯粹主义者。如果去分析一个组织存在的问题，会发现混合结构也许是最好的解决方案，这其实没有什么好惊慌的。然而，许多人确实会惊慌，因为他们错误地认为必须严格遵守某一种理论才行。而在现实中，这种人提出的组织方式，只会离可行性和务实性越来越远。

此外，管理者常常会忘记一点：有些问题看似需要从组织上解决，可能会有其他的解决方案。重要的是，问题虽然可能无法解决，但比起结构调整，通过实行更好的管理方式（如本书提出的其他建议），能够更快、更轻松地解决这些问题。

对此，我提出以下原则。“好组织”（注意在此我使用了引号）结合“好管理”，自然是最优局面，但这种情况很少发生。如果这两个因素都是负面的，即“坏”组织遇上了“坏管理”，那么局面显然就会一团糟。这是两个比较直观的例子。

但是，如果这两个因素一好一坏又会怎样？以我的经验，如果管理那部分是坏的，也就是说缺乏真正的职业精神，“好组织”永远弥补不了这个缺陷。相反，“坏组织”结合“好管理”，往往会取得显著的成效。我经常看到优秀的管理者即便是在不良的组织结构中，也取得了出色的成绩。

总有一些管理者，即使是在最糟糕的组织里，也没有让组织结构成为自己发挥才能的障碍。面对着懈怠、官僚等各种组织问题（通常是几个问题同时存在），他们没有感到厌烦，而是坚持斗争，奋力前行。

组织的三个基本问题

在任何管理领域里，总是存在只见树木不见森林的风险。在组织领域里，管理者很容易在多如牛毛的组织目标和标准中迷失方向。最糟糕的是，让组织承载过多的要求。要求越多，组织所能取得的成绩就越少。

正如前面所指出的，有效的组织都是单一目标结构。至于这些结构是否简单则是另一回事儿。如果是，自然是好事，但即使是适用于单一目标的设备或工具，也可能相当复杂。人们经常把“单一目标”与“简单”混为一谈。比如，战斗机就是一个单用途系统，但它显然不简单；其应用范围十分有限，但功能比其他设备更强大。

从本质上讲，需要回答这三个问题——它们是组织的基本问题。这三个问题能够保护组织，使之免于负担过重和超负荷运转。虽然是针对公司提出的，但适当修改之后，可以普遍适用于其他组织。

- 如何进行组织，才能使精力集中于顾客愿意花钱购买的东西上？
- 如何进行组织，才能使员工做组织付钱让他们做的工作？
- 如何进行组织，才能使高管真正做组织付钱让他们做的工作？

每次选择的组织模式应该成为连接这些问题的桥梁。

我想再补充几句。现在，每家公司都声称自己以顾客为中心，但这并不意味着顾客导向切实得到了执行。首先，要想找出顾客真正愿意掏钱购买的东西并不那么容易。其次，即使我们真的知道，其他各种组织方式也会使我们完全忽视顾客，从而无法真正实现以顾客为中心。保险公司就是这方面的一个典型例子（也可用来阐明前两个问题）。保险公司的销售人员不但要做电话销售，还要兼顾行政事务。分析表明，在许多保险公司里，销售人员花在顾客身上的时间仅为 40%，而将剩下的时间花在各种行政事务上。因此，顾客并没有真正成为关注的中心，员工也没法去完成组织真正付钱让他们做的工作。

至于第二个基本问题，定期向员工提出本书第二篇中曾提到的问题（读者可能还记得）是值得的：公司为什么要聘用你？令人惊讶的是，绝大多数人要么根本没有答案，要么答案非常模糊。我们还一再发现，组织总是阻碍员工工作，而不是真正支持他们。管理者常常会发现自己就是前进的障碍。

第三个基本问题涉及高管把他们的宝贵时间真正花在了什么地方。是在完成真正属于高管的任务，还是只忙于日常琐碎的事务？是否真的从日常事务中解放出来，而去处理那些需要远见和大局观才能解决的问题，还是不得不花费大量时间和精力去维持组织运作从而忽略了其他的一切？[⊖]

“坏”组织的症状

在本章开头提到，管理者不应无缘无故就进行重组，如果执意而为，就只能在“坏”和“不太坏”的组织形式之间进行选择。记住这一点之后，应该何时考虑重组呢？哪些“症状”表明确实

⊖ 参见拙作第二篇：*The Right Corporate Governance: Effective Top Management for Mastering Complexity*, Frankfurt/New York, 2008。（中文版《正确的公司治理》由机械工业出版社 2009 年出版。——译者注）。

存在组织问题呢？

一旦出现问题，就有人会归咎于组织或结构，并立马要求进行组织变革。管理者不应该听风就是雨。当然，每个组织每天都会有各种困难、问题和冲突，但只有少数是由组织结构引起的。经过仔细分析，人们常常会发现问题更可能是由管理不当造成的。评判组织时，所要关注的与其说是组织产生的问题，不如说是组织所避免的问题。的确，当今的组织模式出现了问题，但是，换成另一种组织结构，就不会产生其他什么问题了吗？重组总是有助于我们解决手头的问题，但是，它又会造成多少不同的新问题呢？这才是那个引导性的问题。

如果组织问题就是问题的真正源头，那么一定会有一些症状强烈地反映出来。当这些症状出现时，我们就应该认真考虑组织变革和以下几个因素了。

管理层级的增加

这是一个“坏组织”及其需要变革的最明显、最严重的症状。这一观点在20世纪90年代就得到了广泛的认可，到如今更是被普遍接受。只是，这其中经过了一段漫长的过程。要不然，怎么会有那么多人大声疾呼，要求解除等级制度，并且要求一次性取消三四个甚至五个管理层级呢？这些层级在过去某些时候一定是得到认可才被创建出来的，不然，现在也不必清除它们。但是，当初就不应该允许它们出现。

这方面的原则是：管理层级越少，沟通路径就越短。必须坚决抵制任何增设管理层级的想法。很可能发生这样的情况：在认真考虑目前掌握的所有情况后，得出“的确需要再增加一个层级”的结论。但是，这是最后的手段。

每新增一个层级，都会进一步阻碍相互理解，会在沟通中制造“噪声”，使信息失真，目标走样，并把员工的注意力引向错误的方向。每个层级的增加意味着又多出一重压力，同时也会引发惰性，产生摩擦，耗费成本。

不断有人谈论“跨部门工作”

“跨部门”工作听起来很时髦，拥护者经常呼吁人们要有“互联思维或网络思维”。可悲的是，因为世界变得越来越复杂，所以我们才越来越需要这种思维。但这并不是令人开心的事。互联思维的难度极大，只有极少数人能精通此道。即使进行高强度的训练，也不能让人快速掌握。对于大多数人来说，跨部门工作和网络思维都是难以克服的挑战。

因此，基本原则必定是截然不同的：只需极少量跨部门工作的组织，才是正常的组织。

我知道做到这点并不容易，有时甚至是不可能的。需要反复思考斟酌，才能设计出与这一原则相符的组织解决方案。这应该成为基准原则，任何妥协（因为妥协是不可避免的）的做出都应该参照该原则。流程导向型组织在这方面就做得很好，此外，巧妙运用信息技术，会有助于设计出切实可行的解决方案。

过多的人参加过多的会议

烦琐冗长的会议在许多组织中屡见不鲜，这也是组织出现问题的又一个明显的征兆，对此应加以重视。

组织需要的会议越来越多，这几乎成了一种自然法则。然而，这不是我们喜闻乐见的，甚至是完全没有必要的。只有在极少数情况下，人们才会真正在会议中处理工作。实际工作都是在会前会后完成的。除此之外，每一次会议（尤其是富有成效的会议）都需要再举行三次会议才行。[㊀]

这里也有一条明确的原则，它经常被误解，不过也正好说明其重要性。这条原则就是：要想取得成果，就需要尽量把人际交流的必要性降至最低。

请注意，我说的是降低必要性，而不是减少“机会”。显然，员工应该有足够的甚至大量的机会来彼此交流，与自己的同事和上司交流。因此，制造交流机会是合理的，而且通常都是必要的。通过对工作间、咖啡厅、食堂或员工活动进行合理安排，或者偶尔来一次“巧遇”，都可以创造出这种交流的机会。但是，如果总是让八个或十个人聚在一起开会来沟通协调、达成一致后才能完成每项任务，那么很明显，这种组织形式是有问题的。

人浮于事

有能力、能胜任且能够不受阻碍放手工作的员工，永远是组织中最富有生产力的资源。在当前这个大谈任务小组和团队合作的时代，这句话可能听起来不那么时髦，但我建议对这个问题加以思考，毕竟正确比时髦更重要。如果一项任务总是让几个人忙碌，那么这个组织形式显然不是最适合组织需要的。有可能出现

㊀ 参见本书第四篇。

的情况包括：之后需要裁员，使优秀员工消极怠工，以及工作缓慢、效率低下，他们充其量也只能取得平庸的结果。

协调人员与助理存在的必要性

现在，每个组织（尤其是大型组织）都需要协调人员，当然，有些管理者确实需要助手来帮忙（并非只是作为地位的象征）。但是，类似职位的数量必须始终控制在最小程度。协调人员和助理应当是例外的情况。其他无关的任何东西，都标志着组织具有不合理性。人们总是迅速开始关注身份、职位、学位和头衔之类的东西，而不是结果。人们倾向于关心自己感兴趣的事而不是真正重要的事，这将导致成本上升。其原因倒不在于助手和协调人员导致劳动力成本增加，而在于他们浪费了别人的时间，使其他员工无法高效工作。更多的是只见空谈，不见行动。

太多“杂七杂八”的工作

“杂七杂八”可不是一句好话，即使对于准备美味佳肴来说也是如此。这会对人们的工作产生灾难性的影响，同时也是一种严重的组织问题。前面多次提到，理想的方式是使个人专注于某一项任务，而且是一项重大的任务。设计周到、组织合理的安排可以指引员工投入全身心的精力去完成目标，而其他事情只会浪费时间、分散精力。

我知道这种观点不受欢迎，但它是正确的。这也是帮助人们在工作中获得真实可见的、像样的、令人信服的成就的唯一途径。

通常我们不必担心工作多样化的问题。即使是需要多个方面高度集中的工作，也会留有足够的余地，每天都带来足够的惊喜，使员工不觉得枯燥无聊。

相比之下，“杂七杂八”的工作使员工逃避绩效和责任，使他们无法完成最重要的事情——他们最需要从中获得激励和尊重，甚至还有满足感和快乐的事情：他们对这些看得见的结果引以为傲，并以此来获得同事和管理者的尊重。

如果组织出现一个或多个以上的症状，就需要开始对组织结构进行认真的反思了。当然，其他原因也会促使我们重新思考组织结构，例如机构的发展与规模、新公司的收购、联盟与合资的必要性、规范高层继任问题的必要性，等等。但是，这些问题是由外部因素引起的，比起本章所讨论的“症状”，它们可能会得到更多的关注和重视。

最后总结一下：如果出现以上症状，你会发现组织需要进行重组，必须提前对组织所必需的变革进行认真策划，然后迅速严格地予以实施。犹豫不决和优柔寡断只会使支持者心灰意冷，使反对者更加猖狂。执行的速度十分重要，以便确保在重组后，每个人都可以不受多少影响地继续工作，使在重组过程中受到影响的生产率恢复到以前的水平，最终使人们正常工作所需的人性化环境也尽快恢复。组织的兴旺发达并非建立在不停重组的基础上，而是建立在绩效基础上——人们都希望重组后会有更高的绩效。但是，我们必须时刻准备面对一个事实：即使是在重组后，也仍然会存在摩擦。在组织实施变革后，仍然需要持续关注效能的有效管理。

CHAPTER

第15章

决　策

管理者的基本任务之一是决策。正如在德语国家大学里的“决策导向型工商管理”类课程理论或美国学者赫伯特·西蒙（Herbert Simon）所倡导过的，决策并不是管理者的唯一任务。管理者还有很多与决策基本无关或根本无关的其他任务，但决策仍然是最典型的管理任务。

只有管理者才做决策。任何决策者其实都是管理者，与身份、职位或头衔都无关。反之也对：无论是什么职位、身份、地位，无论拥有何种特权或能力，不做决策的人就不是管理者。决策使一切都得到盖棺定论。因此，决策不是唯一的而是最关键的管理任务，是造就或毁灭管理者的任务。因此，我会格外重视这项任务，最重要的是分析那些极少在教科书或主流案例研究中出现的方面。这些分析涵盖了正确利用员工参与、如何达成共识以及决策执行等相关问题。

假象与误解

人们可能认为，鉴于决策的重要性，所有管理者都要深入地研究决策问题，训练决策技能，采用适当的决策方法，极其小心谨慎地完成任务。遗憾的是，这只是极少数情况。此外，还有一些流传甚广的错误、误解和过失可能会影响决策的质量。如果能够意识到它们，抛开那些陈词滥调，这些问题还是很容易避免的。

假象一：问题很明确

大多数管理者在决策阶段的步伐过快。他们认为问题很明确，必须做出什么样的决策也很清楚。但我建议，在决策时要从这个假设出发：问题从一开始就没有搞清楚，必须先找到问题之所在。

这是决策过程中的第一项任务，也是最重要的任务。当然，我所指的不是无足轻重的小决策，而是事关重大的大决策。它们要解决的是那些从一开始就扑朔迷离的问题，通常都需要从由数据、假设、断言和模糊想法组成的迷宫中，推导并提炼出来。

假设销售额正在下降，这是营销问题，还是产品质量的问题？是定价错误，还是广告效果太差？是因竞争对手的产品打压、普遍经济形势欠佳，还是销售队伍缺乏动力所致？是由单一因素造成的，还是由多个因素共同导致的？如果是多个因素导致的，各占多大的比重？

教科书往往给出“从事实出发”的建议，其出发点是好的，但是在做出关键决策时，事实又是什么？我们根本做不到从事实出发，充其量只能从管理者认为的事实出发，而这又完全是另一回事儿了。

如果没能正确理解决策所要解决的问题，就不可能做出正确的决策，即使采用最复杂的方法分析和评估决策所涉及的各个要素，也制定不出正确的决策。

大多数人不愿回想他们在数学课上做应用题的情形。许多人觉得应用题很难，不是因为算术不好，而是因为没有正确理解问题。正因为如此，好教师对应用题打分时总是分两步：正确理解问题（即正确列出方程式）和正确解出方程，而且第一步的分值更高。

如果正确列出方程，那么就很容易发现并纠正错误。然而，如果方程本身就列错了，无论你如何费力去解，都不会有结果的。

决策究竟要解决什么问题？这必定是决策过程中的第一个而且是最重要的问题，只要有可能，就应该花时间去回答这个问题，并仔细进行全盘考虑。

假象二：决策做得又多又快的人是优秀的管理者

大多数管理者接受这种观点。即使在高层管理者中，也有一些人仍坚信管理者就应该是好莱坞电影塑造出的那种形象：办公桌上总是放有七部电话，偏着脑袋夹一部电话的听筒，手里还拿着另一部，第三部正好摆在面前，随时准备接听，他们成天忙于全球各地的买卖，不断下达各种指令、下订单。股票交易者或许是这样，但除了他们之外，这种情况仅仅出现在好莱坞电影里，与得当的管理和科学的决策毫无关系。这是对管理者进行的漫画式描绘。

真正优秀、高效的管理者只会制定很少几项决策，而且是在深思熟虑后才做出的。他们知道决策有风险，结果有好有坏。他们还知道，与决策本身（哪怕是最艰难的决策）相比，纠正决策错误所需的工作、精力和时间要多得多。

当然，优秀的管理者有时候也会被迫快速或临时做出决策。那么，在这种情况下，他们属于不得已而为之，但他们会尽可能避免这种情况的发生。他们不会让做决策带给自己过大的压力。

快速决策通常是自发的，往往靠直觉做出。即使对最优秀的管理者来说，为自己的直觉感到骄傲显然也是十分有诱惑力的。但尽管如此，真正优秀的管理者对直觉的态度是极为矛盾的。[⊖]毫无疑问，直觉这回事儿是存在的，而且直觉往往伴随着强烈的主观认定。但问题不在于此，而在于如何事先知道自己的直觉是正确的还是错误的。虽然主观认定往往非常强烈，但靠直觉来决策很不靠谱，对错概率各占一半。

当然，优秀的管理者会和其他人一样运用自己的直觉，但他们也知道不能依赖直觉。他们与低效能管理者的区别，不在于他们有更准确的直觉，而在于他们考虑问题更加深入，而且经常进行自我批评。他们知道，直觉更多地体现了自己内在的感觉，而不是外部的环境。基于经验和事物的相似性，内在感觉也许偶尔

⊖ 对这一观点最有启发性的解释，参见：Edgar F. Puryear Jr.: *Nineteen Stars: A Study in Military Character and Leadership*, New York, 1971，自第361页起。

会与外部环境一致，但也可能不一致。

第二次世界大战时期，美国的乔治·巴顿将军（George S. Patton）因为决策迅速而声名远扬。他那些决策看起来都毫不刻意，仅凭直觉做出，并且决策过程十分迅速，因而有人认为他有“第六感”。现在回想起来，我们甚至可以说，他的直觉很少欺骗他，因为他的瞬间决策几乎都是正确的。那些决策在美国第三装甲师进入欧洲之后的胜仗中发挥了关键作用。但是，是什么让巴顿能够如此迅速且精准地做出决策的呢？是天赋、与生俱来的能力、敏锐的洞察力，还是多次提及的第六感？不，完全不是这些因素。巴顿一生都在训练自己的职业技能，时刻准备完成每项潜在任务，尽管他不能预先知道是否要执行任务、完成时间以及任务的具体细节。他只是对可能会发生的任何情况和任何任务都做好准备，而且比别人准备得更加全面彻底。

巴顿（在第一次世界大战期间）已担任美国远征军的上校。他特别熟悉法国的情况。在军事训练期间，他曾于 1913 年在法国骑兵学院待过一段时间，亲自考察过法国以前发生本土战争的地点，并带着地图侦查过其中一些开放区域，对地理环境了若指掌，并在脑海中形成了法国国土的立体图像。西点军校的训练内容包括给学员布置这样的任务：时间——1863 年 7 月 2 日 16 时 30 分；地点——葛底斯堡。此时战场上的形势如何？接下来的两小时内会发生什么？

巴顿对这类问题的回答往往能做到事无巨细。他貌似仅凭直觉就能瞬间做出决策，但这并不是天赋，而是来自辛勤的努力、深入透彻的专业知识以及他穷其一生对如何指挥装甲师这个问题的执着探索。第二次世界大战期间，巴顿曾因其决策过快而受到批评，他说："40 多年来，我一直在研究战争……当一名外科医生决定在手术中改变计划，缝合动脉，开一个更深的切口或者切除另一个感染的器官时，他不是在仓促决策，而是基于知识、经验和训练所做出的当机立断。我亦是如此。"㊀

可以看出，确实有些人可以快速、准确地做出决策。当然，商界中也不乏这样的人。但是，有多少人可以问心无愧地说，我们已经做好了充分准备，熟练掌握了专业知识，最终能够产生可靠的"第六感"，即获得了丰富的综合专业知识？

能做到的肯定不是那些刚接受训练的年轻管理者，也不是那些认为自己能够在高度多元化的公司"管理"26 个完全不同的部门的管理者，也很可能不是那些能够在 17 个不同行业的不同企业中担任董事会成员的人（他们只是参加了三四次会议，才了解这些公司的）。

我非常清楚，决策过慢可能会使公司瘫痪。但是，决策过快也会带来灾难。如何在速度和全面之间找到平衡点，是一个没有公式可循的管理难题。解决这个难题需要正确的判断力（这是可以培养和强化的）、经验（这需要时间）以及丰富的事实知识（不能用能说会道来取代）。

我建议，始终采用缓慢且非常全面的方式来制定以下两类决策：人事决策和薪酬决策。如果在制定这两类决策时草率行事，几乎总会导致失误，届时后果将是灾难性的。

㊀ 参见：Edgar F. Puryear Jr.: *Nineteen Stars: A Study in Military Character and Leadership*, New York, 1971，第 382 页。

假象三：备选方案太少

第三个常犯的错误是：管理者太容易满足于手头的备选方案。高效的管理者在决策时都基于以下前提：实际备选方案总比目前已确定的方案多。

当然，他们知道，到一定时候就得停止寻找备选方案，在这方面不要走极端，但他们绝不会满足于能想到的或提交上来的第一个备选方案。即使员工所做的分析看上去是最好的，他们也会毫不犹豫地拒绝，并问："难道真没有别的选择了吗？"他们知道这会使自己不受欢迎，但也知道，这是认真管理的一个要素。

再次强调，我不是在讨论毫无意义的决策，而是在讨论真正重要的决策。显然，尽可能地全面审查所有备选方案既耗时又费力。这也是优秀的管理者仅做少量决策的原因之一。他们重点关注的是那些真正重要的事情和最基本的决策，因为他们知道，好的决策需要投入大量的工作和时间。

误解一：决策本身很重要

当然，决策是很重要的，否则本章的内容就是多余的。好的决策也是很难做出的。然而，相对于大多数人往往忽视的决策执行来说，决策本身就显得不那么重要，也不那么困难了。无论在世界上哪个地方，如果每天每做一个无须执行的管理决策就能得到一美元的话，那将会积攒出一大笔财富。（那样的话，）决策倒是制定出来了，而且得到了记录和宣布，但随后就会消失在组织内部，不会产生任何结果。

高效的管理者会把决策的执行作为决策流程的一部分。他们认为，好的决策并不是做出来就万事大吉了，还得包括执行阶段。

决策固然困难，但执行决策甚至会更难。即使是最好的决策，也可能在执行阶段走偏或出错，因为决策可能会被误解、歪曲，甚至遭到破坏。

因此，优秀的管理者在决策的每一个步骤前都会仔细斟酌，考虑执行方案。他们会事先考核参与执行决策的人员，确保他们知道需要怎样做才能理解并正确执行决策。

因此，他们也会让这些人参与决策。这样做并不是为了激励他们，也不是要追求民主，而是为了促进决策的执行并保证其有效的执行。因此，对优秀的管理者来说，参与式决策十分重要，但其原因和书中常说的完全不同。此外，优秀的管理者非常重视跟进与后续行动。他们要确保关键步骤的落实，不会依赖于口头或书面报告，而要亲眼见到实效。他们怀着强烈的责任心去制定涉及大量创新的决策，高度重视要求员工改变行为方式的决策执行过程。除非他们知道员工需要何种培训、哪些信息以及使用什么新工具才能执行决策，否则他们是不会做出决策的。

误解二：达成共识很重要

另一个被广泛接受的错误或误解是：在管理组织时需要达成共识。最重要的是，人们对如何达成共识存在极大的误解。

当然，说到底，对决策过程的结论达成共识很重要。达成共识的决策更有可能得到有效执行。然而，许多管理者在某些心理学派的鼓动下，热切追求和谐。我一再强调，即使是最优秀的管理者，也只是普通人而已，其中有很多人竭力去避免分歧和冲突。因此，他们会试着更快、更早地达成共识。这与我们常谈到的“共识文化”相符，因为在当代，所有这些陈词滥调都上升成了一种“文化”。

然而，真正重要的不是达成共识，而是听取不同的意见。在执行阶段出现困难时（这是不可避免的），可持续共识也不会瓦解，但是这种共识不是通过寻求和谐，而是通过公开表达不同意见并化解分歧而达成的。表达不同意见的方式只有一种，那就是公开。尽管有时会有困难和麻烦，但别无选择。

长期担任通用汽车公司 CEO 的阿尔弗雷德 · 斯隆（Alfred Sloan）先生[⊖]清楚地了解这一点。在通用汽车公司，他把表达异议变成了一套系统性的决策方法。由斯隆负责的决策机构的会议通常开得都十分热烈。但是，在一次会议上，他发现大家就一项重要决定达成了普遍共识。他再次确认大家对这个问题的看法是否都相同，大家都点头表示同意。但斯隆说：“既然这样，我建议先休会，每个人再花点时间去想想不同的意见。”

斯隆知道，口头通过的决策很难算得上真正的决策，之所以达成共识，只是因为大家都没有做好功课罢了。他想听到不同的意见，鼓励大家说出自己的不同意见，并把它作为一种方法。他特别清楚，之所以聘用管理者，就是要在重要问题上听取不同的意见。在与“共识文化的使徒”进行过无数次讨论之后，我得出一个有趣的结论：他们之中没有一个人真正管理过整个组织，大

⊖ 关于下列问题，参见彼得 · 德鲁克：*Adventures of a Bystander*, New York, 1978, 1994 年第 2 版，自第 256 页起，尤其见第 287 页。

多数人从未在大型组织中做出过真正重要的决策。

如果快速达成共识，优秀的管理者甚至会产生不妙的感觉，因为他们不相信“和平”。他们非常清楚，和平背后其实存在着广泛的异议，经过全面分析，这些不同的意见就会浮出水面。就算不在前期出现，这些异议通常也会在执行阶段出现。所以，他们想提前知道谁赞成谁反对、人们的真实想法以及反对意见的根源在哪里、原因是什么。他们系统地激发出不同的意见，以便达成那种在整个执行阶段都能保持下去的共识。

这样做既耗时又费力，偶尔还会牵涉个人情感，况且也不会使管理者受欢迎，但这确实会给我们带来更好的决策和更好的执行结果。这才是最重要的。

误解三：只有使用复杂的方法才能制定出好决策

那些学过成本—效用分析、运筹学等复杂方法的应届毕业生，特别容易犯这个错误。

有些人痴迷于复杂的方法，而另外一些人则是被误导了。许多人对这些方法印象深刻。然而，重点不在于方法是否吸引人或是令人印象深刻，而在于其是否有效。有些问题需要复杂的方法，但那只是一些例外的情况。

用简单的程序、简单的步骤，就可以制定出大多数决策。其关键在于，这些环节中的任何一个都不能被系统性地省略掉，每一个环节都必须被仔细、彻底地切实完成。某些方法和技术可能对每一个环节都有帮助，但它们不会替代决策本身或决策的形成过程。它们最大的优势不是能代替决策，而是有助于把信息组织起来，或者更准确地说，是通过对数据进行加工整理，将其转化为有价值的信息。

决策过程

在 90% 的情况下，一个好的决策可以通过以下简单的程序来完成，包括：

- 精确界定问题
- 界定决策要求
- 找出备选方案
- 分析每种备选方案的风险和后果，并指出限制条件
- 做出决策
- 决策中包含执行方案
- 建立反馈途径
- 跟进与后续行动

精确界定问题

对实际问题进行全面且详尽的界定，这是每个决策过程的第一步。关键在于，不要满足于表面现象或个人见解，而要确定事实，找出背后的原因。

有些人乐于紧锁眉头或摆动故作科学的手指，说由于一切事情都过于复杂且相互关联，或者由于哲学问题的阻碍，因而事实和原因是根本无法确定的。我强烈建议大家不要理会这种根本站

不住脚的断言。

如果真想找，就一定可以找得到事实和原因，至少大部分时候都可以，并且能够达到实际目的所需的精确程度。有些人大谈复杂性和哲学，只是为了掩饰他们教育水平和专业知识的不足，偶尔也为了掩盖自身的惰性，这种惰性使他们无法完成查明事实、探究原因所需的工作。在大多数情况下，没有必要将不可否认的现实上升为不可逾越的障碍。

最大的困难不在于复杂性，因为如今已经出现了应对复杂性的很好的方法，这些方法已经用于开创型组织，并取得了巨大的成功。最大的困难也不在于对问题的错误界定。

在问题遭到误解时，大多数管理者能够迅速发现这一点。最大的陷阱就是，貌似对问题以及我所谓的“隐含假设”进行了正确的界定，但其实并不完整，或者说只是部分正确。类似这种思想上的限制可以通过创新思维来化解，而能够处理复杂性的思维系统使之成为可能。对复杂系统和处理复杂系统的正确方式的基本了解是至关重要的。[⊖]原因通常很简单：管理者总是满足于出现的第一次界定，这也是迫于时间压力造成的。这里，关键是要采取使优秀管理者异于一般管理者的态度，其中包括责任感、使

⊖ 一种特别有用的方法是系统互联的系统敏感性模型。先驱者之一是弗雷德里克·威斯特（参见其著作：*Die Kunst, vernetzt zu denken* [“The art of networked thinking”]）。另一位是迪特里希·多纳（参见其著作：*Die Logik des Misslingens. Strategisches Denken in komplexen Situationen* [“The logic of failure: strategic thinking in complex situations”], 1989）。还可参见他与 Lohhausen 的合著：*Vom Umgang mit Unbestimmtheit und Komplexität* [“About dealing with uncertainty and complexity”], Bern, 1983。威斯特、多纳及其团队在研究中率先取得了重大进展。

命感、勤奋和自觉性。

在界定问题时，最起码需要考虑的是对问题进行分类——这个问题是孤立的问题，还是根本性问题？区分二者之所以重要，是因为它将决定解决问题的方式，从而才能做出决定。针对孤例或特殊问题的解决方案，要具体问题具体分析，往往需要随机应变。如果真的是孤例，那么它就不会再次出现。

另外，根本性问题需要根本性的决策，需要制定政策、原则或规则来加以解决。比起对孤例问题的决策，这种决策的影响要深远得多，因此需要更加谨慎。实用主义的瞬间决策和即兴决策通常会给组织带来长期损害。

到底是个什么样的问题呢？它必须是一个引导性的问题，管理者应该花时间来回答它。许多管理者所犯的典型错误之一就是，来不及思虑周全就迅速给出了答案，因为他们总认为速度是第一位的，但是，在这一步上花费时间是一项很合算的投资。

不清楚地理解一个问题，就永远找不到合适的解决方案。但是，就算已经完全理解了问题，制订出的解决方案也可能存在一些错误，只是人们可以快速发现并纠正这些错误。

防范对问题做出错误的界定，只有这一种方法：在界定问题时，必须根据所有可获得的事实来反复核查。如果对问题的描述没有涵盖所有已观察到的事实，就说明界定做得还不够全面。

彼得 · 德鲁克[⊖]曾经引用 20 世纪 60 年代美国汽车业的例子，这是研究“对问题错误理解”的一个典型案例，很有启发意义。

⊖ 参见彼得 · 德鲁克：“The Effective Decision,” *Harvard Business Review*, January/February 1967, p. 94。

当时，汽车安全问题受到广泛讨论，甚至被迫召开了国会听证会。汽车行业管理者当时没有意识到，问题并不是“正确使用时的安全性”，而是“即使错误使用时的安全性”。其他值得研究的例子包括几乎所有的军事冲突，引用巴巴拉·塔奇曼的观点[⊖]，从特洛伊战争到越南战争，都是源于这方面的失误，如今还可以加上一些地区冲突，例如伊拉克战争和阿富汗战争，其中大多数情况都与至少有一方对真正的问题判断失误有关。最后，再举出一些我们最近面临的重大挑战，例如德国的能源转型和自 2008 年以来对全球金融体系危机的应对方式，等等。面对当今的 21 世纪巨变，对真正的问题进行正确的界定，才是关键任务。

界定决策要求

决策过程的第二步是尽可能准确地确定决策必须满足的要求。第二步的关键在于：什么才是正确的？这里有两点特别重要。

第一，对具体要求的界定不应着眼于最高要求。相反，目标应该是清晰、准确地制定出最低要求。如果决策能够达到比这个界定范围还好的效果，那么我们表示欢迎并乐意接受。然而，基本思路必须是：如果做出的决策连界定的最低要求都不能满足的话，那么最好不要做出这个决策。原因很简单：每个决策都要付出努力，同时也存在风险和困难。那样会使组织运转失常。如果对决策的积极影响是否能达到预先界定的最低要求这个问题还不确定的话，决策的风险与价值显然会不成比例。

⊖ Barbara Tuchman: *Die Torheit der Regierenden* [“The folly of governments”], 3rd edition, Frankfurt, 1984.

第二，要注意处理妥协的方式。本书的第二篇已经在某种程度上探讨了这个问题。这里存在一个潜在的陷阱：在决策中过早地考虑妥协问题。真正的问题应该是：什么是对的？而不是：什么是最适合我的？还应该问的是：什么是可以接受的？什么是最方便、最轻松的？什么可以得到最好的执行？

有些方面是必须做出妥协的，这些方面很快就会显现出来。首先，必须考虑什么是正确的，怎样才能真正解决问题。特别是在政治领域中，很少有人能领会这条原则。最终总是必须（几乎）要做出妥协的，这是无须赘言的事实。然而，这并不意味着要把妥协作为决策的第一步。

因此，在界定具体要求时，必须结合这两点，同时界定决策应当带来的所谓的“最低要求的理想状态”。之所以界定这个理想状态，正是因为在决策的后期阶段（尤其是执行过程中）不得不做出妥协，所以这样做是有意义的。在这一点上，提醒读者注意，妥协分两种：正确的妥协和错误的妥协。区分二者的唯一办法是思考这样一个问题：在当前形势下，做出何种妥协才是适合于公司的？

偶尔做出一次错误妥协，通常不会产生严重的后果。但是，一系列的错误妥协就会很危险，因为这会使管理者受到诸多限制约束。如果组织里没有人关心什么是正确的，而且从一开始就做出妥协，那么这样的组织实际上正在走下坡路。到某个时候，管理者将不得不说出“结尾”，因为此前他们不经意间说出了“开头”。毕竟，正是这些极好的“约束条件”，总是被用来作为其他糟糕的妥协的借口或理由。在现实中，大多数面对这些约束条件的管理者只是没有理解该如何制定决策。

请注意，同一种行为方式，有时候可能是正确的妥协，有时候却可能是错误的妥协。

区分正确妥协与错误妥协的能力，能最清楚地评判出管理者是否出色、能否胜任。提高这种能力的关键在于对“最低要求的理想状态”进行准确无误的界定。

寻找备选方案

决策过程的第三步是寻找备选方案。在这一步中经常会出现两个错误。第一个错误是满足于第一个备选方案。高效的管理者都知道，备选方案总是层出不穷，因而他们会强迫自己和下属不要过快停止寻找备选方案。

第二个错误是排除“零选项”（即维持现状）的可能性。现状显然也是一种备选方案。但它通常不是最好的，因此才出现问题，需要做出决策去改变。但情况并非总是如此。

有些管理者是出于被迫才做出决策和改变的。他们认为，只有不断采取行动去做新的、不同的事情，才算是完成了任务，但这有可能是完全错误的。

现状可能有其缺陷，并存在一些困难，但它最大的优点在于，至少这些困难是已知的。新的备选方案让人觉得可以解决一切困难（或许真能做到这一点），但它之所以看起来那么完美，只是因为目前尚不知道它会带来什么问题和困难，管理者总得提前做好应对准备。在执行阶段，这些困难就会慢慢显露出来。

我出生在奥地利，年轻时来到瑞士，有一件事引起了我的注意：有一个词我从未听说过，但当地人在频繁地使用，这个词是“verschlimmbesserung”（大致翻译为“越改善越恶化”）。它的意思是，表面上是一种改善措施，但实际上导致局面恶化。管理者非常有必要去努力核实每个备选方案，确定它是否会“越改善越恶化”。

分析每种备选方案的风险和后果，并指出限制条件

第四步，通常是决策过程中工作量最大的步骤。在进行这一步时，管理者需要对每个备选方案带来的所有后果和风险进行系统、彻底、认真的分析。以下几点很重要。

首先必须考虑的是，组织愿意在每个备选方案上各投入多长时间，以及决策的可逆程度。

对组织只有短期影响和/或能够轻易推翻的决策，可以比较随意。但是，对于那些决定组织长期发展方向的决策，或制定以后很难撤销的决策，则需要格外慎重。公司的投资决策就是一个很明显的例子。

每个重要决策（这里只讨论重要决策）都会存在风险，这是不可避免的。因此，了解决策所涉及的风险类型是非常重要的。

这并不意味着我们要把复杂的概率分析作为基础，对这些分析的需要远不像专家认为的那样频繁。真正重要的是，区分出以下四种类型的风险：第一，与经营有关的风险；第二，可以承受的额外风险，就算事情变得糟糕，这些风险也不会毁掉整个公司；第三，不能承受的风险，它们可能会带来灾难；第四，不得不承担的风险，别无选择，只能坦然接受。

接下来要考虑的是，针对每个备选方案，必须界定其限制条件，也可称之为假设或前提。到一定时候，管理者不得不停止搜寻和分析备选方案。但在实践中，管理者不大可能为了做出人们常所说的“理性”决策（即毫无疑问地得到全面落实的决策），而去了解所有必要的信息。

即使对备选方案分析得十分详尽，也仍会有一些不知道的东西，因此只得做出一些假设。这些假设构成了每个备选方案的限制条件。管理者必须仔细识别、详细记录，因为在判断某项起初正确的决策是否会在以后因环境的变化而偏离正轨时，这些假设是不可或缺的。

如果限制条件果然出现了，就会产生严重的后果。在这种情况下，便不应该坚持原先的决策，因为目前面临着完全不同的局面，这时通常需要制定出全新的、不同的决策。

举个例子，没有人能确定未来 12 个月内美元的汇率变化（谁要是能做到，他就不用在公司工作了）。即使经过最彻底的分析，唯一能做到的也只是合理推测未来趋势或波动范围。

迟早要结束分析并做出一个假设，比如：据我们所知，美元兑欧元的汇率不太可能跌到 xy 以下。这就是限制条件。但现在，如果美元汇率真的低于我们界定的指标，这种新局面一旦出现，便需要制定出新的决策。在大多数情况下，试图操控决策及其结果是没有意义的，相反，必须根据情况的变化来制定新的决策。为此，限制条件必须以书面形式记录下来。

要想正确界定限制条件，先要回答这个问题：在什么情况下，我们会承认决策失误？在环境变化后仍维护先前的决策，是管理无能的表现。[⊖]优秀的管理者会在限制条件真的发生时做出迅速明智的反应。虽然不乐意，但他们会试图将其变成一个机会：一个从根本上制定新决策的机会。

历史上不计其数的例子证明：对限制条件分析不足、界定不细、记录不全或者没有遵守限制条件，会导致原本可以避免的巨大灾害。其中包括，第一次世界大战中的施里芬计划、第二次世界大战中德国陆军元帅冯 · 伦德施泰特（Von Rundstedt）及其总参谋部在盟军登陆诺曼底时的表现以及美国越南战争的灾难。即使在今天，我们也可以从这些案例中学到正确决策的基本原则。这些都是历史上著名的例子，且都有据可查。直到现在，这些例子还在不断上演。

做决策

在认真实施了以上所有步骤之后，就可以而且必须做决策了。

管理者不是因为掌握了某种方法，也不是因为下属上报了一些数据，而是因为已经全面思考了存在的问题、具体要求、备选方案以及可能带来的后果，才做决策的。因此，有充分的理由相信，就算再进一步分析和研究，也不会发现任何其他重要的信息。

当然，总有一些管理者到了该做决策的时候还在犹豫不决。他们优柔寡断，这也是管理者身上经常会出现的弱点，他们想多做一些分析和研究，多咨询一些顾问和专家。事实上，这些做法

⊖ 这是我对如何将科学上的可证伪性原则应用于管理实践的建议。只要熟悉卡尔 · 波普或汉斯 · 阿尔伯特（Hans Albert）的著作，就能很快看出其中的关联性。

只是在掩盖他们自己的优柔寡断。

这样的人不适合管理工作。他们可能善于完成其他任务，但在决策这项对管理者来说至关重要的关键任务上，他们是无法胜任的。

对于第五个步骤，我想提一个很有用的建议。我建议管理者在完成所有的分析后，找个机会听一听一位非常特别的、不用花钱的顾问的意见，即听听自己内心的声音。具体怎么做取决于个人。有些人总是把问题留在第二天解决，就像俗话说的那样“睡一觉再说”，但我认为他们是对的。而另一些人习惯独自漫步，把所有问题再想一遍。还有一些人可能会去一个没有人的教堂或寺庙（并关掉手机）仔细研究和反思所有问题，甚至与他们更高的信仰进行沟通。

所以，对这件事的处理方式因人而异。但是，如果在各种观点激烈地碰撞之后，内心的声音清晰地告诉自己“这里不对劲”，那么我就会毫不犹豫地从头开始。当然，我知道这通常不大可能。事情也许已经进展得很深入了，决策可能迫在眉睫。

我也明白，对一些人来说这个建议非常棒，因为它可以作为一个不错的借口来掩饰他们的优柔寡断。尽管如此，我还是建议大家这样做。“听从内心的声音”与“为优柔寡断辩护”之间，只有很细微的分别，这个事实可能会被滥用。我没有办法来帮助大家解决这个问题。再次强调，在这种情况下，经验、正确的判断力、自我判断的能力以及谦虚的品质，都十分重要。

这种内心的声音也可称为直觉。正如前面所提，我的确很重视直觉。但是，在我的管理概念中，我对待直觉非常谨慎。

- 第一，所有关于直觉的研究都表明，正确的直觉与错误的直觉所发生的概率一样高。
- 第二，和所有不断呼吁应用直觉的人的观点不同，我不认为直觉是供不应求的。每个人都有各自所谓的直觉、预感、情绪或灵感，这并不是问题，问题在于如何提前知道谁的直觉是正确的。我已经指出过这一点。
- 第三，我不会用直觉来替代学习、思考和集中分析问题。直觉自有其用武之地，不是用在决策过程的开始，而是用在结尾。只有完成了所有任务，并且再做更多的分析也不会产生任何有价值的信息时，直觉才可能有所作为。

执行决策

大多数人认为，一旦制定出决策，就大功告成了。教科书通常就到此结束了。但是，决策真正重要的部分是在第六步和第七步。

我先前说过，做决策可能很困难，但执行决策还要困难十倍。绝大多数管理者认真完成了前五步，却在最后这两步上栽了跟头。

我建议，刚刚做出决策时，还不能称之为决策，只有当其已经转化为可见的结果时，才可以这样说。所以，在我看来，结果必须包含在决策过程之内，尽管这很少见。

因此，第六步应该包括以下内容：第一，确定并记录下执行过程中需要的重要措施；第二，给每项措施指派一位负责人；第三，设定最后期限。决策是通过人们在一定期限内执行明确的措施来完成的。除此之外，没有其他办法。缺乏这一步，就不能说完成了整个决策过程。严格地说，甚至可以认为没有制定决策，只能说有了良好的初衷、美好的愿景和肥皂泡般的幻想。

没有必要制定很多措施，也没有必要制定得很详细。但重要措施必须确定下来，不过通常只有少数几项。此外，管理者只要对执行过程及其结果感兴趣，就不会把这项工作交给下级管理者去完成。可以把细节及最后的修订任务留给他们，但不要把根本性的问题交付出去。界定这些关键措施，需要具体回答以下问题：

- 谁必须参与执行？
- 必须向谁告知这项决策？什么时候？如何告知？
- 什么人需要什么信息、什么工具和怎样培训，才能了解决策、执行过程及其后果，并做出积极贡献？
- 如何监督、审查和控制决策的执行？关于决策执行的相关报告需要如何准备？

明确责任很重要。这意味着每项措施的责任必须分配到个人，而不是团队。负责人是否需要团队来实施措施则是另一回事儿。将来对团队的需求会越来越多，但是，责任必须明确到个人。这立刻引出一个问题，即这个人需要怎样的技能、专业知识以及必备能力才能承担责任。这是引导组织向前发展的一种实用有效的方式，而不是抽象地界定任务、权威领域和责任范围，这也被称为岗位设计。岗位设计也是必需的，但不能靠它来推动组织前进。

至关重要的截止期限是决策的另一个组成部分。正确的时机是每一个决策的基本要素。我建议设定较短的期限。原因很简单：截止期限可以后延，但不能提前。

如果一个非常紧张的截止日期后延了，每一个相关者都会欣喜雀跃，但如果把截止日期提前，不管理由多么充分，都会导致压力和混乱。若因事先没有考虑周全，或忽略了上述建议，结果不得不缩短期限，可能会损害管理者的可信度。

因此，第六步是一种行动计划，包括做什么，谁做，什么时候做完。行动计划必须存档，由决策单位保存。

建立反馈途径：跟进与后续行动

一旦做出决定，高效的管理者一定会跟踪执行情况。他们对执行过程持续监控，确保定期掌握进度、解决困难并取得结果。最重要的是，他们亲自检查进度，进展顺利时才会感到满意。换句话说，他们持续跟进，直到工作彻底完成。

他们不时地将进展情况告知所有相关人员，并确保大家都能看到结果和成功（哪怕只是早期取得的微小进步），因为他们清楚，看得见的成功是最有效的激励因素。

管理者不是仅抽象地讨论反馈（反馈如今已成为一种时尚），而是将反馈形象化、具体化。高效管理者对抽象的“沟通”方式很不放心。他们会亲临工作现场，与员工交谈，并注重亲眼所见，如果可能，还会参与其中。这样，经过一段时间之后，他们就能掌握一定程度的专业知识，并了解工作的具体情况，这是用其他任何方式都无法做到的。

制定决策过程中的参与问题

在谈论决策时，总是会有人问到“每个人应该做出什么样的贡献”的问题，这是一个事关员工参与甚至涉及民主决策的问题。这个问题包括两个方面：

（1）第一个方面，根据法律或公司章程，对决策负责的不是某一个人，而是一个团体（例如董事会）。通常在这样的情况下，会有相应的条款规定如何处理该委员会中的潜在分歧，即决策通过的投票比例是多少。

但是，在面对真正重要的决策时，不论正式规定是什么，都应该达成全体一致。因为必须达成共识，所以这是需要时间的。

如果一项决策没有达成全体一致，而是多数人投票通过，那么持反对意见的少数人会做何反应就成了一个问题。以我所见，意见未获采纳的少数人必须忠诚，尽其所能去确保计划能够得到顺利执行。积极或消极的反对，或者仅仅是这方面的迹象（即使这些迹象非常细微），也会造成很大的破坏。但是，如果有人认为没法接受大多数人通过的决策，那么唯一的解决办法只能是让他离开组织。

（2）参与式决策的第二个方面涉及员工参与这个普遍问题，特别是那些将参与执行过程或受其结果影响的员工。参与式决策以及更普遍的参与式管理，是过去几十年中讨论最热烈的话题。相当一部分讨论是纯意识形态的讨论，并且方向弄错了。另一部分讨论则是关于激励问题。虽然没有确凿的证据表明参与决策对激励具有积极影响，但看上去是有一定道理的。

但是，员工参与很重要的一个关键原因是：它是确保组织里的知识最大程度地融入决策的唯一途径。融入丰富知识的决策要比见识浅陋的决策好得多。因此，对于那些希望做出正确且明智的决策的管理者来说，尽可能充分利用员工的知识及判断力，是最符合管理者自身利益的行为。

尽管这方面的规则很简单，但其过程往往并不轻松。

（1）在执行过程中发挥关键作用的人必须尽可能地参与到每一步决策过程中，比如界定问题、制定要求、确定备选方案、分析后果和风险以及确定执行方案等方面。

（2）关键问题不应该是“你将如何决策”，也不是“如果你处在我的位置将如何决策”。事实上，员工根本没有处在管理者的位置上，没法心安理得地回答这些问题，即使好心好意地给出了答案，往往也是不相关的。这些问题事实上表明了管理者领导能力的欠缺。

所以，关键问题必须是：“从你的角度，以你的职责、教育程度和经验，你会如何来判断情况？”如果想从多个维度考虑大多数决策问题，并逐渐对问题及其可能的解决方案形成整体性和综合性的理解，这是最迅速、最有效的方法。

美国总统杜鲁门就是一位真正的决策大师，他一贯严格实行这种方法。在重要的事情上，他会仔细考虑美国政府的哪些部门、哪些机构以及哪些其他社会机构能够且必须为解决这个问题做出贡献。然后他会召集这些人，从下级开始逐个询问：“你怎么看待这种情况？”并且他总是强调：“不要给我提建议，只要告诉我从你的角度怎么看待这个问题即可。”应用这种方法并不是特别难，但它需要时间，这意味着决策过程必须尽早开始。

（3）不过，决策本身，必须是由对其负责的管理者（们）做出的。杜鲁门总是明确告诉他人：最后做决定的人只能是他自己。他会说："我必须做出决策，但我会尽可能多地考虑大家的意见。虽然做决策是我的工作，但我会让你知道决策的结果。"这就是他做出有效决策的方法。杜鲁门可能是20世纪效能最高的美国总统。他的方法还包括尽早发觉政府、工会、行业协会、国会、参议院以及媒体的任何反对意见。这使他能够事先考虑到这些反对因素，必要的话，他会收集更多有用的信息和有力的论据，以便各方能够增进理解，积极妥协，而且在执行过程中特别注意那些反对最强烈的人。通过这个过程，他赢得了周围人的信任和尊重，甚至包括他的对手和受到其决策不利影响的人们。

1945年4月12日，杜鲁门接替罗斯福担任美国总统，除了杜鲁门，历史上很少有人能够在准备如此不充分的情况下，完成这样艰巨的重大任务。罗斯福从来没有与副总统讨论过这个问题，所以杜鲁门可以算是总统竞选的一匹黑马。此外，他对于马上要面临的问题没有任何经验，无论是对英国、苏联，还是对外交事务他都不熟悉。他本人并不认识丘吉尔和斯大林，也从没有会见过任何其他重要的外国政治家。

杜鲁门没有任何特殊技能，更谈不上有什么天赋。更重要的是，几乎从他上任第一天起，美国大多数有影响力的媒体都开始反对他，他受到的嘲笑和轻视可谓"前无古人后无来者"。然而，没有人能像杜鲁门那样快速高效地熟悉总统这项工作以及它的方方面面。他在这些事情上缺少经验和天赋，但他知道如何做出决策，他的决策方法和原则是实现效能的关键。

杜鲁门的方法也是所有高效决策者所采取的方法。他们专心致力于自己的任务并勇于承担责任，尽管有时也会感到孤独。他们从来不会用那些不可靠的激励理念，更不会利用一些不切实际的错误的民主概念，来冲淡组织中的责任意识。

CHAPTER

第 16 章

监　　督

第四项任务是最不受欢迎的，在某种意义上也是最具争议的。与普遍的陈词滥调相反，许多管理者不喜欢监督与检查，有的不太确定应该如何去做，有的则因为担心员工将自己视为独裁者而感到不安。因此，那些反对监督的人，不管理由有多么牵强，通常都会受到相当热烈的欢迎，得到广泛的关注，甚至被媒体称赞为新型管理的榜样。

另外，几乎每个星期都会发生一些案例，表明具备强大控制力的人对组织的运作何等重要。单单金融危机就无比清晰地说明了这一点。

不可或缺的监督

任何在意管理质量的人，都不会真心反对监督。是否应该监督和检查，这个问题不需要讨论。但是，如何监督和检查，当然是值得讨论的。反对监督的常见理由包括：人们不喜欢被监督；

监督对激励具有不利影响；监督会限制人身自由（如今人们很看重这一点）。我同意第一个理由，许多人确实不喜欢受到监督，但这并不一定意味着应该彻底放弃监督。有很多事情，人们并不喜欢（甚至正因为如此），但它们很重要，所以必须做。倘若监督更严密，许多商界丑闻就不会发生。意外事故也是如此，无论是飞机、火车，还是电厂、隧道，监督不足往往是事故发生的原因之一。

监督会对激励产生不利影响也有一定的道理，但未必如此。有的监督方式会产生负激励，但得承认，对它们的应用往往是必要的。产生负激励的原因通常不难找到，也很容易消除，几乎总是可以归结为考虑不周详，有时是对这项管理任务没有充分理解。还有一些十分罕见的情况，如滥用职权和骚扰，有时甚至会出现虐待现象。但是，所有这些与监督工作本身并没有因果关系。这方面的确存在问题，但问题通常是可以避免的。

最后，认为监督限制了自由，这个观点显然偏离了主题。监督并不意味着没有自由与余地。人们是否需要活动空间、在哪些地方需要、谁需要谁不需要等问题，都与监督无关，而与组织有关，遗憾的是，通常还与意识形态有关。即使员工获得了最大限度的个人自由（无论原因如何），监督也是必要的：要监督他们是否在运用这些自由，以及是在善用还是在滥用。有关自由的话题一旦在组织里过多出现，就该引起怀疑了。很多时候，人们甚至根本没有利用他们所拥有的自由。在几乎每一种情况下，我都能得出结论：人们所拥有的自由比实际运用的要多得多。

因此，监督是必须的。最好的监督形式是自我监督，也就是说，让组织中尽可能多的人在很大程度上自己监督自己。[⊖]如何才能做到这一点，也是一个很有价值的问题。反思这个问题，通常会使我们对组织形成全新的、更深入的理解。但是，即使实现了自我监督，监督仍是必要的，因为偶尔必须检查人们是否在真正有效地自我监督。这方面最好的例子是道路交通中的车速监控。每辆车都装有时速表，所有的司机都能监控自己的车速。但众所周知，不是所有的司机都会严格遵守。

信任是基础

本书第二篇已经讨论过信任的重要性。在本篇中，信任起到特别重要的作用。

监督必须建立在信任的基础上：信任员工的表现能力，信任员工的工作意愿。如果不相信员工能满足这些要求，那么问题就不在于监督，而在于人员配置或聘用事项。

这种情况正好为“不必一直致力于激励员工”找到了另一个原因：如果员工缺乏工作能力或执行意愿，那么加强激励也不会取得多大效果。因此，相信员工能满足这两个方面的要求，对于激励和监督都是必不可少的。显然，这种信任不能是盲目的，它必须有坚实的基础。第二篇已经解释过合理的信任与盲目或天真的信任之间的区别，因此我在这里只是简单地提一下其要点。管

⊖ 顺便说一句，这并不是什么新见解。目标管理的创始人彼得·德鲁克从一开始就非常明确这一点，更准确地说，在其1955年的著作《管理的实践》中就已明确。该书第11章的标题并非只是“目标管理”，而是“通过目标和自我控制进行管理”。

理者应该尽量（若可能的话，甚至要超过感觉舒适的界限）去相信员工。但是，管理者必须确保能够及时发现员工是否以及何时滥用这种信任，还必须确保让下属明白：如果滥用信任，将会产生严重的、不可挽回的后果。

如何监督

如前所述，监督的方法多种多样。一旦承认了监督的必要性，如何监督就会在若干方面显得十分重要，其中包括激励制度、企业文化以及成本收益比。过多的检查（尤其是在商业领域中）毫无用处，只会带来巨额的费用，有些时候还会造成破坏。

检查点数量最小化

多年前，没有必要特别强调这一点，因为在当时，检查本身就相当困难：几乎不可能进行合理检查，或者，获得所需信息的代价非常大。因此，根本就没有理由去担心过度检查，相反，检查不足才令人担心。而现如今，情况倒过来了。可以轻松获得丰富的信息（至少是数据）。获取信息的费用与以往相比可以忽略不计。现在，必须采取积极措施来防范过度检查。

管理者必须严格限制自己，把要检查的控制变量减少到最小程度，否则只会造成混乱，扰乱员工的正常工作。毕竟，组织存在的目的并不是为了检查与监督，这不是组织的目标。要提出的关键问题肯定不是“我们能够检查什么”，而是“要获得足够的信心去相信一切都不会失控，我们必须检查和监测什么”。因此，指导思想可不是计算机能够想出来的（在检查与监控方面，计算机系统的能力却几乎是无限的）：需要多少检查，就足以实现实际需要。

这里所讲的东西，可以从管理者对大量检查报告的处理方式中得到很好的证明。他们迅速翻阅报告，有时在某个点上稍做停留，然后继续，之后停在另一个点上，如此反复，以这种方式挑出五六个或十个变量，并借助这些数据来管理自己的部门或责任领域。那么，为什么提交上来 100 个数据，而他们真正需要的只有十来个呢？这些就足够了吗？对具体的管理者而言，一份典型的控制报告顶多只是包含了一些数据，他们从中筛选出与他们相关的信息。而其他不必要的内容甚至会给他们带来困惑。飞机驾驶舱、车辆仪表盘和空调显示屏的设置是不无道理的，这些测量仪表分别服务于不同的任务。因此，必须基于人体工程学原理来进行监督。[⊖]

在这一点上，经常有管理者告诉我，不能由员工来决定应该监督多少变量。这当然是对的。总会出现这样的情形：管理者对工厂负责人说目前他正使用的六个变量就已经足够，但出于某些原因，必须再添加四五个。如果确实有必要添加变量，就只能告诉他，或许还得让他接受培训，学习怎样处理这些额外的变量。

⊖ 在此，提醒读者注意，第二篇引述过乔治·米勒关于控制幅度的文章。任何明显超出他所定义的“魔法数 7±2”的情况都会导致超负载（即这里的“信息过载”），会带来压力，并且是导致偶然性人为误差的主要原因之一。感知心理学（即大众认知学）和人体工程学在这里得到融合。对工程师和技术设计师来说，在设计专业设备时必须要重视这些问题，这是很重要的。在管理中，这些即使不是更重要的，至少是同等重要的，但很少有人加以注意。进行有效管理之后，控制幅度至少可以增加到 10 级。

同样，基本规则是：组织需要最少而不是最多的变量。这在当今尤为重要，因为现在轻易就能获得数据，管理者总是倾向于选择过多的变量。

抽样检查，不要过量收集数据

管理者应该尽可能地采用抽样的方法。在过去几十年里，没有任何一个领域像统计那样取得了巨大进步。我读大学时，使用统计模型所需的算术运算十分困难。自从有了电脑，它不再是一个难题。最重要的是，在统计领域里，电脑能够充分发挥其优势。

税法要求管理者把每一笔开支都登记入册，这是目前无法避免的事实。但是，核对这些支出是没有必要的。进行一个小型的抽样就足以完成最严格的监督。适当取样，比如对全部支出中的5%进行全面、详细的检查，实际上就已经足以确定是否存在资金滥用的现象。即使有少量滥用现象逃脱了统计监控，但这种检查的费用极低，也是划算的。

对于统计控制方面取得的各种进展，在管理上得到充分利用的唯一领域是质量控制。同样的方法也可以应用于许多其他领域中，例如仓储与物流、现场销售、各种投入控制以及时间管理，等等。

坚持行动导向而非信息导向

有效的监督一定与人们的行为相关。但客气地说，大多数检查都是以信息为导向的。指导性的问题通常不是“我们想要人们做什么”，而是“我们想知道他们的什么情况”。这个问题是错误的，前面提到过的用统计方法来检查支出的例子就是很好的证明。

从控制技术的角度看，控制费用产生的途径需要一定的信息，但如果超过这个实际限度，去收集并评估更多信息的做法是错误的。从经济角度看也是错误的，因为其成本远超过收益。从管理的角度来看，还是错误的，因为这些恰恰会造成心理伤害，影响员工的积极性。

信息导向型监督被认为是一种窥探行为，这是有道理的。即使没有经过复杂的统计培训，大多数人也能很好地区分开两类不同的监督：一类是为了维持某种秩序、遵守一套规则或控制某些流程而进行的监督；另一类是间谍式的监督。

举个例子，在我的经历中，从未见过一个组织（例如银行）的员工会反对审计检查工作。银行中的每个人都很清楚内部审计是必需的。没有人把它看作间谍行为，或认为其会产生负激励。相反，如果银行没有任何审计监督，人们就会觉得奇怪，就算有欺诈案件发生也不会令人感到惊讶。任何拥有常识和生活经验的人都会料到这种情况。

不要发生意外

为了让监督正常发挥作用，有必要在组织内坚持这样一项原则：任何员工绝不能隐瞒问题，不能在将来无法隐瞒时使上司感到“意外”。员工应遵循的准则是：对于潜在问题，一有迹象就及时上报给上司。

只要发现得早，大多数管理问题就像大多数疾病一样，是可以得到解决的，至少能够减轻其影响。而到了后期阶段，往往就不可能做到这些了，或者要付出巨大的努力才有可能解决。

没有采用或理解这项原则的组织，往往难以长期正常运转。在这种情况下，有人倾向于拿企业文化（例如开放的企业文化）来说事。但我不会这样做，因为企业文化对我来说太过含糊，而且也没有必要。面向一般员工的开放既无必要也不可能，这和我们前面讲的并无矛盾。就像我先前提过的那样，开放只针对非常具体的问题。

对正在进行的工作实施无缝监督

对悬而未决或正在进行的工作，必须严格监督。管理者必须确保其员工不会忘记或忽视已经商定好的任何事情。

具体问题要具体分析。有些人亲力亲为，每天或至少每周都把各项工作记录下来并进行检查；有些人吩咐助理去检查那些正在进行的工作；有些人用电脑记录；有些人用贴纸和白板记录。怎样做并不重要，重要的是要去做这件事，要让周围的人都知道管理者并没有忘记它。

切莫忘记达成协议

当然，即使达成了一致，也不意味着一切都会按照约定完成，这几乎是不可能的。但是，要保证一点：事情没有被完成并不是因为它被遗忘了。没有完成的原因可能是决定不再做了，抑或因为现实情况或优先顺序发生了变化等，而不是因为它被忽略了。

仅有报告是不够的

现如今，管理者能够轻松快速地得到几乎关于任何事情的报告。这是信息技术发展的结果。几年前，准备一份报告需要大量费用，有时还存在乱花费的现象。因此，那时报告很少见，用起来也非常慎重。然而，现在不存在这方面的局限性了，却走上了另一个极端。每个组织都有数量惊人的报告，即便是那些根本就毫无意义的事，也要弄出一份报告来。单单这一点还不构成问题，虽然花费不少，但还可以承受。而真正的问题是：由于可以轻易获得报告，管理者越来越依赖报告。

然而，经验丰富的管理者逐渐明白，报告永远不能成为有效控制的手段。当然，他们也要求员工做报告，但并不依赖于报告。他们会亲自到现场考察。第 15 章已经提过这一点：即使是最好的报告，无论是口头形式还是书面形式，都只包含报告人所看到的、了解到的内容。这是影响报告可靠性及其内容真实性的第一点。第二点，也是更重要的一点，并非所有需要做出判断的事都能以报告的形式呈现出来。报告只能包含那些能够描述出来的事实，但并非所有可感知的事情都可以描述出来，只有小部分才可以。经验丰富的管理者知道这一点，因此他们绝不会错过任何一个通过亲自检查来了解情况的机会。问题越敏感、越新颖、对成功越重要，就越是不能依赖报告。

管理者亲自到现场查看，能够使大家对问题更为重视，这可作为一项额外优势，还能带来许多其他的积极影响。之所以需要亲自查看，本质原因在于，事物的可感知性与可描述性之间存在差异；与人们常谈及的原因相反，并不是想在激励或企业文化方面有所收获。如前所述，管理者顶多只是欢迎额外的积极影响。

这方面的例子比比皆是，也许最令人印象深刻的例子来自军事历史。军事行动通常都需要指挥官亲自视察，而不是仅仅依靠符合前面提到的三个标准（敏感、新颖以及成功的关键）的报告。凡是出色的指挥官，无论国籍是什么，从来都不会错过任何一个去前线视察的机会。他们的决策必须建立在现实的基础上，没有人会盲目地相信军事报告，尽管提交的报告丰富、准时且专业。指挥官的级别越高，越难以找到时间和机会去视察前线。因此，他们的视察可能不是很频繁，优秀的指挥官可能因此而感到负担沉重，但他们还是会尽其可能。

在政界和商界中也可以找到这方面的例子。其中一个典型的例子是阿尔弗雷德·斯隆（Alfred P. Sloan），他有一个习惯：每年以一名普通汽车推销员的身份卖几次汽车，因为他知道，即使是最复杂的报告系统也不能取代个人的体验。

善意忽视

还有一种方法也应该被提及。本章虽然呼吁管理者监督，但并不是说，在任何情况下，每当发现某件事与期望不符，都必须立即做出反应。有时候，观察一段时间也许是更聪明的办法，因为观察能够看清事情进一步发展的结果。

也许问题会自行消失；也许可以做一些外围工作来推动一下，无须弄出很大的动静。让相关人员保住面子也是很重要的。在某些情况下，依据法律必须立即采取行动，但也有一些情况，至少在一段时间内，管理者可以善意地“忽视”。

没有普遍有效的标准来帮助管理者确定哪种行为是合适的。管理者做何反应，取决于经验、悟性、判断力，也许还有人性。我在此所指出的是另外一种平衡的艺术，在管理中非常典型。

监督必须针对个人

最后，还有一点十分重要：监督必须关注具体的个体。强调保证一致是一种不好的习惯，会产生特别负面的后果。监督下面两类人会有很大的区别：一类是认识多年的员工，一直表现良好，判断准确，做事可靠，可谓员工的楷模，因此管理者并不需要过多监督；另一类是不熟悉的员工，刚加入公司或者还没有经过培训，此时需要监督。简言之，必须监督某个人，不是因为不信任他，而是因为不了解他，而且他对公司也不了解（这点也要注意）。对第一类人来说，监督是一种侮辱；对第二类人来说，监督是一种相互了解，因为通过监督，能够对他进行培训并提供指导。

测评与判断

以上内容基本足以完成监督任务了，至少在绝大多数情况下能做到。它们是监督必须要遵守的原则。它们其实很简单，只是在个别情况中应用时，可能就没那么简单了。

我们最后要讲的这一点通常不是很明确，容易造成严重的误解。只要结果能进行测评，监督就不是问题。在这种情况下，要想检查很容易。只有在无法进行一般意义上的测评时，监督才会变得困难起来。由于存在困难，超出量化范围的任何检查都可以免除，甚至可以认为不可能进行，这一点与一句格言相符：“无法测评，就无法管理”。

我认为这是管理上的重大失误和严重误解。只要有测评的可能性，实际上根本不需要管理，或者不需要管理者进行监督，因为计算机就可以做到这一点。正是因为无法进行测评，才需要管理者承担起监督任务。但之后的执行程序是完全不同的：不是测评而是直接得出评价和最终判断。

这不可避免地会把我们引入哲学的迷宫，被客观性、主体性、可靠性、相关性、重复性、公平性等因素弄得一头雾水。据我所知，这些问题到目前为止还没有得到解决[⊖]，甚至可能根本无法得到真正意义上的解决。然而，正是由于这个原因，组织才需要管理者，但很少有人能够理解这一点。虽然管理者不能解决这些问题中的哲学难点，但他们可以通过自己的判断力和经验做出决策来解决这些问题。诚然，这不是一个非常令人满意的解决办法，但又找不出更好的办法。然而，社会的机构不会等着理论（甚至哲学）提供了方案后再去解决问题。

管理者必须有所行动。无论出于何种意图和目的，不采取行动实际上也是一种行动，不做决策实际上也是一种决策。这就是

⊖ 在哲学和认识论的文献中，也提出了许多解决这个问题的建议。我更倾向于批判性的理性主义观点，特别是汉斯 · 阿尔伯特的相关文献，他的著作与实践具有很强的相关性。然而，这些建议并没有得到普遍接受。最近变得越来越重要的是一些主观主义和相对主义建构论的若干版本，但我认为它们是非理性的，没有任何理论意义和实践价值，且通常有五花八门的解释。对于那些把晦涩模糊的思想和言论奉为知识成果的人来说，这些错误观点格外具有吸引力。

我们所面临的科学与管理、理论与实践之间的根本区别之一。在管理上，我们迟早要做出决策。有必要再次强调，经验在管理这种职业中非常重要，但并非在每种职业中都同样重要。

通过更细致的比较，可以发现测评与评估之间的差异并不像人们所理解的那么大，而是像我为了强调起见而做的描述：测评是客观的、无争议的、有理由的，而判断是主观的、无理由的。当然，事实并不是这样的。因为要服务于某种目的，测评的基础是一些实际上无理由的惯例和人们达成一致的规定。顺便说一句，只有外行才相信测评的结果是非常精确的。从科学的角度说，测量时用的卷尺、天平和时钟都是不准确的，因此要不断改进测量程序。我们要遵循的准则是：测评的精确度足以满足特定目的即可。

只要遵守相同的测评程序，即使没有经验的人也能得到大致相同的结果，这就是我们所说的测评。只要遵守相同的规则，就算有经验的人也能得到大致相同的结果，这就是我们所说的判断。

这方面最有说明力的例子就是司法系统。我们需要法官，因为法律案件只能通过审判程序来判决。很明显，没有经验的人会完全迷失在程序规则中。同样，即使是非常专业、经验丰富的法官，也可能会做出不同的判决。但总的来说，经过培训且有一定经验的法官会做出相同或至少相似的判决。

几乎没有人会说，通过法庭审判来得出判决结果是不恰当的，因为它靠的是人的判断和评估。所以，即使这种方法不像测评那样客观，即使我们认为法庭审判中的判决有时极为主观（因为由人来判断并依赖于人的判断)，审判程序本身也不是随意制定的。主观性并不是问题，随意性才是问题。

即使一位年轻的法官经常发现自己的判决被驳回或要求全盘修改，也不会有任何人因此就想到要改变法律程序。这位年轻的法官会被要求接受更多的训练，被警告要付出更多的努力，如果再没有进步，就会因为不能胜任而离岗，去另一个他不会造成任何损害的岗位。除此之外，其他任何做法都不符合法律的实践和科学。

而在管理领域中，情况却完全不同了，这表明了当前管理的整个状态。经验欠缺或不能胜任的人已经表现出能力不足的问题，但组织不会自动采取措施来让他们接受更好的培训，使他们更好地履行职责，最终也不会让他们换岗或下岗，而这些措施在其他领域中是顺理成章的。虽然对监督的偏见有所改善，但仍然有人拒绝任何监督行为。

一个典型的小例子可以说明这一点。一家大公司对高级管理人员进行培训，由我来举办一次关于有效管理的原则和任务的研讨会。其间，我曾提到我对直觉和感觉的重要性与可靠性持怀疑态度。到会的除了管理者（大多在科学、工程领域中拿过学位）以外，也有一些来自培训部的员工。其中一个人走过来，说我讲的都非常有趣，但遗憾的是，大部分内容都无法量化，也无法测评。他强调，正因为如此，许多事情必须基于直觉和感觉。当我问他，直觉和感觉用在何处时格外重要，他回答说：用在人力资源方面，比如用在筛选员工上。

这个人相当年轻又缺乏经验，对这些理念一无所知：有根据的判断或基于经验的判断这回事儿是存在的；自身判断力是可以通过一些方法来提升的。即便这种看法（认为管理是一个连续统一体，一端是基于测量的量化，另一端是纯粹的感觉）看起来合情合理，但两端之间也存在很多点，都需要不同程度的合理判断。倘若这不是一种典型的、普遍的思维方式，倘若我们对处在如此重要位置（负责管理培训）上的人可能会造成巨大的、几乎无法弥补的损失毫不在意，那么这个小插曲便不值一提，甚至可以被看作“缺乏训练和经验的人”的看法。在茶歇之后，我抓住机会做了一个实验：让这位年轻人把他的想法和担心说出来，让大家公开讨论。令我特别震惊的是，现场没有一个人（前面提到过的拥有科学和工程学位的所有人）持反对观点。他们毫无例外地认为，测评和感觉是两个对立的极端，这就是现实。

总而言之，只要能够被测评的事情，就应该去做测评。现实中有一些事情是无法测评的，但这并不能作为完全放弃检查和监督的借口。如果不能测评，就必须做出判断。正因为如此，才需要管理者——那些有经验的管理者和那些能够认真勤勉地执行自己的管理任务（这里指监督）的管理者。

监督、评估、测评绝不能随意而为。

CHAPTER

第 17 章

人的发展与提升

人是组织中最重要的资源，几乎没有管理者会质疑这一点。有时候我们不禁会想，也许没有人的组织也会有其优点……在绝大多数情况下，人往往是困难、错误、失败、失误、冲突等的来源。机器和电脑一旦运行，通常就不会产生这些问题。它们不知疲倦，不需要任何激励，不存在沟通障碍和心理问题，不会生病，无须休假，更不会结党营私。

完全机械化的无人工厂几乎已经成为现实。但至少在目前，仍然需要人来完成其他工作。因此，最重要的管理任务之一就是人的发展和提升。

这不仅是人力资源专家的任务，也是每个管理者的任务。平稳运行的人力资源管理在许多方面都具有价值，但它并不能促进人的发展，至少在顶头上司未能发挥作用的地方做不到这一点。即使是最好的人力资源管理，也无法取代员工发展，这是组织必须通过管理者完成的任务。

归根到底，事实上人们只能自己发展自己，就像只有自己能改变自己一样。自我发展不仅是最快的，而且是最有效的方式。这一点尤其适用于取得优异绩效所必需的那些发展措施与技能。

实际上，历史上所有真正的实践家都曾进行过自我发展。他们偶尔也有老师，但远比我们想象的数量要少。他们树立自己的榜样，并试图效仿。他们当中的许多人也有良师益友，即鼓励他们积极投身于自己所擅长的领域的人。最重要的是，有恩人或伯乐给他们施展才华的机会。教皇尤利乌斯二世就是其中的一个例子，他是罗马圣彼得大教堂的建筑师，对布拉曼特和米开朗琪罗的一生都产生了重大影响。除了艺术领域，在政治、商业、体育和科学领域中，我们也可以找到比书中记载的多得多的例子，他们在良师益友和支持者的帮助下成功地实现了自我发展。[⊖]

重要的是人而非员工

本章刻意对员工的发展与提升避而不谈，这是因为仅仅关注员工太过狭隘。无论员工是否乐意，组织不仅仅是员工的天下。这个观点正在被越来越多的人所接受。组织或许招聘的是员工，但得到的是人——马克斯 · 弗里施（Max Frisch）曾表达过类似的意思（瑞士作家马克斯 · 弗里施曾说过："我们要的是员

⊖ 克劳斯 · 加勒（Klaus Galler）是一位与我共事已久的同事，也是一位经验丰富的管理开发专家，他提出了一个看似老派的观点：指导者与被指导者之间最好的关系就是前者竭尽所能，帮助被指导者实现最好的发展。参见：Klaus Galler: "Das Missing Link der Management Education," in: *Richtigesund gutes Management. Vom System zur Praxis* ["Right and good management: from system to practice"], 2 nd edition, Bern, 2005。

工，但来的是移民。”——译者注）。因此，组织在这个问题上其实没有选择，正如组织在是否应该促进这些人的发展的问题上同样没有选择一样。人们总会以某种方式发展自己，但问题是，朝着什么方向发展。有点夸张地说，组织事实上是一个可称之为提供“学习环境”的地方。因此，管理者能影响的是人们学习什么，而不是他们要不要学。

具体的个人而非抽象的个人

几乎所有与人的发展有关的事情，都必须针对个人。本书反复强调了这一点。要发展的是具体的个人（individuals），而不是抽象的人、整体的人，也不是泛指的人。根本不存在人们（the people）这回事儿。据我观察，尽管这是显而易见的，但大多数管理者也觉得很难接受。

人们总是对不能一概而论的问题进行一般化推演，还将风马牛不相及的事物归为一类。这就是为什么时至今日，许多寄希望于新的培训方法、心理理论和心理疗法（来实现人的发展）的想法仍未实现的主要原因之一。这一切皆由人们对学习方式的误解而起，尽管我们对此已经颇为了解。

大多数人一辈子的学习方式都是源于自己早期的上学经历。那时，他们（似乎）都以千篇一律的方式学习。虽然有人会质疑，但这种学习方法也许只适合学生。

然而，作为成年人，人们的发展方式大不相同。有的靠听课，有的靠阅读，还有的靠写作；有些人通过授课学得最好，有些人则是自学成才；有些人吃一堑长一智，有些人则从成功中总结出经验。因此，如果想帮助他人发展，因人而异很重要，必须找到最适合他的学习方式。

大型的人员发展项目在当前颇受欢迎，但也引发了质疑。正是因为规模极大，这些项目在很大程度上必须实行标准化。在这种情况下，因涉及的人太多，许多东西不得不被设计得千篇一律。然而，这明显偏离了个性化原则。这也是这些项目受到质疑的第一个原因。第二个原因则是，本章所讨论的那些最适于普遍推广的内容，反倒几乎完全被忽视了。

无论在何种组织中，采用何种方法，在组织人员的发展和提升过程中，都必须考虑四大关键要素。如果忽视或漠视它们，其他任何努力就会收效甚微甚至会毫无成效。这四个要素是：任务、发展优势、管理者和人员配置。

任务

这个见解并不新潮，但反复提醒很有必要：任务伴着人的发展。这是第一个也是最重要的因素。

对于培训计划安排的任务，如果接受培训的人无法完成，就说明培训毫无成效。这是在学校里学习和在组织中学习之间最重要的区别之一。我们也许能够说服学生，去学校学习是为了未来的“生活”——虽然这个概念非常抽象（特别是对学生而言），越来越难以说服他们。然而，在以后的生活中，这种学习方法就行不通了。成人学习往往以一个具体目标为方向，因此，尽管每个人的学习方式不尽相同，但往往效率更高，效果也更好。

设计大型的培训与发展项目，要比为每个人找到适合他们的任务容易得多。在准备培训课时，我经常会询问委托方在完成培训项目后会给参与者布置何种任务，但极少能得到具体的答案。答案通常是“这些人很有潜力”，或“他们将担任高级管理职位”之类的话。

但是，这些在发展项目开始之前就已经很明确了，否则就不会安排他们去参加培训。培训的意义仍然是一个悬而未决的问题，根本没有人想过。

如果一项任务要对人的发展有帮助，就必须满足几个要求。与之前的任务相比，这项任务必须更大、更难。虽然让人不堪重负是完全可能的，但也没那么容易。大多数人的潜力往往超出自己的想象，所以应该给他们机会，让他们放手去做。任务无须与升职或加薪挂钩，这样做既不必要也不可能，而且也毫无意义。事实上，我认为总是或经常把人的发展与升职和加薪挂钩的做法是有害的。尽管人们并非总是这样去想，但经常还是会把二者联系在一起。

人们通过完成比以前更大、更难的任务来向前发展。

因此，首先，这项任务必须更大、更全面、更困难、要求更苛刻。其次，有必要尽可能地创造一种氛围，让人们觉得接受更大、更苛刻的任务是一种荣耀、一种特权和一种被认可的体现，这应该成为组织文化的一个重要方面。要想使人员有效发展，就必须将其与升职加薪区别开来，但这绝非易事，因为它是与人们普遍的预期和习惯相悖的。到目前为止，我还没有发现有哪一份有关企业文化的文件对这个问题有所重视，我认为这是企业文化中一个严重的错误倾向。

必须优先考虑的是，产生绩效的机会和承担责任的机会。对个人来说，要达到一定的绩效水平必须对他构成挑战[⊖]，所以这项任务的规模应该超过上一次，而且，也应该直接与个人责任挂钩。仅仅“参与”一项任务，“致力于”一个项目或“成为”团队的一员是不够的。因此，在这种情况下，必须狠抓落实，确保每个人的贡献是清晰可见的。应该提出类似这样的问题：在下个阶段中，我们应该让你负责什么部分？

如果要使人得到发展，就必须对他们有所要求。这与通常为他们提供某些帮助的习惯做法恰恰相反。再次强调，这并不容易做到。相反，对他们的要求是困难的、不寻常的，而且与现有的惯例（如上所述，我认为是错误的）相悖。我知道，在劳动力市场出现短缺（这种情况经常发生，要么是普遍性短缺，要么是某些行业或领域里的短缺）的阶段，必须在这方面做出妥协。

即使如此，也不应该错过任何纠正先前错误的机会。过去，即便是没有经验的年轻人，也得到了一些难以兑现的承诺。只需要翻一翻以前的甚至是最近的招聘广告，就能了解这一点。那些广告总是遵循相同的模式：在“我们的期望”一栏里，只有非常笼统的少量信息；在“我们的待遇”一栏里，通常都列出一长串非常具体、极为离谱的薪酬待遇。杂志（不仅仅是那些人员发展

⊖ 这与我在第一篇中所说的“人们总是不断寻找新挑战”并不矛盾。我不否认人们需要挑战来获得进一步的发展。在第一篇中，我把挑战视为一种自我实现的手段，而且经常是逃避对结果负责的借口。虽说这两种情况往往难以被区分，但这个差别很重要。

方面的专业杂志）里的招聘信息也列了一长串 Y 一代年轻人对工作待遇的期望。这难道是因为，和前几代人相比，新一代年轻人对工作有很多与人力资源管理相关的其他特殊要求吗？

这种做法会妨碍人（尤其是年轻人）的发展，会让他们不知不觉间养成消费者意识或苛求权利的态度。上司在雇用他们不久之后就会对此抱怨，并要求他们拿出“创业精神”来改变这种态度。但为时已晚，因为组织自身实际上已经种下了苦果。

还是有相当多的年轻人渴望挑战的。在一般情况下，人们总会记住那些对他们要求过多的老师和前任上司。那些挑战极限的场合总会留在记忆里，通常都是些美好的回忆。我总会要求参加我研讨会的人把他们从中学到的东西以及原因以书面形式写下来。这些答案几乎毫无例外地证实了前面所说的观点。顺便说一下，成功人士的个人经历都有一个相同点：他们早年都有过类似的成长经历，即成功地完成了一项不可能完成的任务，换言之，他们战胜了一个超越个人极限的挑战。

人们经常会想，人的发展与岗位转换之间是否存在联系。对这个问题，我先不予回答。人的生活有不同阶段（未来管理者的生活更是如此），在这些阶段中，熟悉其他的领域和职能很重要。这不是说要掌握这些领域或者说去这些领域里工作，而是要有一个一般性的了解。但是，关键不在于调换工作（这是职业转换的一般意义），而在于要承担更重要的任务。

音乐家的例子最具有说服力。不会有人期待一位小提琴手，为了成为优秀的音乐家而去演奏两年单簧管，然后又去吹长号。他的发展方向和要接受的挑战是成为小提琴家，这意味着他要演奏不同风格、不同流派的作曲家的、更难的音乐作品，参加要求更严苛的表演。他的位置会逐渐从第四小提琴手升至第一小提琴手，虽然这通常会带给他更高的声誉，但这与“更高的级别”并无关系。要成为乐队首席，他仍然有很长的路要走，有些人也许永远到不了这一步。这里没有所谓的“岗位转换”。越难的曲目，越能成就著名的管弦乐队——它们是音乐家职业生涯中的“驿站”。

发展中有一个要素，必须在一开始就纳入管理任务，那就是学会如何编制预算。在第四篇中，我将会把预算作为有效管理的工具加以讨论，因此，在此仅稍加评论。关键点在于，为组织中的一个重要部门编制预算是熟悉新任务、新部门甚至是新组织的最好方式。学习预算编制从未被列入培训计划，这总是让我惊讶不已。为一个新部门编制预算，不是最轻松或最令人愉快的学习方式，但它是最好、最快、最安全的方式。

发展优势

在提到人的发展的时候，我们指的是什么？尤其是当我们想让这个人成功、能干、自信甚至是幸福的时候，我们应该是什么意思？发展优势这一点，显然与聚焦优势原则存在关联，而且在这里必须利用这种关联。至关重要的是发展现有优势，其中包括那些显而易见的优势和那些根据种种迹象可以假设存在的优势。

发展必须注重优势。因为本书第二篇已经讨论过，大家可能很清楚一个人的弱点会体现在哪些方面，但它们都是局限性。这些局限性，会让一个人得不到做某些工作的机会或某些发展途径。因此，必须引起重视局限性的问题。如果一个运动员对球类没有感觉，人们就不会鼓励他去从事球类运动，而会劝他去尝试另一项控球能力不太重要的运动。

人永远无法在自己的弱势领域里取得成功，就算设法克服了这些弱点，通常也很难成功。如前所述，就算消除弱点通常也只会让你成为泛泛之辈。人们只可能在自己的优势领域里取得成功。在这些领域中，成功往往来得更快、更容易，而且更加显著——这就是我所说的效能的含义。

如何知道一个人的优势何在？要得到可靠性说得过去的判断，靠谱的依据只有一个（虽然可能再次招致大量批评，但我还是要说）：不是测试或评估，也不是笔迹学专家的鉴定，而是这个人以前完成的任务、产生的绩效和取得的结果。只要有机会去观察一个人执行三到五项任务（必须是真正的任务，而不是模拟演习）时的表现，就可以判断出他的优势之所在。

因此，对那些非常年轻的员工，是不可能做出合理判断的。我们并不了解他们，甚至对他们一无所知。我们唯一能知道的是他们在大学里的成绩。但遗憾的是，学业成绩与之后的专业表现并没有直接关系。这就是为什么我们需要在短时间内让他们完成两三项或四项不同的任务来衡量他们的优势所在。不必一开始就给他们布置特别重大的任务，这通常也是不可能的。在这个过程中，如果多加留心，偶尔进行检查，他们的优点和弱点很快就会显现出来，而他们今后的发展必须以此为基础。

这里的内容似乎与第二篇中所讲的有点矛盾，之前我明确提到要注重“现有优势”，而不是尚待发掘的优势。只有现有优势才能被直接利用，其他的都还需要时间。因此，要直接进行人员配置就必须以此为基础。这里我所指的与聚焦优势的原则是完全一致的：人的发展应该以其自身的优势为基础，这里指的是那些值得发展的优势，但不包括清除弱点。

管理者

人的发展的第三个要素是他的直属管理者。这里的关键问题应该是：在个人的下一个发展阶段中，需要什么类型的管理者？

对此，我建议抛开对管理者常见的分类方式，例如根据管理风格或角色模型分类。最起码，我们不能去寻找全能型的管理天才，这其中的原因现在应该很清楚了。

现实情况可能是这样的：史密斯博士有点难以相处，他为人冷淡，性情孤傲，还有点无聊。如果我们让年轻的米勒小姐到他的部门工作，她可能会备受煎熬，工作充满艰辛。除此之外，史密斯博士也不是特别擅长鼓舞士气，他的脾气秉性很不对年轻人的口味。但更重要的一点是，在史密斯博士的部门里，她能够学会如何有条不紊地处理问题。这是史密斯博士的巨大优势之所在。在与史密斯一起工作的十年间，从来没有一位客户对他的服务不满意。没有人能够把这件事做得比他还好，也没有人能够比他更会教育年轻人。这才应该是我们处理这种情况的正确方式。请注意，我刻意回避了一般的术语。史密斯博士究竟是一位“领导者”“整合专家”，还是一个“交流对象”，或者是否带有任何其他常见却毫无意义的头衔，都是无关紧要的。

然而，有两件事必须牢记于心。潜在的直属管理者，特别是组织正在考虑由他们来完成人员发展这一任务的直属经理，必须满足两个条件。一个条件是他们必须做出榜样。我是否愿意让我的儿子或女儿以这个人作为榜样？我们应该这样问自己。如果答案是否定的，那么这个人就不适合担任其他任何人的直属管理者。

注意，这里讨论的不是一个普适的人物模型，根本没有这回事儿。潜在的直属管理者是否适合作为榜样，必须要考虑两件事。首先，这个人必须在自己的领域中成为榜样。专业技术能力不足的人得不到信任，因而无法推动他人的发展。当然，这并不是说，钢琴老师就必须要把钢琴弹得和那些天赋极高又正处于训练阶段的年轻演奏家一样好，但钢琴老师必须懂得音乐和钢琴。

其次，潜在的管理者必须在某些特定行为上成为榜样。他们必须能够完成任务并承担起责任。我不知道如何为这类人起一个恰当的称谓、头衔或名称。在某些情况下，我敢说他们是领导者，但这帽子有些大。

另一个同样重要的先决条件是诚信正直，第二篇对此已经讨论过。道德上堕落、精神上萎靡的人无法促进他人的发展，只能教会别人走向道德堕落（顺便说一句，这种教化的速度也许相当快，没有人真正希望这样）。“莉萨・韦伯是一位优秀的税务专家，她对公司、工作、客户都抱有积极的态度。因此，在未来两年里，她会担任汤姆・麦凯的直属管理者。汤姆在这两年里会受益匪浅，这可是个难得的学习机会。”类似这样的表达就很好地描绘了个人的诚信正直这一要素。

人员配置

人的发展的第四个要素可以用以下几个问题来表示：这个人适合哪个部门？他应该处于哪种职位？显然，第四个要素与任务密切相关，也与个人的具体优势密切相关，但并不能与它们划等号。它更多地与人的个性和脾气有关。

要考虑的重点包括：这个人应该处于业务岗位还是行政岗位？有一些人，无论他们拥有何种其他的能力或优势，一旦处于业务岗位的压力下，就无法正常工作。他们会觉得很痛苦，并且表现平庸，甚至可能在某个时刻一病不起。而另一些人却恰恰需要这种有压力的氛围才能更有效率地工作，因为他们不能忍受行政岗位所带来的寂寞和抽象的工作。

还有另一种情况：这个人更适合常规性工作还是创新型工作？有相当一部分人需要做大量常规性工作才能表现得更好。他们需要不断地重复以及很大程度的确定性和可预测性，才会表现出色。而另一些人则对日复一日的工作感到厌烦，变得粗心大意、心不在焉，从某种意义讲，他是在失去活力。这些人每天都需要新的东西——即兴发挥、惊奇以及精神上的“冲击”。

此外还有一些问题，在此不做详述。例如：这个人是愿意独来独往，还是愿意团队合作？这个人是否注重精确性，是拘泥于小节（对某些任务来说，这是至关重要的），还是善于提纲挈领但有些不拘小节？

任务、优势、直属管理者和人员配置是使人发展的四大要素。如果把它们牢记于心，所有的培训项目、企业型大学和商学院不仅会提升教学效能，甚至偶尔会创造奇迹。另外，如果这四个要素中有一个或全部缺失了，那么再大规模的培训项目都于事无补。即使花费巨资，也会一事无成。更糟的是，缺失这些要素会造成极大的破坏，使正规的培训和发展项目名誉扫地，有时甚至会沦为笑柄，成为大家冷嘲热讽的对象。遗憾的是，许多公司的培训项目都遭到嘲笑，如果有人参加培训，就会被认为是一种无能的表现。

经常被遗忘的其他方面

还有其他一些问题也很重要，但因为很容易理解，无须在此详加讨论。

夸奖须谨慎

与流行观点相反，如果想促进人的发展，夸奖须谨慎。不言而喻，夸奖是最有效的激励手段。但是，很多人忽视了一点，夸奖本身是无效的。有效的夸奖仅限于下列情况：夸奖没有被滥用，夸奖来自正确的人，夸奖针对的是正确的事。

夸奖须谨慎，既不意味着从来不做出任何积极的反馈，也不意味着始终对员工吹毛求疵，这一点经常遭到误解。只是说在对别人做出夸奖时，要保持谨慎的态度，也就是说，只有当这个人值得夸奖、表现出色的时候才予以赞扬，而这种情况并不多见。

同时，做出夸奖的应该是一个在个人成就和个人品质两方面都值得尊重的人，只有由他做出的夸奖才会真正有效。如果夸奖者不是这样的人，那么夸奖可能就毫无价值，甚至会成为一种侮辱。

所以，应该慎用夸奖。还有一点很重要：不要夸奖员工的日常工作，而要夸奖那些非凡的伟大成就。这并不是绝对的，而是从相对意义上来讲的，也就是说，所谓“非凡的伟大成就”是相对于这个人的发展水平而言的。

经常有人提出这样的建议：对于任何工作，甚至是平淡无奇、乏善可陈的基础性工作，也要每天都予以夸奖。我对这种看法不敢苟同。我们应该设立夸奖的标准和方向，不仅要着眼于个体，还要放眼全局。夸奖对他人的影响甚至比受夸奖的个人更为重要。如果连一般的甚至拙劣的表现都时常受到赞扬，那么肯定会对绩效水平造成不利影响。

无论是在商界、体育界还是学校里，都是如此。如果真的像许多书籍和管理培训师所建议的那样，做任何事都会受到夸奖，那么出色和平庸之间的界限就会变得模糊，一切都正确，便意味着一切都不正确，组织也就失去了参考标准。

如果回想你的学生时代，你一定会记起那些轻易夸奖学生的老师，但正因为如此，他们很难得到学生真正的尊重。简单地说，连学生自己都清楚他们每天的表现是不值得赞扬的。也许你还会记得某位寡言少语的老师，因为你根本不知道他对你的表现是否满意。然而在几个星期或几个月后，他会突然冒出一句：“你昨天那篇文章还凑合。”注意，他并没有说“很好”，而说的是

“还凑合”。但这句话很有分量，它会使你异常兴奋，甚至在未来三个星期都会飘飘然，因为你知道，如果他说这样的话，必定意味着那篇文章真的不错。

夸奖须谨慎也有例外情况：对于那些没有经验的年轻人和那些接受了新任务且还不清楚自己的方向是否正确的人，我们应该多多夸奖。此外，在严重的危机时期，人们也需要更多的赞扬。因为在旷日持久、每况愈下的危机中，即使没有百分之百的理由，也应该利用一切机会赞扬员工，让他们振作起来，以免自甘沉沦。

不要“立储”

如果想要使人发展，不管是通过正式的行动还是（有意、无意的）实际的行为来确立接班人，都是严重的错误。这种行为可能会使有些人觉得自己不再有机会而自暴自弃，至少在目前会失去继续工作下去的动力。另一些人可能会投机取巧，不但放弃努力，还会开始拍马屁。还有一些人则会瞄准这个接班人，挑他的毛病，甚至开展轮番攻击，而这些攻击可能还会取得成效。在这种情况下，这个接班人可能再也不会受到任何赞扬，除非借助权威力量。然而，这并不利于制定正确的人事决策。

当有升职的机会时，所有候选人都必须获得相同的机会，至少一直到最后公布结果前都要保证公开。每一位候选人都应该能够而且（鉴于现有的机会）愿意展示自己的才能。无论如何，他们都清楚只有一个人会得到那个职位。这是显而易见的，不必强调。

在接班人问题上要保持谨慎，还有一个原因：经验一再表明，所谓的“高潜力”永远只是字面意义——希望，而且往往是虚幻的希望。我们所相信的潜力往往与此人的实际表现毫无关系。有些人甚至完全拒绝将潜力分析作为标准程序，也不将分析结果作为人事决策的基础。彼得·德鲁克就是其中之一。而绩效才是实实在在的、不容辩驳的。因此，那些正确的人事决策通常都是基于真实的绩效，而不是基于所谓的潜力。

不要区分社会阶层

我对切莫“立储”的观点同样适用于这里：不应按照社会阶层把人分为三六九等。哪里有优待，哪里就有歧视，一旦进行了划分，任何促进人的发展的措施都会失效，甚至可能产生负面影响。

唯一应该考虑的是绩效和结果。一旦职位被一些特定群体（比如，特定专业或特定大学的本科生、研究生，或拥有某种特定文凭的人）预定了，那么其他人员的发展将会遭受挫折。这样做的严重后果有：管理措施失去效果，敌对情绪严重，或明或暗的请辞潮涌动。其他一些例子包括：针对职位，在国籍、性别、特定组织、政党、种族等方面设定的具体要求，以及家族企业中的任人唯亲等。

历史上的一些大灾难正是源于此，即把组织中的职位预留给某些特定阶层的人。一个更重要却很少有人谈及的事实是：一些重大成就的取得在很大程度上要归功于不存在歧视，或至少避免了某些歧视。

天主教会就是一个很好的例证，特别是其中某些修道会，例如耶稣会：其管理职位基本上面向所有人。至于女性问题，很可能决定着天主教会未来的地位和表现。这里，重要的不在于组织一贯代表的是何种形象（例如追求人人平等），而在于一个人是否能够以及如何才能在该组织中取得成功。值得注意的是，尽管比起那些人们通常重视的大多数事情，这方面的影响要深远得多，但是在组织文化的相关文献中，几乎从来没有讨论过这些方面的问题。

CHAPTER

第 18 章

补充：管理的所有其他任务

在本篇开端，我留下一个问题没有回答：这里提出的管理任务列表从原则上讲是否完整？不错，或许可以认为它不完整。只要你认为合适，特别是理由很充足时，欢迎大家进行补充。

不过，我建议尽量不要往表中增补内容。通常，这样做不会起到更好的作用，只会引起混乱，把问题复杂化，或者导致人们对管理的内在逻辑产生错觉、误会和曲解。这已经变成一种可怕的趋势，一种只顾自身利益而不断标新立异的趋势，而不考虑这样做是否会以及如何促进改善并取得进步。

对于这个问题，我的立场是：如果这里讨论的五大任务不能按照专业标准去完成，组织及其管理就不能正常发挥作用，至少不会取得任何成就，除非是在偶然情况下取得的短期成功，但这是无法长期持续的。这五大任务不可能被其他任务所取代。和本书提到的其他要素一起，它们构成了管理这个职业的核心。

其他的任务，只要有合适的理由能证明它们是必要的而且能明显促进改善，就可以被添加到列表中。这里的改善必须体现为：要么能加深管理者对管理理念的理解，要么能提升管理者的管理效能。如上所述，添加要谨慎。

人们经常提及相关活动，并认为它们是潜在的或实际的管理任务，这些活动包括：计划、激励、通知、沟通、鼓励、落实、授权、创新及变革管理。人们还经常提到一些与这些活动相关的特征，比如有活力、善交际、社交能力强等。

有的学派认为，重要的不是管理，而是领导。在讨论中，也有人问我是否应该把诸如市场营销、研发、会计和人力资源管理等任务也算在内。还有人想加上战略、愿景和重组等。我们一旦编撰出这些术语的简明列表，立即就会发现有大量不同的范畴混杂在一起，应该把它们都归到共同的“任务”栏下。在现实中，会有很多不同的分类。下列几点将解释我的立场：

（1）在所提及的活动中，部分已经并入我所描述的任务中，或者说它们代表着特殊的应用。比如，计划属于提供目标的任务（前提对后者赋予了有意义的解释）。在个别情况下，把计划区分开且视为单独的任务也是不错的。我尽可能不这样做，原因在于：把任务设计成大型的综合性任务一般会更好，这样才能弘扬整体思维观，避免过度专业化。

这同样适合于这样一个观点：授权也是一项管理任务。该观点很有力，其支持者从未提及原因和目的。在我看来，授权并不会带来任何真正的改善。如果解释合理，授权和改善都是人员发展和培训的组成要素；二者都与提供目标和制定决策的方法有关。

战略规划、企业战略以及（如果有必要，就加上）愿景，都属于提供目标这项任务的特殊应用。它们针对的是特殊类型的目标：在整体上决定组织的基本方向以及组织在相关环境中的定位。不消说，其实我在前言中已经提及，这些活动需要特定的专业知识。但是，即便是针对这些类型的目标，本篇第 13 章中提到的考虑要点同样适用。

（2）在上述列举项中，另有一部分是任务，但不是管理任务，例如，营销、人事、后勤、研发以及在商业组织中尤为常见的其他职能。请注意这些术语的应用范围是有限的，不能应用于非商业组织。有些职能，比如人力资源和财务管理，在很多（当然不是全部）组织中存在，但具体含义通常大有不同。

对于医院、公共管理机构或（比如）红十字会来说，“市场营销”是否有意义，这是一个颇有争议的话题。即便在商业领域中，也不是所有职能都适用于所有公司。如今，新型公司已经出现，而且在发生巨变的过程中还会出现更多，这些新型公司会发现目前的职能范围和命名范围没有什么用，需要完全不同的术语。在信息产业、生物技术产业和雨后春笋般涌现的新型服务业中，情况就是这样的。无论如何，上述任务或许很重要，但它们都不是管理任务，而是运营任务。组织需要完成这些管理任务才能达到自己的目的。最重要的是，这些运营任务是需要加以管理的。如果不明确区分运营任务和管理任务，我们可能会陷入彻底混乱之中。

（3）有人主张更多的、不同的管理任务，其中部分观点属于现代主义的范畴，其中有一些纯属无稽之谈。有关这种“新”任务的一个例子是要求管理者必须激发出下属的热情和灵感。

请注意，我在此已经提到了“管理者”，这样就回避了近期文献特别强调的一个问题：我们谈论的是**管理者**还是**领导者**。有些人把“激发热情和灵感”的技能视为（应该是严格）区分管理和领导的试金石之一。如前所述，区分管理和领导的确是有重要原因的，但“激发热情和灵感”并不在其中，它们与管理和领导都毫无关系。

第一，组织里的大部分工作都是很琐碎的。不仅在商界如此，在其他领域中也是如此。你必须具备独特的性情，才能在每天面对开发票、编控制报告、填写或核对税单、跟踪人事变动等琐碎工作时都保持热情。即便是创作一则电台、电视广告，设计一个新包装，在医药公司的实验室里没完没了地做实验，为有漏洞的软件纠错，或者为病人手术做准备等工作，也只能让初出茅庐的新手做起来兴致盎然。即使是创新，也只是在刚开始的时候能带来热情；一旦在实施过程中明显遇到困难，相比于热情，人们更容易发现的是工作的艰巨，并常常感到极其乏味。

第二，在组织里，热情幸好不是必要的，甚至从来都不是。很多作者倡导组织要有热情，但他们从来不谈人们应该对什么有热情，为什么组织要求大家有热情以及它会给组织带来哪些变化等问题。令我们见怪不怪的是，他们也从来不明确说明如何激发热情，需要什么条件以及管理者需要做什么准备。比如，按照计划，管理者要在下周激发员工的热情，除了进行千篇一律、老调重弹的陈述和鼓舞性的谈话（这些东西从来就没有说服力，更不用说激发热情了），还能做些什么呢？他们只是说需要热情，这是一种性格或者说能力。热情意味着什么以及需要什么来激发热情！好吧，这些都留给“值得信任”的管理者去讨论吧。另外，人们经常忽略一个重要的事实：在能够激发员工热情的环境中，一切都在正常运行，因而通常不需要管理，也不需要领导。明显重要的是效能和生产力、坚忍不拔和持之以恒、尽职尽责和全面细致。至于热情，并没有那么重要。

第三，没有可靠的证据能证明，带着热情做事会**因为**那股热情而带来更好的结果。相反，应该以怀疑的态度去对待热情之下做出的商业计划，它很可能脱离了现实。

对热情和激发热情的能力的要求，只是根据一些完全未经证实、未经检验的断言而提出的。我们经常能看到其对立面：通常只有那些新手才会满怀热情地做事，直到他们认识到要达到专业水准有多么困难为止。每当我读到有关热情的文章都会大为惊奇，怀疑作者是不是把组织中的主要工作都当作度假了？他们是只想描述自己心中的乌托邦而不管现实生活中的实际情况，还是对现实一无所知呢？

关于灵感，同样如此：没有证据证明它与平庸的表现或有创造力的表现有什么关联，或许是因为没有人真正能弄懂它的内涵。这些人谈论的是何种灵感以及目的何在（尤其是针对日常经营时），这些问题都没有答案。即使我们探讨最有可能存在灵感的其他领域，比如艺术领域，这个概念也并不清楚。当然，有些艺术家和评论家不管自己的说法价值几何，总将艺术家的杰出表现归因于高人一等的灵感来源。但有趣的是，还有一些水平也不差的艺术家，却否定灵感的作用。例如，伦勃朗和梵·高都坚信绘画就是熟能生巧的事。

这方面的学术研究也存在很大的争议；迄今为止，我们对灵感的本质和含义还不是特别清楚。所有相关的研究似乎认为，在艺术作品的创作过程中，灵感只是起到了非常微小但无疑重要的作用，作用更大、更重要的是艰巨且系统的工作。管理也是如此。因此，谈论有效管理要比提及“有灵感的领导”更有意义。用灵感来区分管理和领导是值得推敲的。以我们现有的知识水平，还不能弄清那些可能用来区分管理和领导、管理者和领导者的东西。在我写的有关公司治理的书中，已经对此进行了更详细的解释。[⊖]

在对某方面缺乏客观了解时，公正的做法是不把它列为我们对管理和管理者的要求；除非你不担心背上缺乏诚信甚至好管闲事且装腔作势的名声。

请注意，我反对的是把激发热情和灵感当作一般的管理任务。我承认有一些管理者，即使在面对琐碎小事时，也会发现在下属当中激发出我们平常所谓的热情相当容易，当然，这种热情往往会逐渐消退。对于这种情况在管理者当中有多普遍，我不敢妄下结论。根据与管理者多年共事的经验，我可以肯定的是，有很多管理者做不到这一点，甚至都不愿意去尝试，原因至少有一点：他们觉得这很荒谬，而且他们知道自己的员工也有同样的感觉。然而，他们取得了卓越的成效——这才是问题的关键之所在。

如果有人发现自己能够激发人们的热情，能鼓励他们想出更

⊖ Fredmund Malik: *The Right Corporate Governance: Effective Top Management for Mastering Complexity*, Frankfurt/New York, 2008, Chapter 9.

好的创意、拿出更好的表现，等等——换言之，能让人们明显产生一股特别的劲头，那么这个人无疑应该在任何合适的场合发挥出这种能力来。但是，有些人拥有某些特殊才能这个事实并不意味着这些才能对组织发挥效能是必需的，也不意味着可以把这些特殊才能变成一般要求。顺便说一句，如果我是这种人的上司，我会始终留意他，以防他误用这些才能。

第四（这很可能是最令人瞩目的一点），你可能已经注意到经常被认为是管理任务的三个“理想对象”在前面并没有被提及，即激励、信息沟通和人际沟通，但我有意回避了它们，不是因为它们不重要，而是因为从逻辑上看，它们与我们这里所讨论的任务属于不同的范畴。

信息和沟通有两个非常不同的含义。一方面，它们指的是企业传播，即一项包括投资者关系、公共关系、市场与产品信息等在内的运营任务。

另一方面，在管理的背景下，我认为信息和沟通不属于任务，而是执行管理任务的媒介。正如资金在商业企业的运转过程中被当作媒介或工具使用一样，信息和沟通也可以被看作实现管理效能的方法和媒介。

但是，至关重要的一点是，管理绝不仅仅关乎信息和沟通，它们本身并不是目的。它们真正的目的是执行管理任务，在此过程中，需要多少信息就进行多少沟通。同样地，组织内部的信息和沟通并不是“随意而为”的。除了社交以外，信息和沟通总是带有一定的目的，比如，确定目标并理顺各目标之间的关系，说明优先事项，解决内部冲突，寻找最佳的言语交流方式以及阐明现已取得的成果，等等。

这绝不是要削弱信息和沟通的重要性，而是要正确对待它们，使之正常发挥职能。管理者必须重视并深刻理解这一点，否则就无法正确应用信息和沟通。管理中至关重要的永远是信息的内容，而不是媒介本身。在这方面，马歇尔 · 麦克卢汉（Marshall McLuhan）曾经说过一句看上去很有意思的话："媒介即信息"，但他谈到的不是管理；如果谈的是管理，他的话就大错而特错、危害甚大了。

在某些情况下，麦克卢汉的话或许是正确的，但在管理和组织领域里不存在这些情况。适合该领域的话应该是：不管传播信息的是何种媒介，表述方式如何，使用的是何种编码系统，"信息就是信息"。确保正确的内容得到传播，而且信息和沟通不会遭到曲解或滥用，这是每一位管理者的职责。

现在来讨论激励问题。这是一个吊诡的问题。人人都谈论激励，它可能是管理中最常用的词语。不过，我们对这个问题探究得越深，遇到的困难和困惑就越多。有关激励的整个话题就好像一个泥潭，看上去风平浪静，但一旦斗胆迈出一步，便无法招架。

我建议，在对激励有更深入的了解之前，不要把它视为一项狭义的管理任务，而应把它视为出色地完成相关管理任务的结果。如果本书提到的管理任务得到了专业化执行，管理工具得到了合理应用，而且也遵循了管理原则，那么自然就会产生激励。没有必要刻意在激励方面做出努力。

但更重要的是，如果上述条件没有得到很好的满足，就不会有激励产生，因为它根本就不可能产生。平常在激励方面所付出的所有努力，不过是一种权力操控和对人性的嘲讽罢了。

也许我们应该彻底杜绝使用“激励”一词。我知道，大多数读者刚开始读到这里时会觉得很荒唐。对于是否真正有可能激励他人的问题，我深感怀疑。

对他人造成“负激励”的确很容易，但这并不意味着其对立面也是可以做到的。幸运的是，有些人在**自我激励**方面做得非常出色。只要人们意识到自己能做到并且没有受到任何阻碍，或许大多数人都能进行自我激励。还有相当多的人用责任感和绩效约束来替代激励，这种做法很有效，能帮助人们取得成就。

如果员工对本篇提及和讨论的管理任务都完成得尽职尽责、一丝不苟，那么管理者就无须担心员工的激励问题了，至少不必为大多数人担心了。对于那些依然未从中受到激励的员工，我建议不要在他们身上浪费太多时间。也许，他们另谋高就会更好。

最后，我想对创新和变革管理这两项任务追加评论。二者在本质上是一回事儿：变革总是在创新，而创新总是在变革。人们经常要求把这两项任务作为管理任务。我认为，这正好明白无误地表明了这种错误思想的错误之所在。由于很多作者要求组织为任何事都量身定做“不同的管理”，我认为下面两点很重要：首先，这样做是否真有必要，这值得怀疑；其次，管理者是否能够多次学会不同的管理，这一点也应受到质疑。

当然，这一点是毫无疑问的：每家公司、每个组织都应该在现有业务或活动的基础上有所创新，这应该成为每位管理者的头等大事。基于这个原因，我反复强调创新这个话题，比如，创新完全可以作为一个管理目标。但是，创新算不上额外的管理任务，它所要求的不过是：高度专业化地执行目前所讨论的所有管理任务。

创新是一项发生在运营层面的任务。例如，我们认为，在数字技术取代模拟技术的过程中会有新车模型设计出来，客户价值和价值创造将得到重新界定和记录，而且也会为员工和管理者的薪酬提供考核的基础。所有这些都是创新，有些与产品、市场和技术有关，其他的则是在改变组织整体的运行方式。

有一件事情很重要：要落实这些创新。创新和任何其他活动一样，都必须执行同样的管理任务。管理者需要制定目标——与创新有关的目标；需要进行组织——与对现有经营活动相比，对创新来说很可能是不同的组织；需要做出决策——在崭新的未知领域中，决策会格外困难且有风险；需要正确的人才——有希望经过培训而训练有素并为创新工作做好准备的人才。

还要做些什么呢？该讨论的都已经讨论过了。但有一件事必须明确：在创新环境下执行管理任务会格外困难；要求具有高度的职业精神和丰富的经验。管理者需要最出色的人来进行创新，即便他们并不总能胜任创新。对于接下来要讲到的有效管理的工具来说，这一点同样适用。和组织的各项活动一样，创新同样需要应用那些有效管理的工具。

管理创新就好比首次沿某条线路登山[⊖]：与攀登一条已知路

⊖ 更多内容，参见拙著：*Wenn Grenzen keine sind* [“When limits are not limits”], in particular about how new things emerge and how innovation can be mastered by seeing it as “expeditions into uncharted territory”。

线相比，首次攀登的任务和所用的工具并无二致。相关要求是相同的，但攀登者的表现水平是不同的。他们必须掌握攀岩和在冰上行动的技巧，但不需要另外的安全系统和不同的绳索及冰镐。攀登者需要熟练地掌握一切登山技能，还需要极佳的身体状态，但即便如此，也有可能失败。

正如你对手头现有的业务很熟悉一样，通过多次攀登，你会对路线越来越熟悉。没多久，你就会对路线进行描述，可能还会拍下照片；你会了解尤其困难的地方、所需的时间，等等。但是在第一次攀登时，你对这些问题一无所知，只能依靠假设。这和创新差不多：影响创新成功的大多数因素在事前是未知的。这是导致创新困难且有风险的原因；正因为如此，有太多的创新努力都失败了，即使管理一流，也不能扭转败局。

因此，管理只能学一次，但要学得正确、学得专业。一旦学会了管理，就能用它来解决更加困难的问题，执行更加重大的任务并应对更加严峻的形势。什么时候学都不算晚，但老生常谈的是：如同学习一门外语或一种乐器，学无止境，业精于勤。

21 世纪巨变所带来的深刻变化将最大限度地挑战几乎每一位管理者的执行能力。决定性的优势将掌握在那些已经学会了正确的管理并能够高水平实现效能的管理者手中：他们既能潜心应对眼前的挑战，又能发挥自己的能力去解决新问题。

MANAGING
PERFORMING
LIVING

第四篇

有效管理的工具

CHAPTER

第 19 章

手段、设备或工具

本篇讲的是有效管理的工具，更确切地说，讲的是为了实现有效管理而需要**用作工具**的各种东西。这里所指的工具未必本身就是工具。没有谁是生来就拥有有效管理的工具的，而且直到今天，在学校里也学不到，这是教育制度的一大缺陷。

我在本书开篇，就人们应对生活的能力以及面对复杂社会和知识社会的就业能力进行过阐述。年轻人如果不掌握正确的工作方法，会被能提供工作岗位的组织拒之门外。想象一下，倘若 200 年前未能实施让孩子学会读写的义务教育，情况也会大抵如此。

对这些工具，尤其是其应用的终极检验在于（是否能）驾驭 21 世纪巨变，即掌控双 S 形曲线。用起凿子来，你是像业余石匠，还是像专业石匠，抑或是技艺精湛的雕刻家，结果是大有不同的。

除其他东西以外，本篇阐述了会议及会议的效能，这是因为管理者把大部分时间都花在开会上了。本篇也会讲到个人的工作方法，这是避免产生压力及其后果的唯一途径；还讨论了有关任务的工具，大多数人对此并不了解，但它能长期发挥作用，确保一个人在职业生涯中取得成功。总的来说，这些都是做到以下几点的关键要素：实现无压力的成功，打破个人生活和职场的界限，突破大多数人一生中要挑战多次的假想极限。从某种意义上说，掌握工具的熟练程度甚至决定了你从事的是何种职业。

会使凿子，你就是个石匠。如果只是把使用凿子当作爱好，那你很可能永远成不了著名的雕刻家。不过，不管你拥有的是学徒证书还是高级技师证书，甚至不管你是通过何种途径学会使用凿子的，你都是一个石匠。使用凿子的目的是另一码事。用来做好事还是做坏事，这不取决于工具，而取决于你的良知和道德。

掌握一种工具的唯一途径是练习，别无他途。要不知疲倦、周而复始、永不停止地练习；要为了适应各种应用环境，为了获得持久改善而坚持练习和训练。唯有如此，方可掌握工具的使用。

那么，天赋呢？仅仅通过练习能否成为我们所谓的大师，这是另一个问题。在大多数情况下，某种基本的天赋也是不可缺少的。不过，最重要的问题不在于天赋，而在于用天赋来实现什么结果。这就是效能，缺乏效能，即便是最伟大的天才，也将一事无成。

从某些人身上可以看出这一点，特别是那些在自己领域里达到大师级水平的人，例如出色的运动员、音乐家或者管理者。优势不难识别，当然你得了解你的搜寻目标。根据我的经验，某人踏进会议室的那一刻，通常就能判断出他是否（为实现效能）做好了充分的准备。

我推荐给管理者的那些用来提高效能的工具都很不起眼，属于平常之物。但是，如果没有它们，管理者有可能会陷入过分紧张、压力、负面情绪、抑郁和倦怠的恶性循环之中。由于提高管理效能的七大工具都颇不起眼，人们往往没有对其给予足够的重视，没有认清这些工具的本质：它们就是成功的法则。

在我开办的管理培训班上，我通常会在讨论管理工具这个话题之前，和到会者做一些小游戏。我向他们提出的问题是：你们把什么视为工具？大家的第一反应都是电脑。我对他们说，电脑无疑是一种工具，不仅仅对管理者，对所有人来说都是工具。接下来是一阵尴尬的沉默，到会者望着天花板，在思考我的问题……如果我让木匠、锁匠或泥瓦匠说出自己最重要的工具，他们是不需要思考的。管理者对工具的整体概念不够熟悉，在这个问题上总要思考一番，回答起来总是犹犹豫豫、没有把握、满腹疑问，而且会列出一些相当复杂的东西：资本预算、现金流分析、可行性分析、成本收益分析、关键路径技术，等等。这些答案引出了一个重要观点，它是理解有效管理理论的关键之所在：所有这些都是工具，但不属于管理工具。它们是用来完成专业性任务，即经营任务的。

专业人士和专家需要利用这些工具来完成本领域的任务（比如计算现金流）。每个组织都需要一些有能力使用这些工具的专家。

然而，并非每一位管理者都需要用到这些工具。在此，我要提醒读者注意，实行正确管理的关键性选择标准是：**每个**组织里的**每一位**管理者**总是**需要什么工具？

当然，尽管工具在某种程度上界定了一个职业，但工具并没有指明这个职业的意义和目的。不管登山者怎么看待登山工具（比如绳索、冰镐、铁钉鞋和安全装备等），这些工具都没有指出登山的意义，但登山者需要懂得使用才能安全攀登、成功登顶。

实现管理效能的七大工具包括：会议、报告、工作设计与任务控制、个人工作方法、预算、绩效评估和系统的垃圾处理。

当前我们正处于知识社会，一个更为复杂的社会，这种社会所提供的工作条件为这些工具赋予了更多的意义。严谨且专业地运用这些工具，是管理上取得成功的必要前提。如同对待任务和原则一样，我将再次关注**直接**和**即时**影响效能的几件小事。

针对“工具”一词，我想啰嗦一句：我一点也不介意有人用“手段”或“设备”之类的词语来取而代之。说到底，选用哪个词并不重要。

CHAPTER

第 20 章

会　　议

管理者把很大一部分时间都用在了会议上，我敢说会议耗时的比重过大了。即便是在《管理成就生活》首次出版的时候，80% 的高层管理者在接受采访时称，他们在会议上花去了 60% 的时间，同时，80% 的管理者称 60% 以上的会议都是效率低下、收效甚微的。这些数字令人难以接受，但如今，这一比例甚至更高了。复杂性的增加和知识型工作的爆炸性增长等是导致会议越来越多的新因素。在一定程度上，这些新情况导致客观上需要召开更多的会议。倘若要引入一个“会议”项下的成本类别，对大多数管理者来说，占比最高的劳动力成本应该与会议有关。因此，提高会议的成效（效能）在当今比以往任何时候都更加重要。

会议当然可以用作一个非常高效的管理工具。只要坚持这里列出的一些规则，就可以获得迅速、明显的改善。在会议问题上，形式并没有那么重要。会议的形式包括电话会议、视频会议，还包括若干人在实时讨论工作相关问题时所需要的各种形式的交流。会议的具体名称是次要的。决策会（meetings）和讨论会（conferences）之间的界限并非一成不变。下面提出的规则适用于任何会议。对于不同类型的会议，将在后面讨论。

减少会议次数——最好是不开会

提高会议的成效，从取消某些会议开始。在大多数组织里，会议过多了。先进的“会议技术”能实现各种各样的远程交流，的确具有巨大的、明显的优势。但是，它也存在一个劣势：与出差开会相关的费用和时间方面的因素对会议的次数不再具有遏制作用。因此，有更多的人参与到远程会议当中来，这有一定的好处，但在大多数情况下，降低了会议的成效。远程会议要想收到实效，就得制定出特定的纪律，并实行严格的管理。比起面对面的会议，主持远程会议的任务变得重要起来，而且更有挑战性。

提高会议成效，从取消会议开始。

在会议方面，组织的歪风邪气主要包括：次数过多、会期过长以及参会人数过多。诸如日常管理委员会、执行董事会和监事会等机构主要（或专门）是通过**面对面的会议**来运转的，这体现了这类机构及其任务的性质。

从这方面提高会议成效的潜力格外大，我在有关公司治理的拙作中已经对此进行过详细的解释。[⊖]但更为严重的问题是，诸

⊖ Fredmund Malik: *The Right Corporate Governance: Effective Top Management for Mastering Complexity*, Frankfurt/New York, 2008, Chapter 2.

如小组、工作组和项目组等其他不计其数的职能团队召开的会议在不断增多。

会议导致组织行动缓慢、反应迟缓，每增设一个工作组，每增加一个与会者，问题都会变得更严重。在矩阵型组织里，管理者及其众多员工花费在会议上的时间占其工作时间的比例高达80%。

如此一来，你要么参加会议，要么工作，只有极少数人能二者兼顾。通常，如果会议是有成效的，实际工作会在会前会后得到完成。因此，我判断企业机构（效能高低）的一个重要标准是，不管它们自称为什么机构，要完成工作，需要召开几次会议。会议开得越少，组织通常运转得越好。一般说来，把组织会议次数降至最低的要求一开始会让人大跌眼镜，但过后，在找到无须开会就能完成任务的新途径方面，组织的创造力总会急剧上升。

召开会议的频率受到多种因素的推动。最重要且相互紧密联系的两大因素在前面已经提及：组织内外部环境复杂性的迅速增加和知识型社会的发展进步。这些因素引发了一系列后果，包括人们在社交和情感新体验方面的需求在不断增加。复杂的知识型组织导致我们的感官出现戒断症状，即“知觉剥夺”症状。为了正常发挥职能，这些组织需要越来越多的知识，这些知识掌握在若干人手中，而他们的地理位置通常相距甚远。

在这些人中，专业人士和专家越来越多，由于他们的专业性极强，凭一己之力很难完成整个工作任务。

如果不采取措施，会议的数量会不断增加：每一次会议都会带来更多的后续会议。因此，最重要的第一步是终止这种会议越开越多的现象。对导致会议数量不断增加的动因必须加以控制。

所以，我的第一条建议是：**不要开会**！当我们产生开会的冲动时，应该停下来，问问自己：这次会议真的有必要开吗？有没有其他的办法去完成工作或解决问题？

会议越开越多，一个具体的原因就是：人们越来越重视团队合作。尽管团队工作起来总是很卖力，但这并不能保证团队真正做出什么成绩。团队合作是组织**效率低下**的一个重要根源，这是因为大多数“团队”不过是个“群组”罢了：没经过思考就把它们组建起来了；没有认真考虑谁应该是、谁不应该是这个团队的一部分；团队的任务和工作方法都是草率制定的；团队的目标通常都是模糊不清的。越是这样，就越需要开很多会，会议的目的不是为了完成实际工作，而是为了澄清问题，为了消除工作中的混乱或马虎现象。

顺畅的合作并非意味着团队所有成员都得参加所有的会议。**判断团队好坏的一个标志是：能否把开会的需要压至最低程度。**

管理者如果在会议上花费的时间超过30%，就应该认真考虑如何降低这个比例。如果实在做不到，他们至少要格外重视会议的成效问题。

成功的关键：会前准备和后续跟进

准备会议需要时间。必须把会议的准备时间预留出来，不然的话，来不及准备会议，会议效果就不会好。虽然很多管理者通常会把要参加的会议的日期写在笔记本上，并为这些会议留出时间，但是，只有最优秀的管理者才会为会议前期准备和后续跟进预留时间。如果某件事没有被记录在笔记本上，很可能就无法及时被完成。所以，会议的准备经常遭到忽视。

如果准备不充分，在一定程度上可以通过会议上的临场发挥来弥补。经验丰富的管理者多擅长于此，这并非与生俱来的能力，而是长期实践的结果。因此，优秀的管理者都有能力进行临场发挥，但他们偏偏不依赖这种技能。他们为会议做准备，认真考虑会议的内容和进程；最重要的是，他们明白：即便是准备最充分的会议，也未必总是跟着计划走。即使做了最好的准备，也要有足够的临场发挥能力。

组织会议所用的工具是会议议程。这是会议主持者的职责和权利。没有议程，就没有会议。例外的情况只有一种，我将在本篇结尾部分加以说明。

通常，单独准备议程既不可能，也不可取。要为会议准备，应该与所有的参会者（或者，至少要与最重要的参会者）协商，让他们有机会就议程议题和会议进程提出自己的想法、希望和要求。在特定类型的会议（取决于法律法规、合作协议等）中，正式的动议权仍然是需要保留的。

协商制定议程和会议进程并不会改变这样一个事实：最终，会议议程是由会议主持者敲定的。因此，某条建议是上会还是遭到抛弃，这属于会议主持者的**管理决策**范畴。对于定期召开的会议，设定一个向会议主持者提交建议和要求的截止时间是明智的。议程必须按照相关规定发给所有到会者，或者提前发送，以便他们有时间做准备。在设定上述提交截至时期时，必须把这个时期考虑在内。

> **议程是会议管理者的任务、职责和权利。**

好的议程只包含少数几个足够重要的议题，所有参会者因此都要同时到会。就会议成效而言，只关注少数重要议题的原则比大多数管理者想象的更为重要。很多管理者认为，议程内容多，能展现他们精力充沛、工作勤奋、甘于奉献的形象。其实情况正好相反。

例外的情况是：开会的目的是履行一些事先已经达成共识的正式手续，比如，（批准或发布）在集团公司内部交易中必须遵守的正式条文。在这种情况下，由于几乎没有讨论的必要，也不需要真正做出任何决策，因而议程可以涉及很多议题。

议程议题必须与任何它有所涉及的内容都相关，包括手头的任务、项目、部门或公司等。在一般管理会议以及项目小组和工作组的会议中，通常是这样的。对于监事会、顾问及基金会员会以及带有监督职能的委员会来说，这一点最难做到，但也是最重要的：它们经常处理的是大量不相关的事情，尤其是过去发生的事情，因而往往沦为只是进行盖章的机构。

会议准备要有成效，就得对处理每个议程议题所需的时间进行估计。严格按规定时间来，总是不太现实，但这么做，对开好会议提供了必不可少的参考（不仅对会议主持者而且对参会者来说，都有参考意义）。

每一项议程议题都得安排专人负责。会议主持者负责的议题要尽量少。卓有成效的管理者凭经验知道，要么主持会议，要么做具体的工作，应该尽量避免两头兼顾的情况。

另一条原则与会议所需的文件有关。文件必须尽早发给参

每项议题都由专人负责。

会者，以便让他们进行准备，要尽量避免在会前最后一分钟才发送材料的情况。只有这样做，参会者才说不出“材料到得晚，自己来不及准备”这种话。在大伙眼里，谁要是及时收到了材料但未做准备就来开会，谁就应该会觉得很尴尬，因此会议主持者都用不着提醒参会者做准备，这正是系统进行有效的自我组织的例子。

另外，及时分发会议文件，也是把那些用途不大、浪费时间的会议演示文稿降至最少的唯一途径。材料发放得足够早的话，就不需要在会议上进行演示，或者说不需要长时间的演示。参会者可以直奔主题。有效的会议的基础在于：对议程议题的高度相关性**讨论**、由此引起的**意见形成**和**决策制定**过程及决策的**执行**。

只要遵守这几条原则，就能大大提高会议的效果。

对于参会者来说，演示占主导的会议（这是惯常之事而非例外情况）基本上都成效不大、不太令人满意。不过，这种会议或许能实现交际性社会政治层面上的其他目的。

主持会议并非易事

主持会议者在所有人眼里俨然是一位管理者。此外，参会者会本能地观察会议主持者是否做到了一切尽在掌握中。因此，主持会议是他是否能通过**管理行为**（而不是利用其组织职位或头衔）来获得尊重的一个机会。

尽管有关主持会议的艺术，可能会讲出很多道理来，但其实说出几点就够了。最重要的原则是：严格执行时间表；礼貌但严格地管理讨论；密切关注所有的发言要求；留出充足的会议间歇（这一点可能听起来有些陈言老套）。如果不注意这几点，会议很可能让人感觉到组织得业余甚至混乱。

主持会议要求做到：准备充分、纪律严明、经验丰富、勇气十足。一旦你了解了主持会议的全部内涵和必备心经，剩下的就只是实践的问题了，万事皆然。谁也不会指望一个没有接受过起码的训练的网球运动员能把网球打好，主持会议也是如此。渐渐地，一切开始走上正轨：你自然而然地做正确的事，不再需要付出太多努力，就像开车一样。

会议的类型

会议有很多种类型。有些会议理所当然地得到了精心准备，但有些总是遭到大多数人的忽视。然而，如果想要提高个人和组织的效能，**所有**会议都要精心准备。

大型正式会议

这类会议的典型例子包括监事会会议、理事会会议、咨询顾问会议以及公司股东大会、年度大会等。这些会议通常准备得很充分，因为没有人想在公司同仁面前出洋相。然而，即便是这类会议，也存在准备不充分的情况——准备不充分的会议多得超过人们的想象。最重要的是，我们发现，在前三类会议中，演示占主导的会议过多。股东大会和年度大会则适用于特殊规则，需要遵守一定的法律规定。

公司例会

定期召开的董事会会议、高层管理会议、部门会议或事业部会议都属于这方面的典型例子。在管理得当的公司里，这些会议准备得很充分，但在很多情况下，其成效仍有大幅度提高的空间。例如，此类会议议程上的议题往往过多，而且议题总是混在一起：既要讨论公司的日常运作，又要讨论公司的创新和未来发展。

由于在处理方法和时间长短等方面存在差异，把日常业务与公司创新这两类严格区分开是明智的做法。当然，是否能区分开是另一个问题。例如，可以这样做：在管理层会议中，每隔一两次就专门或重点来讨论创新问题。

工作组或跨部门团队会议

尽管这类会议通常比前两类会议更重要，但这种典型的常规性会议往往准备得很不充分。此外，在负责准备和主持这种会议的人中，大多是团队负责人或项目经理，但他们在这方面没有接受过什么培训，没有多少经验。因此，这类会议总是效率低下。

上下级之间或同事之间的小型临时会议或讨论

这些也算得上是会议，并且是最常开的会议，但通常也是准备最不充分的会议。在几乎所有的情况下，这类会议都是“临时起意”的。我认为，这是个严重的错误，是导致效率低下的主要原因之一。管理者不应该轻易让人对你说：“我需要和你谈谈”，也不应该让人随意闯入办公室说：“我能否尽快和你……”

管理者需要让员工觉得自己是易于接近的，因此，实行开放式政策是合情合理的，但不要让这种做法成为效率低下、准备不足的借口。不需要制定正式的书面议程，但需要养成一个提出下列问题的习惯：“你想和我谈点什么？这次讨论的目的是什么？最后要实现什么目标？大概需要多长时间？自己该如何做准备？”弄清楚这个人是否只是想尽快告诉我某些事情，或者一个决定是否需要我花几分钟去准备，比如快速浏览公司对该问题的最新通知并简要地考虑集中备选方案等问题，会议的成效会大有不同。

提出类似的这些问题，其实是在鼓励员工自己为会议（哪怕是时间很短的会议）做出准备，并思考这次会议应该取得什么成果。

在调查中，员工总是抱怨老板和员工在一起的时间太少了，而管理者则抱怨他们与下属打交道的时间太多了。双方都没错。人们自己的时间和别人给的时间总是有限的。解决这个问题的办法不在于要投入更多的时间，而在于更好地利用自己的时间。关键是要做好准备。如果准备充分，管理者会发现，在给员工开的会议中，大多数只需花少量的时间。简短讨论一个问题，通常只需 10～30 分钟即可，然后每个人就可以回到工作中去了。

然而，有一种会议至少要开上一个小时，甚至两个小时，也许时间会更长。这种会议研究的不是问题，而是人员，讨论的是人际关系和私人事务。对这种会议必须投入大量的时间，人们需要花时间说出自己的想法，解释自己关心的问题，寻找恰当的表达方式，克服那些可以理解的拘束感。

在这类会议中，当管理者提出“你为什么想要和我谈”这个问题时，对方并不直接回答，而是支支吾吾地说：“我宁愿和你私下交流……”管理者需要对这个信号做出反应。不要把这类谈话安插在两次重要的会面中间。通常，直接这样回答是没有问题的：“真遗憾，我今天实在抽不出时间，明天我不在办公室，周四法国的客户要过来，周五怎么样？十点以后，我们可以好好谈一谈。”

偶尔也会出现很紧急的情况，必须马上进行谈话，这时就只能对其他的安排进行调整了。不过，这种情况并不常见。其关键在于：人与人之间的问题不能草率处理，在工作和私人生活两方面都是如此。在大多数情况下，解决这类问题需要的不是深厚的心理学理论，而是时间、关注和耐心。除此以外，其他任何东西都显得不冷不热、有失风度。

会议不是社交活动

会议的目的是取得成果。会议是工作，不是消遣，也不是娱乐。尽管会议的设计和过程对人际关系具有重要的影响，但会议的目的**不是**为了培养人际关系。

会议的目的是取得成果。

有些人认为这种观点太绝对了。他们认为，如果这样做，他们会给人留下极其专制的印象。这种担心是没有必要的，但表明传统管理中的错误是根深蒂固的。所有这些原则、任务和工具，都可以以一种非常友好、礼貌和合作的方式得到应用。不管具体内容如何，只要想提高会议成效，就必须加以应用。

有些人还认为，关注成果的会议对社交方面的问题欠考虑。这也是一个错误。他们把“工作场合”和“社交场合”混为一谈。当然，在会前会后或者会议间歇期进行一些友好的交流、聊天，问问别人的健康状况，谈谈周末的篮球赛或足球赛，这并无不可，但这些话题不要分散与会者的精力，否则会导致会议上必须完成的任务无法完成。我认为应该审慎地区分这两种情形。如果管理者精心制定的议程安排得到严格执行，他们就能按照自认为合适的方式利用剩余的时间，这对所有人都有好处。

会议议题的类型

会议日程中的议题总是根据具体环境和场合来定的。有了议题，会议的主持人就可以判断出哪些是重要的事情，这是他最重要的任务之一。在这方面做得不好或者用琐碎的小事来浪费与会者时间的人，既效率低下又得不到尊重。员工之所以参加这些“无聊的会议”，不过是因为他们别无选择，要靠公司来领取薪水。但是，他们很快就会对会议主持人形成自己的看法，难免会对他的权威和信誉大打折扣。

如何选择会议议题，并没有一个固定的公式，没法给出一般性的建议。会议议题取决于具体环境和个人因素。但是，明确区分以下三类重要议题，并预先想好应对之策是很重要的。

真正的标准议题

在每次的管理会议上，一定会涉及真正的标准议题。在公司里，这类议题可能包括新到订单、产能利用、流动性和重要的财务数据等。每个组织都有这一类标准议题，必须定期进行讨论。当然，这些议题会因组织的不同而存在差异。在企业、医院或政府机关里，标准议题会有所不同。真正的标准议题都是定期重复出现的。

长期议题

长期议题也是定期重复出现的，但仔细审视会发现，它们不属于真正的标准议题；之所以会重复出现，是因为它们从来就没有真正得到过解决。例如，甲部门的士气、乙顾客的投诉、与人力资源有关的丙问题、丁机器的不合格率等。从长期看，这些问题是不可容忍的。针对类似问题，要么把它们再一次列入会议日程，分配足够的时间来彻底解决，要么通过另外的途径来解决：选派一个有能力的人，或者（如果有必要）组成一个工作小组去进行仔细研究，并提出解决方案。

其他议题

有些参会者经验丰富，他们会耐心等待，直到议程上的所有议题都解决完了之后，趁大家都疲惫不堪之际，以“其他议题”的名义迅速抛出自己的讨论话题。这种情况是绝对不可容忍的。

“其他议题”指的是各种繁杂的话题，通常都不是特别重要。会议主持人应该明察秋毫，不要让这些内容进入会议。

在议程制定之后和会议开始之前这段时间内，如果真有必须要研究的重要事情发生，那么在会议刚开始的时候就应该提出来。如果有必要的话，根据最新事件的具体情况，对日程进行调整。当今社会的节奏很快，类似情况肯定会发生，我们必须对此做出反应，这是毋庸置疑的。除此以外的任何其他议题无非是在玩弄会议技巧，在这方面的宽容会证明组织缺乏领导力。

没有行动就没有议题

在大多数组织里，真正的薄弱环节是执行。往往是讨论的多，做的多，但没有取得什么成果。这种局面大多可以归咎于会议纪律不严。讨论完各项议题后，主持人必须确保形成一套明确的必要措施，从而保证会议决策能得到执行。必须提出这样一些问题：需要做什么？由谁来负责？何时提交中期报告或最终报告？

要把这些东西记录在案，**主持人的任务**就是要确保决议得到执行和完成。由主持人来确保会上决定的措施被写入备忘录，制定执行时间表，并对执行情况进行跟踪检查。只有在与会者认为主持人不会遗忘任何事情、会严格确保各项决议得到认真执行的情况下，会议和主持人才会受到重视，会议才能取得成效。

会议不应该无疾而终、毫无成效。我们付出努力、投入时间来召开会议，就是为了解决问题、制定决策，因此，会后必须有相应的跟进**行动**，否则，会议就会沦为辩论会，不会有人做出任何承诺。当然，也有可能出现这样的情况：会议刚开完几天，就发生了一些事情，导致会议上制定的措施不再适用或不再重要。这时候，明显更妥当的做法是不去执行这些措施。这是一个明智的决定，并不是要把事情简单地忘掉，也不是要让它们慢慢走向失败。

争取达成共识

达成共识很重要，因此我们必须全力争取。然而，是积极争取达成共识，还是像很多管理者那样总是拼命充当“和事佬”，这两者之间存在很大的差异。

快速达成共识总是令人生疑。之所以出现这种情况，往往是因为与会者没有勇气表达自己的观点，或者没有足够深入地思考问题。通常情况下，尤其是在使用相同的术语来解释多种不同的事情且没有人注意到这一点的时候，表面上的一团和气，其实源于“巴比伦混乱”[⊖]。大家鼓掌通过的决议总是很危险的，通常在执行过程中会遇到障碍，只有在那时，真正的意见和利益诉求才会变得清晰起来。

正如前面讨论过的，要达成经得起检验的共识，只有一条途

⊖ 原指“巴比伦口音之乱”（Babylonian confusion of tongues）。据《圣经》记载：古巴比伦人在巴比伦建造高塔，想一直通到天上去，神看了以后，就把他们的口音变乱，使得他们语言不通，这样，通天塔也就没有建造成功。——译者注

径：平息现有的各种异议。而平息异议也只有一个办法：**公开**表达出异议。任何其他办法都是在耍手段，那样也许有利于个人的权力或声誉，但无助于高质量地解决问题，同样，也无助于提高组织的执行力。

有必要做会议记录吗

通常需要做会议记录。正式的会议要求有正式的记录，甚至是逐字逐句的记录。所有其他类型的会议也需要有会议记录，哪怕只是一些简单的记录。在任何情况下，**决议、措施、责任人、截止期限**等内容都必须被详细记录下来，没有例外。

这和官僚作风毫无关系，但关系到工作效能。卓有成效的管理者从不依赖自己的好记性，也不会依赖同事、上司或下属的好记性。他们要么自己记录，要么让人记录，既可以给大脑腾出空间记别的事情，又可以做到条理清晰、责任明确。第三个原因则在于：确保有效沟通，让别人真正了解自己的意图。在正式会议上，有专人负责记录；在其他会议上，卓有成效的管理者不会亲自动手，而会让某个与会者进行记录。在一对一的会议中，也是如此。

这让管理者的工作量有所减少，但这不是重点，重点在于：通过这种方式，管理者可以发现对方是如何看待会上所讨论的事情的，在必要的时候可以纠正他的看法。另外，管理者对合理进行会议记录非常在意，这样在会议结束后立即或者至少在当天就可以看到会议记录。如今，会议记录可以直接输入电脑，因此在会议结束时就能完成记录。当然，会议记录要简短。

没有议程的会议

最后，提出这样一条建议：有一种会议，是没有议程而且显然也没有准备的，但值得召开。

有这样一些管理者，他们与下属之间不存在任何芥蒂，总能及时掌握各种情况，从来不会在员工方面遇到任何麻烦，下属对他们称赞有加，而且还强调说老板总有时间和他们在一起。这些人拥有某种天赋吗？他们是天才吗？

答案是否定的。他们只是做到了这一点：每年都和每一位下属开一次会，那种没有议程的开放式会议。

事实上，这些管理者是有议程的，只不过是在脑子里，没有写在纸上，而且他们也为会议做准备。在会上，他们会拿出足够的时间和每个员工讨论以下这些问题：在公司或部门里，你最喜欢什么？你根本不喜欢的是什么？你认为我们应该做出哪些改变？为了让你工作起来更好、更轻松且更有成效，我作为管理者应该做些什么？

有如此多的人（图书作者、培训师、咨询顾问、员工自己等）反复抱怨说管理者和下属之间不怎么接触、交流太少了，但他们说的其实并非事实，或者说，只在某个非常具体的方面是属实的。管理者和下属之间有大量的接触，有很多交流，有时候甚至太多了，但这种交流总是与事项、业务、问题和困难相关。在所有的这种会谈中，时间压力总是很大，行动和执行方面的压力尤其大。这一点（短期内）不会有显著改观。

尽管在涉及下属员工的时候，管理者总会说一些应酬的话，但是，这种交谈很少涉及员工自身。另外，管理者很少有机会在时间充裕且无须讨论当务之急的情况下认真倾听他们说话。

优秀的管理者会使用上述方法（即召开没有议程的会议）来解决所有这些问题。他们知道这种会议开得不多，但开总比不开好。通过召开这种会议，他们向下属发出的信号是：他们愿意倾听员工的心声，对员工要说的话感兴趣，能抽出足够的时间和员工交流，至少能偶尔做到这一点。请注意，我这里说的**不是**正式的绩效评估会议，那种会议的氛围通常是紧张的，至少会让接受评估的下属感到紧张，这样就不太可能讨论前面提到的那些问题。我心目中的那种会谈具有某种特殊性，只关注某一个员工，只探讨他个人的意见和对组织的看法。

如果这位员工不介意的话，会谈甚至还可以涉及私人问题：家里情况怎么样？有几个孩子？孩子的在校表现还好吧？是否有时间追求自己的兴趣爱好？我说过：只有在员工愿意的情况下才能谈论这些，有些人是不愿意谈及这些话题的。这也没什么问题，个人的喜好理应得到尊重。但也许他愿意谈，也许你能帮助他引出这些话题。通过这种交谈，管理者有机会让员工明白：管理者也是普通人，有自己的希望和烦恼，也有自己的兴趣和爱好，但由于职业的约束，经常不得不放弃。

还要提示一点：为了确保谈话切实进行，不在日常工作的忙乱和压力中被遗忘，优秀的管理者会把谈话列入自己的日程安排当中，不然的话，谈话将会遥遥无期。

关键：执行和持续跟进

如前所述，针对会议日程中的每一个议题，在会议当场就必须及时制定出必要的措施，至少也要拿出实施框架来。即便如此，我们也不能保证有关措施会得到执行，还必须进行跟进和检查。有时候，通过决议已然不易，但执行决议会更加困难。

和有些人的想法不同，跟进和检查工作绝对与不信任毫不相干，但关系到组织的性质、日常经营的快节奏以及处理紧急问题的巨大压力。如果想要提高效能，管理中的所有事情都必须聚焦到行动上。管理者的决策固然重要，但组织向他们支付薪水并不是因为他们做出了决策，而是因为他们让决策得到了**执行**。因此，我不太赞成大学里传授的“决策导向型企业管理”那一套东西，而更喜欢“执行导向型企业管理”方面的课程。

当企业陷入危机时，当企业发展速度变得至关重要时，当有你不太熟悉或者难以判断的新员工进入团队时，当新做出决策、新制定出相关措施而你又不能依赖常规做法时，当决策和措施将带来大量变化时，持续的跟进、执行情况检查以及专注于任务完成会显得更加重要。

CHAPTER

第21章 报告

在会议中，占据主导地位的是口头表达，硬币的另一面是书面表达；如果想要取得最大的成效，就必须把书面表达当作工具来使用，是使用纸质版还是电子版并不重要。

虽然本章主要讲的是狭义的报告，但大部分内容同样适用于工作中的各种书面表达形式：会议记录、备忘录、档案纪要、商业信函和建议书等。建议书最能清楚地表明报告有什么内容以及应当有哪些内容。大多数建议书是从发件人（发起方）的角度写就的。公司告知潜在客户的是本公司有多么卓越、能提供什么产品或服务。不过，真正有效的建议书必须以读者（接收方）为中心：说明客户如果采购本公司的产品会获得哪些好处。由专业人员写的直邮（direct mailings）就是很好的例子。

很多管理者不喜欢传统的书面表达形式。他们更喜欢智能手机，这当然会带来很多优势。不过，在我们处理越来越重要的知识型工作的任何领域中，书面表达依然变得越来越重要，其原因恰恰在于：沟通新技术带来了如此多的可能性。书面形式看起来总是和传统通信形式相似，从而掩盖了它的独特性。

汉堡新闻学院的前院长沃尔夫 · 施耐德（Wolf Schneider）在语言的专业使用方面有很深的造诣，他说得很有道理：如果不是大声朗读的话，阅读一分钟要比倾听一分钟带来更多的信息。[⊖]在大家经常提及的信息社会中，还有什么（比阅读）更重要的呢？

事实上，书面表达并不需要花费更多的时间。由于（阅读）节省了时间，它用时更少。写作，尤其是电子写作，让我们不再需要亲力亲为。此外，最重要的是：书面写作为我们带来了思考的机会，有时甚至会强迫我们去思考。

提升效能的一小步

大多数报告还没来得及进行最终、全面的修订就发送或转发出去了。报告的作者一旦确定自己的表达内容并将其付诸纸面，就认为报告已经完成了。然而，在这个阶段中，报告可能只是反映了发件人的观点。

正是在这个时点，决定了报告写作者是会成长为一个**管理者**，还是仅仅是一个作者。如果就此打住，他将永远只是一个效能低下的报告作者，而此时向自己提出一个关键问题的人，则将完成从普通作者向管理者的转变。这个问题就是：**这份报告会对**

⊖ Wolf Schneider: *Deutsch für Profis* [“German for pros”], 11th edition, Hamburg, 2001, and *Deutsch für junge Profis*, 4th edition, 2011.

它的接收者产生何种影响？我们经常会发现，报告在这个时候并不像我们所想的那样已经完成了，其实才刚刚**开始**，更准确地说，最重要的部分才刚刚开始。随后，必须以某种形式对报告进行编辑，使之根据我们的判断，最有可能对读者产生预期的影响，让他们采取行动。必须把报告改为接受者导向型和读者导向型。

到此刻为止，文件的写作主要还是强调逻辑性、准确性或真实性。自此以后，就必须用古希腊修辞学派所说的修辞（即能产生艺术**效果**的修辞）来取代逻辑。这与写作风格无关，也不是指某些“作者”惯用的堆砌华丽辞藻的做法。我所指的是：精准地确定谁是目标读者以及他们最有可能对什么东西做出反应。只有在针对具体情况时才能最终确定这些问题，但可以总结出一些基本的模式。比如，假设你创作出了一份 40 页的报告，那么谁会读这份报告呢？你是否应该缩减一些内容？是否应该在报告的开头写一个三四页的要点总结，以便满足那些喜欢读短报告的读者的需要，并由他们自己决定是否继续阅读其他部分？只要采用这种简单的报告写法，就会显著提高报告取得效果的可能性。

从效果的角度说，把图标、统计数据等列入报告是正确的做法吗？把这些东西放在报告的附录部分并在正文中注明“参见附录”（即便没有这些附录，也不影响读者对报告的理解）的做法是不是会更好呢？

例如，如果报告的接收者是律师，那么最好省去数据、图表，只要可能，就只使用文本。相反，如果接收者是工程师，那么最好尽可能地简化文本，多用一些图表，尤其是要用到坐标系，多使用数学曲线。这是因为，工程师的眼睛受过这方面的专门训练，上述做法能激发他们的阅读兴趣。提供给财务专家的报告不应该只是文本；精心制作一些图表应该是更好的做法。典型的首席财务官或财务主管都对数字有偏爱。财务人员总是具备一种近乎不可思议的天赋：一眼就能从整个图表中找出某个不够准确的数据来。

清晰的语言、逻辑和准确性

如今，越来越普遍的是人们不知道如何把报告写得语言清晰、合乎逻辑、结构合理，甚至连最基本的规则都不清楚。有太多的人似乎无法合理地安排报告的结构，令人不由得怀疑他们的思维是否也是如此混乱。

此外，书面报告在语法、措辞以及最重要的拼写和标点符号等方面都存在问题，远远达不到组织所要求的清晰、准确的标准。在当今知识型社会中，语言必须要清晰、简洁和准确。但遗憾的是，在这一点上不可想当然，即使受过高等教育的人也未必能掌握这些技巧。

令人吃惊的是，报告中列出的数字总是没有进行有意义的比较，连递交给高级管理层的报告和提交给政府机构的报告都是如此。倘若不是我经常遇到这种情况，我连自己都不会相信。这方面的例子包括，在控制和审计报告中没有百分比数字，甚至在年度财务报告中都没有。只有少数报告列出了一些作为指标的数字，这就算得上是最好的比较工具了。信息图表越来越常见，但尚未达到一定的标准，比如地理学、制图学和社会志方面的标准。最重要的是，在谈到有效交流复杂系统里的知识这个方面时，我们才刚起步。㊀

这表明，即便是现代信息技术，也基本无助于解决这样一个根本问题：沟通严重不足。这里讨论的各种撰写报告的能力，以及它们在提高个人的、组织的和管理方面的效能方面的工具性应用，都与计算机或远程通信没有多大的关系。

不过，电脑在这种情况下能做到的（这一点很重要）是让报告更为准确，尽管起初只是形式上的准确。例如，在写互联网网址时，电脑语言要求用圆点的地方，就不能只用逗号。电脑系统在这方面不留情面，会起到正面教育的效果。至少，它会让你认识到准确写作的重要性。管理者如果同样不留情面的话，会给人留下没有人性、迂腐陈旧、不擅社交的印象，从而被认为完全不适合管理职位。下属和同僚都会对此感到极度失望。

使用电脑后，我们不仅会容忍这种不留情面的做法，而且对有些人来说，这恰恰是电脑的吸引力之所在。即便是最活跃的记者和最具创造力的作家，如果他们不会积极或创造性地运用文字处理程序，他们也不会感到恼怒，而是不得不遵守软件工程师制定的文字处理规则——从来没有哪位主编做到了这一点。

有关专业写作，有一个经典的例子，即美国陆军参谋长马歇

㊀ 这方面的例子包括：David McCandless: *Information Is Beautiful*, London, 2009，还包括以下三本著作：Edward R. Tufte: *The Visual Display of Quantitative Information*, Cheshire, 1983, Envisioning Information, Cheshire, 1990, and Visual Explanation, Cheshire, 1997。

尔将军组织和管理其信件与文件的方法。[⊖]他在写作和处理报告时，都要经过深思熟虑，并遵守具体的规则。他的报告不仅包含美军方面的信息，而且出于联合作战的需要，还包含所有盟军的信息。因此，他必须考虑到当今被贴上“跨文化”标签的各种情况，当然，在专业程度方面，已经今非昔比了。

马歇尔的个人写作堪称清晰、准确的绝佳范例。和平时代，对高级军官的要求一点都不少，因为军事学院的高级军官要像士兵必须学会使用武器那样掌握写作技能。此外，马歇尔的写作同样深刻地表明，即使在战争年代，他也可以成功地表达他的人性、温情、友情、对承受苦难的同情以及共鸣等情感。从本质上讲（尽管不是非常详细），在任何依靠有效运作获得成功的组织里，我们都能发现相似的原则。我很清楚，在职业精神、管理成效与虚假的官僚作风这二者之间的界限是很模糊的，而且，在上面提到的所有组织中，也经常会出现官僚作风。然而，关注那些不能发挥作用的事情是没有意义的。没有人能否认官僚作风存在的事实，但是，管理上的职业精神同样是存在的，而且我们可以从中学到东西。特别是对于未来，对于拥有融入复杂网络的脑力劳动者占到很高比例的所有组织，对于那些虚拟工作对其而言很重要的组织，上述观点将变得尤为重要。

现代沟通技术使得各种形式的工作都成为可能，而专业化报

⊖ Larry I. Bland (ed.): *The Papers of George C. Marshall*, three volumes, Johns Hopkins University Press, 1981–1991, and *The War Reports of General of the Army G. C. Marshall, General of the Army H. H. Ar-nold and Fleet Admiral E. J. King, Commander-in-Chief, United States Fleet and Chief of Naval Operations*, Philadelphia/New York, 1947.

告写作的规则和要求则决定着这些工作的成败。

坏习惯和无理要求

在书面沟通中，还有其他一些值得注意的地方，例如**滥用流行语**（catchword epidemic）的问题。其起源可追溯至 PPT 技术及相关的炒作。幸运的是，这种风气正在向正常状态回归。如今，大多数倾听者在听到不带 PPT 图表的报告时会感到放松，甚至愉悦。顺便说一句，也正是在不使用 PPT 的情况下，你会迅速判断出发言人是否言之有物。

电子邮件、短信、博客、推特和聊天等沟通形式催生甚至强行诱发了一种坏习惯：使用片语和流行语而不用完整句子来进行表达。由于片语和流行语的使用，断断续续、结结巴巴的表达变得时髦起来，另外，它们通常都有无数种解读方式，从而就无法真正传达出有价值的信息。因此，在组织里，总是可以看到人们按照自己的意愿来解读它们——越是敏感、棘手和令人不快的问题，就越是如此。

另一个坏习惯就是，认为一张图比一千个字表达的内容还要多，从而图解一切：无论是示意图、箱形图等图形，还是箭头、圆圈等符号，都用来表示文本内容。可惜，这种做法只在极少数的情况下才行得通。

当然，图表也许能传递出很多信息；图表越具体，越有可能这样。对专家来说，即便是很抽象的图表也能传递出大量信息。在双眼受过专业训练的建筑师、土木工程师和结构设计师看来，一张建筑平面图的信息量极大，而在与建筑设计规划专业不相关的很多其他人看来，这张图可谓意义寥寥，甚至可能让他们感到混乱，无法卒读。对这些人来说，图表传递的是错误信息，而不是真正的信息。

如今，至少在绘制建筑规划图时是遵循一定逻辑的。数百年来，建筑设计的演示惯例一直在演化，在不断得到改进和完善。每一个符号都有固定的含义，都需要经过培训和学习才能掌握，所以，受过训练的人只要看一眼规划图就能看出他所要了解的信息。

在管理和组织问题的演示方面，没有一定的惯例可依。充其量，在传统的组织架构图中可以找到一套基本规则，但是在复杂性和知识性兼具的社会里，这套规则所提供的组织信息越来越少。在我们所见到的报告和演示中，大多数图解既缺乏逻辑性，又缺乏表现力。

这样一些“图”，不仅远远达不到一千字的效果，相反，还需要进行冗长的解释，否则没人看得懂。如上面所述，它们还会造成混乱，让人们随意解释。它们不仅没有解决沟通问题，反倒会**滋生出**沟通问题。

另一个已经流行多年的习惯也颇为糟糕：在书面报告中，用横排格式（landscape format）取代竖排格式（portrait format）。在横排格式中，文字极少，句子断断续续，字体能用多大就用多大。管理者能从这种幼稚的沟通中得到什么信息呢？能在多大程度上忍受自己的公司里出现这种孩童化的沟通呢？

从感知心理学的角度来看，横排格式非常不适于进行有效沟通。与该模式倡导者喋喋不休的宣扬相反，它阻碍了人们的感知，而不是有助于感知。专业制作的报纸、期刊和新闻杂志全部采用的是多栏短行模式。每一行不超过普通 A4 纸的宽度，人的眼睛最多也只能看到这么宽。因此，书籍的宽度很少被设计成接近 A4 的尺寸，这是很有道理的。

你也许会怀疑，在这些看起来很琐碎的事情上花费精力是否值得。如果单独考虑，它们确实是细枝末节的小事，大可置之不理，这是因为如果管理者能容忍这些，那只能怪他们自己。

报告应该促进沟通，而不是阻碍沟通。报告的目的在于：减轻读者的记忆负荷，对重要的事实和说明进行概述并在信息过载的情况下弄清事情的来龙去脉。因此，我们在设计和创作报告时要考虑到这些目的，并且始终相信：效果才是我们真正关注的焦点。

CHAPTER

第 22 章

工作设计与任务控制

要有效实现目标，必须合理设计所有员工的任务和工作。因此，第三个工具是工作设计和与之密切相关的员工任务的控制与自我控制（即任务控制）。

企业界把大量资金花费在产品设计上，这本来没有错。在这方面，花再多的钱也不算多，因为只有设计出最好的产品才是对企业有利的。但是，很少有组织考虑工作也需要设计这个问题。更准确地说：在体力劳动领域中，由于自动化程度和生产力水平不断提高，要求对以前的任务结构重新调整，因此工作设计一直做得非常仔细。由此产生的一个结果是，如今的工厂基本上采用的都是工艺流程图，传统的组织架构图已不再流行。管理职能目前还远未达到这个阶段。

和体力劳动的情况相反，对知识员工来说，（糟糕的）工作设计是导致员工队伍出现消极怠工、不满情绪和生产率低下等问题的主要原因之一。容我再次提醒，知识员工是经济中所有部门（不仅仅是服务业）里增长最快的一类人。如今，知识不仅仅是最重要的原材料，而且要同时承担三大职能：资源、生产方式和产品，这是因为我们可以利用知识把现有的知识转化为新知识。知识以前从来没有以这种形式存在过。正因为如此，工作设计和任务控制变得非常重要。然而，大多数组织要么不知道，要么没有充分利用这两件事。

多年前，依靠工作可以把人们组织起来；如今，人们需要组织自己的工作。但这并不是问题的全部：在发生 21 世纪巨变的过程中，人们将不得不对其任务组合进行再投资、再设计和再命名，否则，他们将重新回到旧时代。不过，在新旧两个世界里，工作设计的规则（并非技术）并没有变化，这是因为这些规则依靠的是人们施展才能的方式。

工作设计中的六大错误

工作设计能让人变得卓有成效，但设计起来并不是特别难，唯一要做到的是遵守一些规则，并避免一些常见的错误。

错误一：工作量过小

在工作设计中，最容易犯的最大错误就是工作量过小。大多数人的工作任务太轻，挑战性不够。这个错误是造成员工产生挫败感和生产率低下的主要原因。当然，也有喜欢轻松工作的员工，但不应该让他们长期留在组织里。

由于工作量过小，有些员工在下午三点就完成了当天的工作，他们根本不会去考虑效能、生产率或任务授权等问题，甚至管理者不能因此而怪罪他们。

工作量必须足够大，必须能给员工带来挑战，让他们完全发挥出自己的能力。从个人利益的角度看，要让员工每天都得“努力”，才能完成当天的工作。单单这一点就能推动员工的个人进步，激发他们的潜能，激励他们思考如何才能提高工作成效。在有关员工发展的讨论中，我已经提到了这一点：工作设计是实现这种想法的工具。

导致员工生产率低下甚至产生挫败感的主要原因在于任务量小、长期缺乏挑战。

近来出现了不少有关减少管理层级的讨论，的确应该如此。人们是否应该成为别人的下属，现在成了一个值得怀疑的问题。其结果是，在组织完善的公司里，控制员工的主要是工作任务，而不是管理者。在未来，人们将不得不承认这一点，而且，很多人（至少是优秀的人）会积极寻找这种组织环境。

所以，工作量过小是工作设计中最严重的错误之一，因为这种错误无法引起注意，也就无法得到改正。员工逐渐丧失工作积极性，只有最优秀的员工才会告诉上司，说自己的工作没有挑战性，他们愿意承担更多的工作。

错误二：工作量过大

当然，也有可能犯相反的错误，即工作量过大，让员工超负荷工作。但正如前面所讲，做到这一点没那么容易。大多数员工很快就会给自己设定工作上限。纵观历史，有很多鲜活的例子证明：人们完成工作的潜力远远超过他们自己的想象。没有哪一项运动记录能永久保持下去，记录总会被打破。人们反复超越自我极限，发挥出自己想象不到的高水平。从工作表现本身及其结果这两个方面看，这种冒险显然是员工最大的动力源泉。所以，任务量必须足够大。

不过，人的承受能力也是有极限的，不能逾越这个极限。所以，工作量过大当然也是一个错误，但发现和改正这个错误比较容易。出现这种错误的迹象包括：员工没有如期完成任务、工作出错或工作马虎、草率等。他们迟早会向上司谈起工作量过大的问题。因此，工作量过小属于"罪不可赦"，而工作量过大则属于"可赦之罪"。

错误三：设计出虚职或闲职

这种错误在中小型组织里很少出现，但在大型组织里泛滥成灾。几乎所有名为"助理"或"协调人"的职位都是虚职。例外情况也有，但非常少。很多行政职位也属于虚职范畴。把这些工作称为虚职或闲职，并不是因为在这些职位上没有足够的工作要做。行政人员和助理工作起来通常都很努力。

问题变得更加复杂了：这些工作属于闲职工作，是因为它们既拥有巨大的影响力，又无须承担责任，这是个很可怕的组合。无须承担责任，任务就缺少了必要的决定性元素。这种结合会带来腐化效果，既腐化从事这些工作的员工，又腐化整个组织。人总想发挥自己的影响力和权威，这几乎是难以抗拒的诱惑，在无须承担责任的时候，更是如此。它毒害了精神和道德。组织里的所有人都非常清楚如何去应对这些“暗中要权的人”，而这会对组织造成危害。

因此，应该把虚职或闲职工作减少至最低限度。在这种岗位上工作，任何人都不得超过两三年。此后，必须把这位员工派往责任清楚明确的一线岗位。

错误四：设计出多人共担型工作

这类工作是不可能单靠一个人来完成或解决的。面对任何任务，他都要依赖于长期的合作和协作，总是需要好几位同事的帮助并召开很多会议，才能最终完成。

在矩阵型组织里，特别容易出现多人共担型工作数量剧增的现象。经验表明，矩阵型组织并不能发挥应有的作用，或者说，只有在满足最严格的条件时，才能发挥出应有的作用。

这方面的原则应该是：在设计工作任务时，应该确保一个人及其所在的部门能够单独完成。遵守这条原则很难，而且做到完全坚持几乎是不可能的。但不管怎么说，这条原则提出了一条正确的标准，并且与“所有事情一定是相互关联的”这一流行观点划清了界限。

凡是能够分开的工作，都应该分开。相互关联性遭到错误理解，是导致工作复杂性不断加剧的主要原因。如果多人共担型工作是必要的，就应该把它们委派给经验丰富、高度自律的人去做。

错误五：“面面俱到”的工作

这类工作迫使人们精力分散。想想第三条原则就知道，管理者在这方面非常容易犯错，所以再也不要在工作设计中犯这种错了。

这种工作会把人累趴下。他们要忙个不停，却没有取得任何成果。在当今复杂的组织里，**“一个人只服从一个上司的领导”**的原则也许不再适用，取而代之的将是：**一个人只负责一项（大的）工作。**

为了取得结果，员工需要专心致志。外科医生在心脏手术期间要全神贯注、全力以赴，他不会抽空去打电话，也不会出去开个会。工作任务要有足够的分量，并且能够迫使员工把注意力集中到一件事上。这是取得结果的最简单的方法，对于知识员工来说，这也是唯一的方法。

错误六：要命的工作或无法完成的工作

这类工作会要一个人的命（这是比喻的说法，有时甚至就是字面意思），不是因为要做的工作太多了，而是因为工作提出的挑战太多，而且挑战所涉及的**范围非常广**，普通人根本无法应对。

偶有天才员工能应对此类工作，但属特例。在工作设计中，必须把它设计成普通人能够完成的工作，当然做到这一点并不容易。

出现这种错误的一个明显标志是：两三位精心挑选的员工在这种岗位上相继折戟。最多到第三位时，失败就不应该归咎于员工，而应该从工作本身来找原因了。

有关要命的工作，一个典型的例子就是把营销与销售放在同一个职位上。中小型公司不太愿意接受这一点，是因为它们经常犯这种错误，而且在某种程度上不得不这么做。销售和营销这两种任务在性质上存在根本差异，所需的能力也截然不同，很少有人能同时拥有这两种能力。销售无论出于何种目的，都是要说服人们在销售合同上签字，而营销的本质在于改变人们的思维，为他们注入新思想。这种要命的工作所造成的后果是：一个人在销售方面表现出色而在营销方面却表现糟糕，或者相反；更为常见的情况是，他在这两个方面都不是特别擅长。这三种情况都注定会毁掉一家公司，只是时间上有长短之分罢了。

现在，让我们把目光从错误转向积极的方面：工作量必须足够大；必须使人精力集中、全神贯注；必须有内在的相关性，而不应该仅仅是非相关工作的集合；必须让员工能有所作为；必须根据普通人的能力来设计工作。

任务控制

在我的培训班上与管理者刚开始讨论的时候，我经常抛出这样一个问题："在可预见的未来，你所面临的1～3个最大的挑战是什么？"

对于本章所提到的管理工具，工作设计是其静态的方面，但还有动态的部分。动态的部分，虽算得上最强大的工具之一，但鲜有人知；对于驾驭21世纪巨变来说，它也是至关重要的。我所说的就是**任务控制**（assignment control）。

偶尔有人问我：工作设计和任务控制是不是两码事？我喜欢

把二者放在一起说，是因为：一项精心设计的工作是合理实施任务控制的前提，也就是说，没有工作，任务控制就无从实施。

任务和任务控制几乎不为人所知，这种情况近年来也没有改观。这正是公司执行力弱的主要原因之一，也是导致效能低下的原因之一，特别是公司人力资源未能做到人尽其用、人尽其才的关键原因。

不管在哪个方面，组织只要实行任务及任务控制，就能收获不错的结果。在短时间内，这些组织在速度、准确性和执行技能方面都有所提升。在 21 世纪巨变的背景下，即便是战略、规划和目标尚未确定，也可以把任务用作管理工具，因此，通过任务来管理的做法正变得越来越重要。

要把任务控制和自我控制用作工具，必须做到以下两点：管理者有能力区分工作和任务；员工能实行积极的控制并进行自我控制。

工作和任务之间的区别

任务（assignment）就是在未来一段时间内重要性居于首位的关键性工作内容（key task）。

从组织的视角来说，工作就是一系列工作任务的集合。在任何时候，员工都可以假定：自己将无限期地执行这些任务的（直到工作本身必须做出调整为止）。这些任务并没有任何具体的首先排序。首先排序只能针对当前的具体情况来确定，不能一概而论。

正因为如此，全球范围内对相似工作的工作描述几乎是大同小异的。与日本、美国或意大利的同行相比，德国机械制造业中的销售经理在工作上不存在根本性的不同。如果俄罗斯人想取得进展，也必须以同样的方式设置这个工作职位。细节上也许有所差异，但本质上没有不同。

大多数工作，不仅没有国别差异而且没有行业差距。IT 经理的工作和保险经理、银行经理、贸易公司经理、制造公司经理的不会有很大的不同。即便在非营利性组织、公共部门、联合国、红十字会和 Caritas 中，同样的工作也会表现出极大的相似性。人力资源和金融方面的工作也是如此，但会计工作不是这样，会计工作存在很大的行业差异。

首先，**明确工作的性质**是很重要的。至于是通过服务合同、完美的工作描述还是其他方式进行明确都无所谓。有时，仅仅通过实践和日常工作、产品及技术或者常识及经验就足以明确工作性质。如果工作性质不明确或工作设计出了错，往往会使组织的运作出现严重问题或严重缺陷，而且只有通过精准的工作设计，才能消除这些问题或缺陷。

但是，我正在偏离主题。在没有使用任何工作描述和职位设计非常合理这两种情况下，对职位和任务进行区分是很重要的。

一个来自音乐领域的例子或许能说明其中的差异。一份工作告诉我们，（比如）甲是一个小号手，但它并没有告诉我们他**今晚**会演奏什么。是演奏贝多芬，还是瓦格纳？是演奏爵士，还是民乐？想听这些，我们需要小号，但演奏的内容和演奏的方法是完全不同的。所以，就即将上演的音乐会来说，“首席小号手”是工作，而“马勒第七交响曲”是极为重要的具体的任务。

再来看一个例子：在全世界的军队中，师长的工作大抵差不多，但是师长的任务差别就大了：是建立，还是训练一个师？是指挥一个师打仗，还是重新武装并动员一个刚打了败仗、士气不振的师？

师长总是居于领导职位，但由于任务的不同，师长的工作内容及处理的优先事项也大有不同。在上述的每一项任务中，师长要做的事和从事这项任务必须满足的条件非常不同，以至于军队经常为每一种情况分派一位不同的指挥官。在经历数百年的痛苦之后，人们终于认识到：一个人集所有能力于一身的情况是非常不可能的。与商业组织相比，军队至少在这方面做得更加灵活，因此，军队的执行力更强。

在商界，一个人因任务发生改变而被另一个人所取代的情况只是例外，而不是惯例。因此，最为重要的事情是：根据组织当前的情况，绝对清楚地界定每项工作的主要任务。

例如，假设这项工作是销售管理。在不同的任务条件下，这位销售经理的工作内容和能力要求会大有不同，这取决于他的任务是：

- 销售现有产品还是销售 60% 的产品
- 留住感到满意的核心顾客还是争取不满意的顾客
- 与现有的销售队伍合作还是大面积更新销售队伍
- 继续以销售收入为使命还是把利润贡献作为指导原则

无论怎样，该职位是“销售经理”。但是，在每种情况下，他要做的事情大不一样。

在项目型公司（比如，咨询公司或工程公司）里，这一点执行得最好。在这些领域里，任务**就是**项目。对项目的界定和项目的组织会自动、清楚地描绘出整个项目计划和相关的子项目。至少那些管理得很好的公司是这样的，否则的话，它们就没法合理地运转，那么显然就不值一提了。

任务必须形成书面的东西。在复杂的困难局面下，完全有必要这么做，特别是在很快就会出现巨大变革的时候，更应如此。这是卓有成效的管理者的“秘诀”之一。

任务控制

实现组织效能的第一步是，制定出优先次序并清楚、准确地界定任务。但即便第一步完成得不错，第二步——有效控制人员配置也总是遭到忽视。

有时候我和培训班的参与者做这样的练习：让他们写下自己最得力的下属的名字及活动。这件事完成得总是很快。为什么呢？因为没有人会有很多“最得力的”助手，仅仅写下了少数几个名字，一般也就三五个人。迄今为止我见过的最长的名单上有12个名字。但通过讨论，我很快就明白了，原来这位管理者把次优下属也列进来了。

所以，名单通常都很短，而在“活动”项下，往往列出与之对应的工作设计，比如：史密斯——营销；琼斯——产品开发；亨利——控制。练习继续：“我刚才没有说清楚，我所说的活动，不是指你最得力的助手平常做些什么，而是问他们当前（比如今天，星期三，下午4点15分）正在做什么。”

这时，参与者会困惑地望着我说："对呀，我已经写下来了：史密斯做营销，琼斯做产品开发，亨利负责控制。"

这时，我会建议培训班休息半个小时，并要求参与者打电话弄清楚他们最得力的助手当时实际上在做什么，越准确越好。有时候，他们的态度会有些生硬，但最终还是按我的要求做了。

在随后的讨论中，我几乎总能看到每个人脸上挂着尴尬的表情，这是因为这些管理者发现自己的助手正在做下面的事情：

- 关注过去而非未来
- 研究困难而非机遇
- 做自己感兴趣的事而非重要的事
- 进行产品改进而不是开发
- 处理顾客投诉而不是争取更多顾客
- 关于常规任务而非创新

接踵而至的问题是：如果我们最得力的助手全力以赴做的是上述六件事，那么谁会在意后面做的那些事情呢？

答案很明显：没有人在意。其结果是，公司没有未来可言。最优秀的人在忙于管理当前，未来就全靠运气了。

当然，上面列出的事情都得做，但一定得由最优秀的人来做吗？或者，能不能由次优或次次优层级的人来完成呢？这些组织难道不应该尽力去把最优秀的员工从这些常规任务中解脱出来，使得他们可以全神贯注地解决那些真正重要的问题吗？当然，做到这一点很难。

最优秀的人总是陷入列在前边的各种事情中，究其原因，是因为他们是最优秀的：只要公司遇上困难局面，总是让他们去解围。每当出现问题时，他们就要马上投入工作。这通常是他们被认为最优秀的原因之所在。但是，他们难道不应该致力于正确的事情吗？

在这种情况下，必须使用任务控制这个工具。我们必须确保员工对优先次序非常清楚，不会产生任何误解；必须确保每位员工全力以赴、竭尽所能去完成重要事项，不会受到任何干扰。这一点对于真正优秀的员工来说尤为重要，因为他们出于强烈的责任感，总会去处理各种事情，在各个地方“救火”。尽管从原则上讲，这种做法很有正能量，但总是存在浪费精力和时间的风险。

最重要的是，应该让最优秀的员工去完成真正有难度的任务，这些任务通常需要完全集中精力并且经常需要付出常人难以付出的努力。因此，卓有成效的管理者总是在最优秀的员工面临真正困难的任务时，设法为他们“减压”：尽可能地在日常性常规工作方面减轻他们的负担，让后者能全心投入到最重要的任务中。

通过这种方式，管理者还积极推动次优和次次优员工的发展，具体的做法就是采纳本书第三篇所给出的那些建议。这些员工现在可以接手更重要的任务、承担更大的责任了——这些以前都是由最优秀的员工负责的。如此一来，组织里的所有员工都知道了哪些是优先事项，由此，大多数组织急切希望得到的效果呈现了出来：每位员工都拥有使命感和责任感。但请注意：这种使命感并不是通过某些手段获得的（这些手段自从“发现”企业文化以来就一直受到组织的青睐，比如浮夸的培训、仪式性的宣誓或源自远东地区的集体主义做法等)，而是更为直接、有效地通过人们自己的工作方法和管理方式来获得的。

井然有序的家庭也是如此。如果有小孩病得很严重，其他家庭成员都会尽量减轻父母的负担，让他们全力去照顾生病的孩子；如果有哪个孩子即将参加中学毕业考试，家人也会这么做，让他可以集中全部精力准备考试。

实践做法

一旦完全弄清了工具本身及运用工具的必要性，任务控制就变得相对简单了。在每个业务阶段的末期，即制定目标和预算时，是最需要进行任务控制的时候，这也是确定优先事项的最佳时机。

（1）首先，高层管理者必须确定**整个组织**的优先事项。其基础是公司政策和战略以及对当前形势的评估。要问的问题是：**鉴于公司的长期政策和当前形势，我们在下一个阶段需要关注哪些问题？**优先事项不宜过多。我在第 13 章中已经讲过，如果没有重要的理由，不应该同时解决 7±2 个问题。管理者圈定优先事项时，应该严格坚持尽可能少的原则。

（2）此后，必须向下一层管理者传达这些优先事项，最好是清晰、准确地传达给更多的员工，在中小企业里，甚至要传达给所有员工。

（3）接下来，公司高管团队的每一位直接下属将依据自己的工作描述（或类似于工作描述的其他东西）和公司总体的优先事项，制定出**自己工作**中的优先事项。这是在为高层管理者随后将与其下属进行深入讨论（单独讨论或小组讨论）而做准备。在这次讨论中，将尽可能清楚、准确地确定下属每个职位的工作任务。在讨论中，在每份工作中安排尽可能少的优先事项这一原则同样适用。

（4）是否需要以书面形式记录讨论结果，需要具体情况具体分析。我认为有必要记录下来，尤其是对于难度大的任务：凡涉及重大变革或革新，或打破常态常规、选择全新方向的任务都属于此类。任务完成的期限可长可短，不一定要统一到下一个财务年度。时间安排必须与任务的持续时间相匹配。

举个例子："因某产品存在缺陷，流失了1/3的顾客；你的任务是把这些顾客争取回来，任务期限是未来18个月。为了使你能够全心投入这项任务中，我们决定推迟原定在这段时间进行的佣金制度调整，而且这段时间你在另外一个项目小组中的工作也暂时由史密斯先生代替。"销售经理的任务大概可以像这样进行阶段划分。在此基础上，他便可以确定自己在未来一个时期的工作目标了。

（5）如果某项任务特别困难，而且尽管已经为减少优先事项的数量而付出了全力，但某位员工仍然需要集中注意力于一项以上的任务，而且其他职责也无法推卸，那么，任务控制中的实际**"控制"元素**就变得愈发重要了。通常情况下，管理者隔不长时间（至少每隔5～7周），就会对这位员工进行检查，看他是否真的在做规定的优先事项。如果不定期检查的话，管理者很可能会在一段时间之后发现：日常的事务取代了优先事项，紧急事务取代了重要事项，常规扼杀了创新。当然，如果这位员工极具专业精神的话，则另当别论。

无论如何，我们都不应该依靠报告或实际业绩与目标业绩之间的常规对比。这属于一种需要**个人监督**（来进行控制）的情况。作为直接主管，做到这一点很重要：与下属谈话，让他明白你清楚他正在做的工作有多困难，并且将尽可能地提供帮助。此外，你可以利用这个机会让下属知道他们的任务在整体框架中非常重要，并且用这种方法给他们提供所有与任务相关的、必要的个人同情和精神支持。

补充说明及例子

（1）"任务必须是清晰、准确的"，这个要求可能会让人产生误解。有些人将其理解为"尽可能的详细"，要"进行量化"，但这并非我的本意。即便没有提供（尚不明确的）细节或数据，任务也可以是清晰、准确的。

举例："在今后 8 个月里，你主要的优先事项是为我们公司的 X 业务部开发印度市场。你的前期调研应该成为公司随后制定印度战略的基础。"这可能就是营销人员的任务。

对于有经验的营销专家来说，即便没有多少细节，但这样的任务也算是清晰、准确的。它没有规定具体的调查内容，这当然可以留给有素养、有知识的营销人员自己决定。如果遇到的是经验不足的员工，你就需要提供更多细节，这项任务应该包括市场调研的详细要点。

（2）管理者有时问我任务是否与目标有所不同这个问题。有时候的确是这样的。不过，我多次碰到的情况是：人们讨论目标的过程往往特别快，忽略了确定任务这重要的一步。这样一来，目标的确定就缺少了坚实的基础。当然，在有些工作和环境中，这一点并不重要，所以可以直接确定目标。常规工作以及那些产品和技术已经有明确架构的工作（通常，这些工作甚至并不需要确定目标），经常属于这种情况。对于以下情况，我强烈建议要清晰地确定任务：

- 当一位员工在公司中承担新工作的时候。大多数人往往会沿用以前工作的思维方式。
- 当你面临创新和变革的时候。这种局面总是会要求你进入未知领域，旧习惯将构成很大的障碍。
- 当有新员工加入公司的时候。他纵然经验丰富，也未必熟悉公司情况，而且你并不真正了解他。因此，清楚确定他的任务是特别重要的。
- 当你面对没有经验的年轻人的时候。有经验的人可能不会存在任何问题，但是对没有经验的人来说，（任务确定）要做到清楚、准确。准确地说明任务，有助于缩短没有经验的新员工的培训时间和试用期。

在上述情况中，对近期任务的界定非常重要，它可以让人们快速开展工作。完成两三项任务之后，我们就可以相当准确地评估一位员工了，同时也可以掌握他们的工作方式、行为方式及优势之所在。

（3）有些管理者抱怨他们的下属不会安排工作的优先次序。

事实通常是这样的：管理者本人没有对其下属进行足够的培训，没有鼓励下属去分析和考虑优先次序的问题。换言之，这些是管理者在对下属的管理、培养和培训过程中所犯下的错误。

偶尔会出现员工无法胜任工作的情况，他们早晚会被调离。不要指望没有经验的年轻人具备决定优先次序的能力，他们必须通过学习来获得这种能力。对于有经验、能胜任的员工来说，分辨优先事项通常不是问题。

当然，如果出现管理者与下属（包括有经验的下属）在优先事项上的看法不一致的情况，必须进行全面透彻的讨论。这些讨论通常是最有价值的，能够推动个人和公司的发展。参与这种讨论的所有人都会对相关业务形成更准确、更深刻的认识。

运用任务控制这种工具，组织的**执行能力**（implementation skills）会得到惊人的提高，而且效果往往是立竿见影的。突然之间，我们可以在工作上取得明显的成果，员工虽说需要付出巨大的努力，但可以享受到成就感。另外，如果忽视了这种工具，即使是最好的员工也会陷入常规工作和旧习惯的泥潭。所以，如果是前一种情况，一段时间以后我们会获得成果；如果是后一种情况，员工仅仅是在工作而已。在前一种情况下，管理者是**高效能**的；在后一种情况下，管理者充其量只能说是**有效率**，而谈不上有效能。

CHAPTER

第 23 章

个人工作方法

比起 15 年前本书第 1 版首发的时候，管理者的个人工作方法如今愈发重要了。因此，新版将对该话题展开更全面的论述。管理者的个人工作方法，几乎是影响其效能的最直接、最广泛的因素，而且是导致众多管理者甚至是天才管理者失败的最重要的原因。组织文化再优秀，也无法弥补个人工作方法糟糕所带来的缺陷。一言以蔽之，一套正确得当的工作方法会把本书所提及的所有与效能相关的问题都联系起来，并将其融入整体性思考和行动中。正因为如此，在设计我提出的模型图样时，我把这个工具置于效能轮盘下半圆的中心（见图 29-1）。

正确的管理要得到正确地实施，其根基在于自我管理——将管理首先应用于自己而非他人。最重要的是，决定管理者的成果和成功的恰恰是管理者的工作方法。请注意，我谈的是管理方面的工作方法，而不是执行专业任务所用到的方法。比如，化学家在大学里学到了从事实验室工作所需的各种方法，但他们不太可能学过自我管理的方法。

这一点在非常复杂的情况下尤为重要。即便人力资源系统鲜有提及，但掌控甚至利用复杂性的能力已经成为关键的职业要素。巨大的优势在于，一套经过深思熟虑的工作方法使你能够管理的控制幅度大为增加。在一些大型组织里，控制幅度当前远低于 5 人，这往往是导致管理质量和利润率双重低下的原因。工作方法得到优化之后，你可以直接管理 15 个、20 个甚至更多的人。单凭这一点，就有助于管理者在职业道路上青云直上……

即便 21 世纪巨变牵涉到多种要素（比如，技术革新、经济形势、知识型社会的发展、组织新结构、新工具和新方法，等等），但说到底，最重要的是管理者是否认识到这些要素并正确评估其重要性，如何为这些要素做好准备并采取何种行动是很重要的。换言之，重要的是那些在个人工作方法中明显体现出来的思维及管理系统。在一个拥有十万名员工的组织里，工作方法对成功的贡献率高达 20% 以上。在知识驱动型组织里，贡献率会更高。

如今，管理者面临的主要挑战是在以下三个“前沿”方面保持高效能：当前业务的“黑色曲线”、创新的“灰色曲线”以及二者之间的过渡地带（见图 0-2）。采取正确得当的工作方法，就可以化解这一挑战，甚至不用承受额外的压力。

个人工作方法是自我监管及自我组织的核心。在此基础上，个人工作方法可拓展至整个组织。但重要的是，对自己及下属的工作方法，不能不闻不问、任其发展，而要不断完善。

几十年来，我一直在观察人们及其工作方法。大多数人在这方面都有极大的改善潜力，即便是很小的改变，也能帮助他们自己及周围的人更轻松地工作和生活。与那些掌握了可靠得当的工作方法的管理者共事，是非常美妙的体验。很多人通过自学或者从原来的上司那里学会了正确的工作方法。不管学习渠道如何，大多数人都在效能方面大有斩获。

发挥职能的乐趣

很多人不理解“职能”这个词，“我不只是想（让它）发挥职能”是一条常见的反对意见；相比之下，没有人不理解“它奏效”或“让它奏效”之类的片语。但其实，二者大同小异。

对于很多没有研究过“工作方法”这个主题的人来说，这方面显得有点枯燥乏味。此外，在专业学习过程中很少讲到这个话题。大多数讲演者认为，谈论工作方法体现不出自己的专业水准。彼得·德鲁克是个例外。在我为高层管理者开设的培训班上，参会者发现，一旦我们谈到工作方法在提升效能方面的潜力时，这个问题绝不枯燥。我们经常就这些问题讨论到很晚：如何做到这一点？别人是怎么工作的？你是如何工作的？

系统且高效的工作方法所带来的积极影响延伸至生活的方方面面。采用正确的工作方法，很多所谓的工作、生活相平衡的问题都可以迎刃而解。很多人的问题源于思想认识：工作和生活是对立的两面——工作是不好的一面，生活是美好的另一面。一旦持有**管理**、**表现**和**生活**三者可以融为一体的基本观点，这种误解就会随之化解。

尤其是对女性来说，存在着家庭和工作无法兼顾的问题，在特定的人生或职业阶段或无法预见的情况下，可能出现家庭和工作“双肩挑”的问题。不过，通过自律和灵活的自我组织，再利用审慎的自我管理和良好的工作方法，很多事情都是可以办到的，不仅如此，这些事情很可能成为获得个人自信心和自我满足感，甚至成为对自己的某些能力产生自豪感的来源。

必须认真对待那些与当今的职场、工作中的业绩压力等相关的大多数影响，其中一些我就亲身体验过。越来越多的人体会到这些令人悲伤的现实：工作压力巨大，忙得马不停蹄，后背疼痛和精疲力竭所引发的身心疾病、抑郁症的倾向，等等。但令人惊讶的是，总有一点被排除在解决方案之外，即人们个人的工作方法。

何以至此？其中的一个主要原因是：在该领域里工作的科学家、治疗学家和记者并不特别熟悉工作方法这个话题，因而他们甚至没有想到要对此进行更深入的探讨。这是我与成千上万位管理者（其中包括来自医学界和治疗界的管理者）有过长达十年的合作经历的成果之一。例如，脑部外科医生在手术台上应用非常复杂的方法，但他们的办公桌和管理方法总是一团糟。同样地，有些优秀的记者知道如何做采访，却从来不懂得如何高效地主持会议。

在协调工作和生活的问题上，难度越来越大，绝大部分（并非全部）困难源于个人的工作方法存在严重缺陷。只要忽视工作方法，就不会找到可持续的困难化解之道。这一洞见已经开始在媒体上出现，但速度非常缓慢。

我并不是说，用工作方法可以化解工作疲劳，但我的经验证明：虽说大量艰苦的工作可以让人病倒，但这种情况并不经常发生，而且也不会轻易发生。相反，让你轻易病倒的是低效率、无意义且不成功的工作。

没有工作方法，现代社会里的人就会成为社会的低能儿，受到复杂社会的各种影响却又看不到任何希望。正因为如此，在整个职业生涯阶段，稳步改进个人工作方法这个问题值得密切关注。最重要的是，工作方法必须不断适应不断变化的环境。

我的基本假设是：**在职业生涯阶段，几乎所有人都能做到每年把自己的效能提高10%**。每年提高10%，坚持七年，则意味着效能翻番——不是靠增加工作时间，而是靠改变工作方式和提高工作成效。如果有人设法实现一半的效果，也意味着取得了很大的进步。这方面的成功体验将非常鼓舞人心。

很多人之所以反对有条理、系统化的工作，是因为他们认为这种工作方法不适合创造性工作。在讨论“聚焦关键”原则的时候已经谈及这个问题。这是一个广泛流传但完全错误的观点。实际上恰恰相反，正是那些真正具有创造力的人（至少是那些成功的人），才运用那些高度系统化的工作方法。沃尔夫 · 施耐德（Wolf Schneider）在其著作《冲出围困》[⊖]中写道：“大多数成就大事的人的日常工作都是辛苦乏味的。”这本书以伟人和名人为主要对象，重点阐述了造就他们的伟大和盛名的各种因素。从达 · 芬奇到托马斯 · 曼，从康德和巴尔扎克到舒伯特和保罗 · 克利，作者以这些伟人为具体实例，极具说服力地证明了：除了极少数的例外情况，这些人的工作都非常有条理；他们的工作方法，

⊖ Wolf Schneider: *Die Sieger*, Hamburg, 1992, p. 175 and the whole of chapter 17.

虽然存在很大的差异，但都有自己的一套。在这些人当中，没有谁在工作中不重视系统化和自律。

系统化、有条理的工作是发挥天赋、将能力转化为结果和成功的关键。因此，一个人是否掌握了系统化的工作方法这个问题必定是选拔管理者的重要标准。但这一条几乎很少出现在常见的标准列表中。同样令人感到奇怪的是，很少有学术性课程和其他教育类课程传授个人工作方法。就此而言，大多数人守着自己的丰富资源却没有充分加以利用，而且大多数人在职业生涯之初在这方面做得不甚到位。更为糟糕的是，除了少数天赋极高的人之外，绝大多数人在工作技巧方面都表现得很平庸，甚至很拙劣。

虽然我就读的中学很关注商业，所学课程中涉及很多有关系统化工作的元素，但在工作方法方面，我也不例外。例如，速记和打字，尽管不是特别受欢迎，但多年来一直是必修课。在大学期间，我开始对系统化的、高效率的工作方法感兴趣。如今，我痴迷于研究工作方法。原因何在？大多数人或早或晚都开始对工作方法感兴趣也是出于同样的原因：兴趣源于血淋淋的教训。有两次我发现自己陷入了同一种境地：出于多种原因，我不得不告诉自己，要么选择工作失败，要么选择家庭破裂，要么选择个人毁灭……我还有别的选择吗？有，那就是**改变你的工作方法**。

每当我感到压力重重、不堪重负时（这些感觉如今依然偶有出现），也是因为我的工作方法出了问题，可能是我没有足够迅速地适应新环境提出的新要求。我总是抓住一切机遇，与管理者或其他在生活中取得成就的人共同探讨这个话题，只要有可能，就去观察他们在工作中的表现。

工作方法是个人的、个体化的

我使用了“个人的”这个词语，这么说其实不无道理。任何两个人，即使都把工作做得有条理、成系统，他们的工作方式也不会完全相同。事实上，工作的方法和系统有很多，且大相径庭。大多数研究工作方法的培训班都存在的一个重要的问题，即向所有人传授同一种方法。这么做的假设前提是：同一种方法适用于很多或全部人，适用于所有组织。因此，这些培训班传授的不是如何进行系统化的工作，而是声称具有普适性、非常具体的方法。

这是不对的。其实可以进行概括的是：对于那些对效能感兴趣的管理者，进行条理化工作需要具备哪些条件，以及我在后面将讲到的，用条理化的工作方法可以解决哪些问题。然而，个体化的工作方法和技巧肯定是无法概括的。所有的高效能人士在工作中都很有条理，但他们各有各的方法，并自行对方法进行搭配组合。

工作方法取决于基本条件和环境

抛开个人的癖好，各种情况下的“最佳”工作方法取决于一系列环境因素，这些因素是由个人所处的具体环境决定的。这些环境因素的例子如下所述。

（1）职业：在工作方法方面，销售方面的工作与常规的办公室工作在逻辑和具体要求方面都存在差异。对于制造工厂的管理与研究机构的管理、营销工作与会计工作等，情况都是如此。

（2）在组织中的职位：管理者是否有下属、下属的多寡以及是处于高层、中层还是基层，都会对工作方法产生很大的影响。

（3）人生和事业阶段：不同的人生阶段或事业阶段，会遇到不同的任务、要求和挑战。为应对这些任务、要求和挑战，人们的工作方法必须做到相互兼容，最好是能为下一个阶段做好准备。

（4）年龄：这个因素与第三个因素联系紧密。没有人会在 47 岁时还采用 27 岁的工作方法。工作的速度和节奏、休息的需要以及兴趣都随着年龄的增加而改变；另外，身体、心理和情绪状态都会有所不同。

（5）出差要求：与那些整天坐办公室的人相比，工作要求经常出差的人需要采用不同的工作方式。

（6）基本工作条件：配备助手的人所采用的工作方法肯定不同于没有助手的人；配备专门助手的人与那些和他人共用秘书的人相比，工作起来也会不同；配备几个助手的人，则会采用另外的工作方法。

（7）组织结构：比起职能型或事业部组织以及知识型组织，目前依然存在的矩阵型组织在工作方法、工作体系和工作纪律等方面，都提出了截然不同的要求。多年经验表明，商业伙伴模式实施的难度非常大，部分原因在于它对工作方法提出了太高的要求。

（8）上司：每位上司都不一样。遇到一个头脑糊涂、行为混乱的上司时，人们只有两种选择：要么自己变得和上司一样糊涂，可能只是成果糟糕，要么高度自律，清理上司的混乱，从而走上正确的方向。另外，如果遇到一位有条不紊、工作到位的上司，那么下属就可以而且必须采取完全不同的工作方法了。进一步而言，根据我的经验，工作方法还取决于以前的上司和以前所养成的工作习惯。因此，比较明智的做法是偶尔停下来，问问自己：我将沿用从以前的上司哪里学到的工作方法并保持原来养成的工作习惯吗？

（9）行业：在航空公司、时装公司、保险公司、食品公司、出版公司或者电视网络公司工作，工作方法都是大不相同的。

鉴于以上影响工作环境的九大因素，向所有人推荐或传授同一套工作方法是没有多大意义的。相反，这只会导致效率低下：工作方法不但不能发挥积极作用，反而会阻碍个人绩效的提升。

定期评估和调整

遗憾的是，仅仅拥有个人工作方法是不够的。我们需要针对个人的具体情况采取正确的工作方法。即便采用了系统化的工作方法，仍然有可能效率低下。相当一部分人是“有系统地低效工作”，因为他们总是顽固地坚持使用同一种工作方法，而这种方法早就不适应变化了的环境。因此，尽管这很难做到，我们也必须定期（尤其是在某些特定时期）评估自己的工作方法，并及时进行调整甚至进行彻底的改变。无论如何，我们必须对工作方法进行评估。

1. 每三年评估一次

人人都在谈论变革、动态和转型，这是有道理的。其现实影响是，即使本身没什么变化的工作，大概每三年（最多五年），也会有不同的要求。因此，需要定期分析并全面审视我们的工作方法。这种评估不会占用太多时间，周末的一两个雨天往往就足够了，但需要自律，需要对提升个人效能感兴趣。

2. 承担新任务时评估

新任务总是要求调整工作方法，这几乎是不言而喻的。但是，这里必须指出的是，这方面的错误实在太多了。通常，当员工承担新任务时，他们只会在专业技能方面进行准备，却很少考虑自己的工作方法。

3. 每次得到晋升时进行评估

更高的职位往往意味着要承担新任务。大多数新升职的员工并没有真正意识到这一点，这正是导致他们在新职位上失败的主要原因之一。事实上，那些让你得到晋升的因素有可能对新职位构成阻碍，而非优势。在新职位上，不能照搬以前的工作方法。

4. 上司更换时进行评估

新来的上司经常会滔滔不绝地愿意谈论灵活性、适应性、新行为以及新的合作方式等话题，但大多数情况是在谈论别人，而不是自己。有一件事是肯定的：换了新上司以后，你必须改变自己的工作方法；不管上司口头上如何表示，他都不太可能改变自己的工作方法。

5. 发生重大变化时进行评估

业务是否正常开展，或者公司是否正处于危机阶段（扩张也好，收缩也罢），在工作方法上会存在很大的差异。当团队有新成员加盟和 / 或有新同事出现的时候，环境也会发生变化。

顺便说一句，“定期评估个人工作方法，使之总是适应变化了的环境”这句格言也同样适用于个人生活。前面提到过，个人生活必须与个人工作方法结合起来，否则，事业和生活最终会无法兼顾。（正如我曾指出的，把工作和生活分开的做法是不理智的。）工作方法会随着个人情况的不同而发生改变，比如，你是否单身、是否有孩子，孩子的年龄段（幼儿、青少年或成年）也会为你带来很大的差异。

我遇到过一些管理者，他们有两个不同的日记本：一本记录商业约会，另一本记录私人约会。很明显，这种做法很难长期奏效。另外，职场母亲经常完善自己的工作方法；她们井井有条，而且基于大量常识和经验，在私生活方面也运用正确而良好的管理，因为只有这样，她们才能满足多项任务对她们的要求。她们有理由为此感到自豪。

上面描述的每一种情况，不管是因职业生涯中还是因个人生活中的变动所引起的，都要求我们对自己的工作方法做出重新思考和评估，并且往往要对工作方法做出重大调整。在这方面，努力就有回报，而且回报很丰厚。毕竟，和人们经常持有的看法不同，不断改进个人工作方法的目的不是为了工作得越来越辛苦（尽管当代人总是未能幸免于此），其目标不是让人们成为“工作狂”，而恰恰相反，是让人们更聪明而不是更辛苦地工作。

优化工作方法之后，你就有能力去承担更大的任务、更好地解决问题并取得更多的成果。如果不具备取得更多更重要的成果的意愿和能力，大多数人在工作上就无法取得进展和成功。因此，优化工作方法通常是一个硬性要求。累垮自己、牺牲家庭或者放弃美好的生活，都是不值得的。

我的建议是：采取冷静且大度的态度来应对个人工作方法这个问题。与体育比赛和训练一样，过于固执和紧张既没有必要又无济于事。个人工作方法方面的指导原则应该是：让我们来看看自己能做得怎么样。自己应该不断实验不同的工作方法，尝试各种新方法。如果不起作用，就停止采用；如果新方法奏效，就坚持用下去。如果很快获得了成功，你肯定会体验到尝试带来的更多喜悦。改进工作方法的动机并不特别重要。有些人是为了职业上获得大发展；其他人则是为了享受更多的闲暇时光。改进的原因并没有那么重要，改进的事实才是重要的。要拿结果说话。

下一章将分析一些要求采用特殊的方法、原则和体系的领域。个人所选择的体系和方法在不同情况下各有不同，只有这样才能避免前面提及过的错误：错误地一概而论。通过工作方法能控制**什么**是可以概括的，但具体应该采用何种工作方法，则完全因人而异。

工作方法的基本应用

本章要讨论的这部分内容不易于表述，我姑且称之为“工作方法的基本应用”。我所指的这些问题在每个管理职位上都可能出现。要实现卓有成效的管理，所有管理者都必须控制这些问题。他们必须明确自己对这些问题的态度，并拿出解决这些问题的方法。我不想详细谈及替代方案，因为在每种情况下，这些替代方案基本上都是显而易见的。

时间的利用

寿命有长有短，但就每一天而言，每个人可以利用的时间都是等量的。不过，如果观察人们利用时间的方式，会发现存在巨大的差异。人们的时间观点可谓千差万别。很多人几乎从未意识到时间的重要性，而其他少部分人拥有极强的时间观念。大多数人对待时间极其散漫，只有极少数人曾系统地思考过时间和时间的特性。遗憾的是，大自然没有赋予我们一个时间器官，所以，我们对时间的感知往往是不可靠的。

针对时间这个话题，我经常向我的培训班参与者提出这样一个问题：“一年有多少个小时？”只有不到 1% 的人能很快、自发地给出正确答案，根本不需要思考和计算。如果是平年，一年会有 8760 个小时。这是多，还是少呢？这取决于我们如何利用这些时间。大多数人每天大约需要 8 个小时的睡眠时间，所以，我们真正可以利用的时间其实只剩下 5800 个小时了。

高效管理之路始于这样一个问题：**我该如何去利用每年当中这清醒的 5800 个小时呢？**每个人都必须找到自己对这个问题的答案。如果不这样，他将无法管理别人，而是被别人管理；将无法实现高效管理，而是随波逐流、碌碌无为。当然，高效并不意味着把那 5800 个小时全部用来工作。恰恰相反，我们应该记住这句格言：**工作要事半功倍！**

我们应该清醒、有意识地决定如何利用时间：希望或者必须拿多少时间用于工作，需要拿多少时间用于家庭，希望给自己留出多少时间，想花多少时间去追求兴趣爱好以及给自己充电。如果不系统地思考这些问题并审慎做出决策，你就可能受制于环境：被弄得束手无策、方寸大乱。

最好的时间管理工具是日志。管理者必须提前做好时间安排。很多管理者在这方面总是拖到很晚。重要的事情，最好是提前两三年就做出规划。这并不是说要做出死板的计划，而是说要有大概的时间框架。通常，做不到完全遵守计划的每一个细节，总是会出现一些不可预见的事情或紧急情况，于是管理者不得不调整他们预先定好的优先事项。这是可以接受的，更准确地说，这是管理者在现实生活中不可避免的内容。然而，这丝毫不能削弱用日志来安排时间的必要性。

由于工作要求非常苛刻，大多数人在短期内无法做出任何改变，因此，在时间利用上持**长期**观点是很重要的。对于大多数管理者而言，来年的工作安排及行程早早就定好了，这是现有职责要求的必然结果。所以，时间利用方面的根本性改变需要很长一段时间的反馈期。但是，如果不给自己设定一个重新开始、进行改变的时间点，那么一切都不会改变。那些不能控制自己、只能偶尔高效利用时间的人，将永远成不了真正的管理者。要提升自己的时间利用效率，首先要回答的问题是："我应该停止做什么？"

第一个问题就是：你不想再做什么？

身心健康

工作方法还包括对个人健康状况的合理关注。健康训练不仅对绩效，而且对心理和情绪状态都具有强大的积极影响，因而每个人都离不开它。这方面的训练不要求付出太多，我不再赘述。耐力训练、灵活性和平衡性训练，再加上一点力量训练就足以避免导致职业伤害的诸多诱因，包括后背疼痛之类的"生活方式性疾病"。健康的人忍耐力更强，工作有后劲，各方面都感觉更棒。

请记住我在第二篇中讲过的自生训练及其对身心健康的影响。当时谈及这个话题的背景是：人们可以通过积极对待自己和自己的绩效来突破自己的期限。这个话题也适合于工作方法，这是因为：放松、充电和聚焦是构成高效工作的全部维度。

处理输入

涌向管理者的办公桌或电脑的东西从未停止，而且还在不断增加。在管理者收到的所有电子邮件中，带有超大附件的比例高达 80%。

管理者每天每时都要面对向他涌来的所有东西，不管是否必要、是否有趣、是否重要、是打印的还是电子版的，我都将其统称为“输入”。

因此，每位管理者都需要一种处理大量信息的工作方法，我称之为**“输入处理系统”**。有些管理者总能做到桌面保持干净，而绝大多数其他管理者的桌面则多多少少显得杂乱无章：成堆的纸张、信函、报告、备忘录、文件、会议纪要、记事本、纸条、报纸、杂志、书籍等。有些管理者不仅在桌面上，而且在办公室的每个平面物体上也都堆满了东西，有的甚至连地面都没放过。就更不用提他们的电子档案系统了！

输入处理系统要有用，首先要回答以下几个简单问题：我自己必须做些什么？我必须让别人做些什么？哪些事情是必须马上就做的？哪些是可以晚点儿做或者说是需要较多时间去做的？对这些问题如何做出回答，体现了对重要事务和紧急事务做出区分并进行授权的艺术。

与各种沟通工具打交道

通信技术（的迅猛发展）已经让时间和空间几乎失去意义。如今，不管某个人身居何处，不用再给某个地方打电话找他，而是直接打给他个人。这种现象并没有引起媒体足够的注意，但它是近来出现的具有最大影响的一大变化。其实，就工作方法而言，一些必要且可行的做法已经因此而发生了根本改变。想一想它给办公大楼带来的那些变化吧。然而，就其总体发展道路而言，通信技术连 1/3 都没走完。

但是，沟通本身已经落后于技术进步了。沟通其实变得更糟糕了。在绝大部分公司甚至是小公司里，当你就现有问题提问的时候，人们首先提及的就是沟通问题。

比起以往任何时候，最重要的问题在于自律和自我管理。在当代社会中，人们的生活技能在多大程度上取决于他们的自我管理能力这个问题在有效沟通的背景下显得格外清楚。除了实验和测试以外，我们应该经常问自己：在我的环境中，如何才能变得更有成效呢?

虽然随着智能手机技术的发展，出现了各种不同的沟通手段；即便电话远远算不上是适合所有目的的最佳沟通方式，但电话依然是人们的首选。尽管或由于所有其他的电子创新，电话对大多数管理者来说将依然是很重要的，尽管电话能提高效率，但电话也给他们带来了困扰和恐惧。大多数人打起电话来很随意，这种做法通常是错误的。随意而冲动地接拨电话，通常不是什么好的工作方法。

遵循以下三条非常简单的原则，往往能给我们的工作方法带来明显的改变和改善。首先，拿起电话前，先问问自己是否还有更好的沟通方式可以帮助我们实现既定目标。其次，如果打电话是最优选择，那么你应该有所准备，否则，电话有可能沦为闲聊。最后，尽量不要把电话分散在一天的不同时段打，如果有可能，留出一个时间段来专门打电话。即使打电话依然很重要，但其缺点是绕弯子、不准确。这些缺点，可以通过发电子邮件和编辑短消息来避免（前提是严格遵守规则）。即使是那些长时间使用电话的人，写起东西来也能做到合理、简洁，而且文字交流总比口头交流来得准确。

准备文件

管理者不仅要大量阅读，**而且**要写很多东西，写作量会有增无减。因此，管理者的工作方法必须涵盖高效准备文件的技巧。同样，文件是电子版还是纸质版都无所谓。

高层管理者现在也要自己写电子邮件，这在十年前是不可想象的。如今他们要亲自动手：即便打字水平很有限，也比采用其他沟通手段更快、更轻松。另一个依然不失其重要性的东西是口述录音机。在很多专业领域里，使用口述录音机能带来极为宝贵的优势，管理者可以借此大大提高自己的生产率。

待办事项和预约

每位管理者都应该建立一套完善的记录预约、处理未决问题的系统。如何建立并不重要，选择方案有若干种。但有一种选择无疑会让管理者以最肯定的方式、最快的速度失去信任、尊重和效能，那就是漫不经心地处理预约和待办事项。一套“万无一失”的再次提醒系统是必不可少的。落到管理者办公桌上的每一件事，哪怕是最无足轻重的事，也必须纳入到这个系统中。

管理者必须能够问心无愧地说：不会遗忘任何事情，相关的跟进和实施工作都做得很到位。这方面的不足是导致几乎所有的公司都抱怨执行力差的主要原因。通常，人们把这些问题归咎于企业文化中某些神秘的因素，从而在企业文化方面采取措施来解决问题。事实上，执行力差的主要原因有两个：第一，组织同时做了数量过多、差异过大的工作；第二，跟进工作组织得不够有效。

记忆系统、收集、组织及架构

很多管理者面临这样一个大问题：自己要处理的事务五花八门，如何把它们妥善地组织起来？从表面上看，这似乎是一个整理归档的问题，但事实远非如此。可以说，这就是存储与记忆之间的差别。

存储是被动的，而记忆是主动的。组织事务的艺术不在于归档，而在于需要的时候就能找得到——考虑到环境总会发生变化，这个时间通常是在若干年后。待到想要启动某项事务时，管理者需要拿到所有既完整又整理好了的必要文档。在非常简单的管理职位上，这个问题不会经常发生。相反，对于高层管理者，尤其是知识员工来说，应对这个挑战将从根本上决定他们的职业精神和效能。此时，我的脑海里浮现出了“知识管理”这个术语。

在此背景下，人们往往马上想到利用现代电子技术来解决这个问题。电脑的确有很多优势，但它本身并不是解决问题的方案。最重要的是，电子设备并不能解决这个问题中最本质的部分：如何合理界定环境。即便使用电子设备，但界定环境的事还是要由人来完成。

据我估计，组织里的员工如今依然要拿出高达一半的工作时间来寻找和组织文件。搜索引擎尚不能真正解决问题。全面思考这个话题的时候，人们不禁会惊叹于人脑的无所不能。此外，人脑（至少在目前）有助于我们观察到它在汇集海量数据方面的智力服务，这是因为将这些数据转化为信息、再将信息转化为知识和行动的艺术要比媒体所宣传的更难掌握。

流程常规化——对核查单的颂词

在过去几年里，很多人开始讨厌“常规”一词。人们关注的焦点已经集中到创新、变革和灵活性上了。常规和常规化似乎与它们格格不入，于是遭到抛弃。

尽管创新和灵活性也许很重要，但日常工作也是有其价值的，对于创新来说尤其如此。日常工作在保持**生产率**和保证组织**功能稳定**这两个方面起到非常重要的作用。对于每个组织，甚至是对于不得不把临时重点放在灵活性和创新上的组织来说，这两个方面都是至关重要的。

如果规定好每个小时、每天或每周去做某些事情，日常工作（以及由此产生的效率和生产率）便不存在问题，它们会自动形成。如果反复去做某些事情，而且时间间隔更长，便与常规行为有所区别了：在这种情况下，常规行为不会自然而然地形成。这种情况可能会产生很大的问题，因为大多数此类流程（即便不频繁发生）都要求在最大程度上实现专业化。例如，公司必须参加两三次典型的交易会或博览会，每年接近年底要举办年度庆祝活动，每年要召开全体大会，召开三到五次董事会会议，等等。这些事务都不经常发生，组织没法将其变成日常工作，但每件事都非常重要，需要进行极为专业化的组织。

要把这些事务纳入控制范围，最为重要的工具是**核查单**（checklist）。不管是否喜欢，它都能在事务控制方面起到不可估量的作用。要不是因为核查单，国际航空业早就崩溃了。核查单有助于把那些可以常规化的事务变成日常工作。

管理者要认真思考核查单的使用领域和方式。不一定要使用很多或极为复杂的核查单，但这个单子会帮助管理者保持对前述各种情况进行控制，并帮助他们娴熟轻松地管理这些流程。最重要的是，有了核查单的帮助，管理者可以应对比原来更多、更大、更复杂的任务。这对于管理者的公司及其职业生涯来说，都是极为重要的。

人脉维护系统

什么使得管理者具有价值？什么是管理者的资源？比较突出的是这两项：他们积累的经验和在生活中搭建的人脉。

正如任何有经验的人所说的，人脉是需要维护、培育和滋养的。如果长期忽视人脉，便无法在需要时培养出来。谁也不会那么傻，你真正重要的联系人更不傻。或许他们会帮你的忙，但他们肯定会发现你的意图，有可能会推诿搪塞现象。

对职业效能和个人生活效能感兴趣的管理者，尤其是期望达到职业顶峰的管理者，必须建立一套培养人脉的系统。前面说过的一句话在此同样适用：做事的**方式**不重要，重要的是去做。建立这套系统有很多不同的方法。

你不用像大型银行的行长那样：在大办公室里配备若干位（不止一位）助手，把所有的联络都精心记录下来。他命令助手把一切联系都记录下来，最无关紧要的也不放过。他了解那些重要人物的业余爱好，知道他们喜欢哪种酒，清楚他们的配偶需要什么花；从不错过帮助他们、照顾他们或取悦他们的机会。这种持续、频繁的关系培养对他来说很重要，也是他取得成功的

"秘诀"。

同样，在搭建人脉方面不必如此系统化。人脉重要，但需要培养，这几乎是不言而喻、无须提及的事实。大多数管理者都会同意我的观点，但当你问他们到底在这方面做了什么的时候，你会发现他们并没有真正说到做到。

助手的使用

到目前为止，我对助手、秘书和办公室主任都只是一笔带过。无论是否配有助手，管理者都需要对工作方法中的七大基本方面进行监管和控制。但是，当然，是否有助手的确会影响管理者处理相关问题的方式。

由于技术的进步，经常有人预测秘书职业会消亡。我认为，尽管或者说因为出现了各种新进步，但在可预见的未来，这种情况不会发生。组织的中高层会继续配备秘书：没有迹象表明这种情况很快就会发生改变。但因为全球化，秘书的任务已经变得比以前更难以完成。语音技能和跨时区工作的意愿是必不可少的。约会和出差的管理、内外部高层会议的协调往往有特殊的技能要求。这些基本上与组织的规模没有关系，这是因为，即便是规模更小的组织，如今的业务范围也覆盖全球。如何准确地组织行政性秘书的工作取决于 CEO 打算如何领导组织。要区分两类领导：一类实行的是间接领导，通过自己的办公室来领导；另一类实行的是直接领导，通过组织各事业部和职能部门的主管来领导。相应地，不同组织的办公室在人员配备的数量和素质两方面也会大有不同。根据我的经验，第二类更好。

赫尔穆特 · 毛赫尔曾长期担任雀巢集团的 CEO，他的领导方式就是个很不错的例子。在为一本管理类书籍所做的采访中，他曾经全面描述过他的领导细节，尤其是如何与秘书打交道的各种细节。[⊖]

对本章所讨论的内容，不可漠然视之。我一开始就说过，它们是提升效能、富有效能地取得工作结果的基本方法。高效能从此开始，也可能就此止步。

对那些做出招聘和录用决策的管理者，我提出的建议是：在考察人员时，要把专业的工作方法也列为一项重要标准。当然，在决定是否录用某个员工时，不能仅看工作方法，但是，没有或者忽视工作方法的人绝对不能录用。工作方法并不能完全决定成败，但没有工作方法往往会导致失败。

管理未知事务

在未知环境下要实行合理的变革管理，这方面的要求越来越频繁，所以，我在此补充一些相关的建议。请记住：管理轮的各种元素既适用于已知事务，又适用于未知事务。面对新事物、新环境，原则、任务和工具大体上是相同的，但应用可能要复杂得多，因此，相关的应用提示应该是有所帮助的。

本质上，21 世纪巨变就是一只黑匣子：这就是控制论专家所

⊖ Helmut Maucher, Fredmund Malik, and Farsam Farschtschian: *Maucher and Malik on Management. Maxims of corporate management-best of Maucher's speeches, essays and interviews*, Frankfurt/New York, 2013, pp. 279 et seq.

称的系统，你不知道而且事实上也**不可能**知道它。但这是否意味着我们已经接近了（洞悉）管理本质的终点？答案恰恰相反。

虽然我们不可能准确地知道巨变的具体过程，但我们知道转变的某些基本模式及主要风险，从而我们可以在一定程度上做好准备。为了确保我们能够以一种受到控制的方式处理巨变的双 S 形曲线，控制论的全部内容提供了一些具体的工具。

最有价值的东西何时会转变成障碍

在新旧交替的过程中，以前的那些指导性帮助几乎全部不起作用了，更重要的是，它们会导致南辕北辙。在正常时期，经验对管理者来说是宝贵的、不可或缺的，但是，在从旧轨道（以前的商业或行为）转向“灰色曲线”（创新轨道）的过程中，经验就变成了最大的障碍。

对于汽车的发展，在马车建造过程中积累的所有经验都变得毫无意义。同样，在电脑时代，办公设备行业里没有多少有价值的东西可以用得上。在以前的照相行业里积累的专业知识，成了向数码成像时代转变的主要障碍。以前本来是行业翘楚的企业，却没有一家成功应对并顺利度过这种转变。

不仅仅是交流，而且是全交流

与个人或团队一样，系统是通过信息和传播来控制的。这使得系统可以自我控制。然而，由于环境复杂，仅让系统获得信息还不够。我们必须以某种方式让系统获得信息，从而让系统集体意识到它们拥有相同的信息状态。在控制论领域中，这属于所谓的“元传播”（meta-communication）。元传播使得个体和团队能够自我控制，在必要的情况下，还能进行自我重组（不是作为个人而是作为团队）。这种传播效果是一个先决条件，一定要达到。**每个人都知道：每个人都知道每个人知道这个事实。**

这个观念对很多人来说很陌生。对每个人来说，知道他自己应该知道些什么还不够吗？有时候够了，但大多数时候，是不够的。在这里，我们正在接近控制论的本质：一门关于传播和控制的科学。[⊖]单靠双向传播尚不足以控制复杂的环境，甚至会导致发生误解的风险达到最大。因此，在交流的同时，必须进行元传播。

简报

实行“元传播”的一个途径是简报。迅速的变革和未知的环境要求团队实现快速、密切的协作，并不断就优先事项达成共识。按照预先定好的时间间隔，定期召开联合会议或远程会议，就能做到这一点。如果需要额外的谈话，也可以安排。时间间隔多长合适这个问题，取决于具体的环境和变革的速度。在剧烈动荡时期，最低要求是每天发一次简报（最好是在上午）。通常，在傍晚时分再发一次简报也是可取的。在有些情况下（比如危机高峰时期的每个小时），要求更加频繁地发简报，甚至要召开实时在线会议。

⊖ The founder of modern cybernetics, Norbert Wiener, MIT mathematician and founder of self-steering missiles, chose for his book *Cybernetics (1948) the subtitle Communication and Control in the Animal and the Machine.*

新中心化——木桶原理

当今，组织的首要原则是去中心化，这自有其道理。这条原则执行得越好，系统各要素（比如，公司的各业务单位或子公司、大医院的病房、大学的院系等）的网络化程度就越低。然而，在发生深刻变革的时期，一切都受到质疑。去中心化原则如果要继续发挥效果，还必须实行信息流的中心化来进行补充和掩盖。

要做到这一点，管理者必须建立协作的节点，这就好比航空运输业建立各大中心一样。必须把这些节点以某种方式组织起来，以便管理者在某个地方、在任何时间能确定某件事是否失控、是否需要干预。

反过来，这又要求实行**单人责任原则**（one-person responsibility）。从有机体以及大脑和神经系统运行的方式中，除了别的东西，还可以推导出控制论控制的若干原则出来，单人责任原则就是其中之一，这些原则如今普遍应用于航空等领域中。很多人认为难以接受，因为他们逐渐了解的只有去中心化原则。不过，在发生转型的变革时期，系统的整体配置都发生了改变，仅仅实行去中心化不足以应对变革。

通过指令和信号来管理

处理高度复杂性的另一种方法是，向执行特定任务的相关员工直接发出指令。人们常把这种指令与权威命令相混淆，实则不然：它是通过信息和传播发出的有效的指导和控制。

只要环境对相关员工来讲是已知的，管理者唯一需要决定的就是需要做**什么**；可以让员工来决定**如何**做。但如果环境对这位员工来说是新的，就不能指望他去做正确的事。管理者需要为每一步提供无差错的信息。

一个有名的例子是：车载卫星导航系统，它指引我们穿过城市，驶向未知的目的地，靠的就是视觉和听觉信号："继续直行1000英尺；然后在十字路口左转，在第二条街右转，300英尺后右转，进入停车道"。

尽管该系统使用的是祈使语气，但它发出的指令并不是通常意义上的命令，而是我们口中的"推荐完成一项任务的步骤信息"。另一个例子是建筑工地周围的交通迂回路标。大型火车站或机场的信号系统的功能也是相似的：为千千万万的旅客提供指南。每位乘客可以自由地选择他在当时当地所需要的到达目的地的信息。这样，人们在陌生的新环境中，即便存在高度的不确定性，也能够做正确的事。指令和信号为未知环境里的所有行动都提供了必要且可靠的方向性指引，从而有助于避免紧张情绪。

走在变革的前面：实时控制

对管理者来说，"失控"是个可怕的概念，因此，管理者需要始终走在变革的前面，以此来确保不会失去控制。在这方面，所谓的"实时"原则是至关重要的。系统要在高度复杂的环境中安全运转，"实时控制"是自然法则之一。正如汽车驾驶员永远面对的是当前的速度（即实时速度，而不是十分钟之后的速度），在复杂环境下，管理者需要掌握有关他所负责的流程和事件方面的实时信息。

这意味着，管理者必须在任何指定时间都确切地知道自己所处的状况，方可在不断变化的环境中把握好下一步的方向。环境越复杂，以不可预知的方式发生变动的速度就越快；管理者对新环境的了解越少，实时原则就越重要。实现神经机械学上的控制带来了计划的灵活性和精准性——不是因为计划变得更好，而是因为增加了实时控制。顺便提一句，有时候环境的改变很大，不可能制订出有效的计划，在这种情况下，实时控制同样能起到作用。在开车的时候，你无法知道什么时候会有孩子突然横穿马路。不过，有了现代远程控制，即便出现这种情况，也尽在掌握之中。

实时控制的理想环境是所谓的**操作室**或**操作中心**，[⊖]它们为管理者提供了**决策环境**——人脑的延伸，即“第二大脑”。凡是见过一项复杂的任务在操作室里何等轻松、有效地得到处理和解决的人，都会对操作室念念不忘。在办公室或专用会议室里，建一间操作室并不难。突然间，宁静祥和代替了曾经的混乱和嘈杂。管理者的工作或许没有减少，但他会产生“一切尽在掌握中”的感觉。

管理直属管理者和同事

管理者要取得成功，员工至关重要，但至少同等重要的是他的上司和同事：他们是这个人的直接系统（immediate system）的组成部分。更准确地说：管理者需要和他们进行有效的协作。为了做到这一点，管理者需要有所为，或者态度要积极。第五篇讨

⊖ Sebastian Hetzler: *Real-Time Control für das Meistern von Komplexität* [“Real-time control for mastering complexity”], published as part of edition MALIK, Frankfurt/New York, 2010.

论的是，如何把对上司和同事的管理纳入有效管理模型的应用以及整体系统当中。

在有关组织里的压力、负激励以及广义的痛苦的研究和媒体报道中，经常提及的原因是“不能胜任”的上司和“老谋深算”的同事。但是，改变上司和同事通常又做不到。因此，符合管理者利益的做法是，把上司和同事管理好；不用“忍受他们”，管理者会变得卓有成效。传统的管理培训很少涉及这个话题。其实，遵守一些简单的规则会大有裨益。

规则 1：管理你的直属管理者和同事

根据我的经历，[⊖]九成管理者没有意识到这条规则，因此他们甚至根本没有想到去应用这条规则。相反，他们对自己的直属管理者和同事感到厌烦，有些人甚至因此而产生了严重的健康问题。

规则 2：弄清楚他们是什么样的人

上司和同事大体上是什么样的人，你不可能知道，也不必非得知道。但经过一段时间，你能逐渐了解很重要的那几个人，完全可以摸清他们为什么是那样的人。比如，如果他是阅读型的，就给他发电子邮件；如果是倾听型的，最好给他打电话。如果你的上司想要把所有东西都写在一张纸上，就给他一张纸；如果他喜欢长篇报告，那就提交长篇报告给他好了。

⊖ 尽我所知，这方面的顽固性要归功于时任通用电气 CEO 的杰克·韦尔奇。他的这一成就比他十年后提出的“股东价值最大化”理念（他因此而闻名遐迩）要重要得多。

规则 3：利用他们的强项

很可能，你很快就会发现哪些方面是上司和同事的弱项。但他们有哪些强项？在他们能力很强的领域里，你可以帮他们做得更好、更成功，这是大家所希望的事情。如果你帮助并支持他们，你将和他们并肩前进，共同进步。

规则 4：承担起确保相互理解的责任

和你一样，上司和同事都是各自领域里的专家。专家经常生活在充斥着本专业行话的封闭世界里。他们通常都想不到要使用替代性的术语和短语。因此，一定要清楚地表达自己。为你的对手搭建起一座桥梁，然后请他跨过这座桥。

规则 5：通过封闭环路进行沟通

当形势真的很复杂时，你需要控制论意义上的反馈，才能进行有效可靠的沟通。相关的反馈回路是**命令确认**和**完成报告**。这方面的典型例子包括：飞行员和航空流量控制人员之间的沟通，或手术室里的外科手术程序上的沟通。

沟通过程简单而直接：每收到一条指令，都加以确认。你按照指令行动，然后报告任务完成，该报告再得到指令方的确认。这些简单的措施有助于确保一个系统 100% 可靠地发挥功能。错误和误解率将在极短的时间内大大下降，而效能却会成倍提高。

这些规则互相适用，能实现事半功倍的效果。如果你是老板，就让员工对你和他的同事运用这五条规则吧。

CHAPTER

第 24 章

预算和预算编制

预算是对管理者要求最高的工具之一。要娴熟运用这个工具，有时要求管理者特别了解有关企业管理方面的术语、事实以及二者之间的相互关系。请注意，拿到企业管理学位的人不一定会编制预算。预算领域的专家是财务管理及会计专业的；不能想当然地认为学习其他专业的人会编制预算。

预算本来是管理者最重要的工具，但很多管理者非常乐于将它交给别人。商业企业里的情况就是如此，而在非商业组织里，这种情况更加普遍，（结果）非商业组织里的员工在使用这个工具时实在是困难重重。

在有些组织里，员工似乎不太关注数据，这不利于提高组织的效能和信誉。经常可以看到，员工甚至对自己不了解那些世俗的财务问题引以为豪，这种现象在文化类组织和非营利性组织里尤为普遍。在这些组织中，指导经营活动的有价值的、透明的预算，精心整理过的数据和良好运转的会计系统，被认为过于物质化，有损社会利益，与文化和艺术相悖。

这种态度甚是荒唐，只要员工如此看待预算，从长期来看他们的组织就无法实现自身目标，这几乎是不可避免的。即使资金雄厚，这些组织也会陷入长期的财务困境中。失去了信誉，就失去了朋友和资助商。这些组织最终往往会陷入丑闻的泥潭。比起商业组织，清晰的预算和有效的预算编制程序对非营利性组织来说甚至更为重要。

除了其他的研究成果以外，本章还以德鲁克的观察为基础。我的经验已经多次证明，他的观点是正确的。只有极少数几位学者把预算视为管理工具而不仅仅是（当然它也是）财务和会计工具，德鲁克是其中之一。[⊖]

遗憾的是，在管理方面的文献中，几乎找不到任何有关预算和预算体系的有用信息，几乎只是在有关金融学、会计学或财务控制方面的专业文献中才有所涉及。在接下来的章节中，我将把内容限定在每位管理者都应当熟悉的那些方面进行阐释。当然，财务专家会希望讲得更深一些。

有效管理的最佳工具之一

一定不要把预算和预算编制视为财务专家与财务主管的专用工具；（每一位）管理者都得把它视为重要的工具。

特别地，**利润责任单位**（不管是叫作利润中心、成本中心、营销中心、事业部、业务领域、子公司，还是其他名称）的管理

⊖ Peter F. Drucker: *Management*, New York, 1974, 5 th edition 1994, pp. 412 et seq.

者必须确立预算的工具性地位并加以运用。原因如下：

（1）对经验丰富的管理者来说，预算是最佳工具，因为他们可以利用预算来有条不紊地安排全部计划，并围绕它来部署工作。对于经验欠缺或者刚接任**新职**的人员来说，预算是他们了解企业和自身工作领域的最佳工具。从一开始就为企业编制预算，是让管理者熟悉并深入了解企业的特性及其"运行规律"的最佳途径。遗憾的是，绝大多数公司在新员工接受入职培训的时候完全忽略了这一点，个中缘由，我不得而知。尽管新员工在培训中所学到的其他技能也都非常重要，但是，只有当他们真正着手为自己的部门编制预算，而且预算方案被驳回一两次而重新修订（因为刚开始的时候，预算通常做不到准确无误）之后，才能说他们对业务有了比较清楚的了解。

（2）预算是有效配置核心资源的最佳工具，人员配置更是如此；事实上，预算是唯一能让所有资源**从根本上**提高产出效率的工具。

（3）预算是事先规划协调某个具体部门或组织整体的全部活动的最佳工具。如果部分和整体之间的互动存在障碍，通常会归咎于组织性问题，然后进行人员重组。但实际上，这种情况很少属于组织性问题。与调整整个结构相比，把预算作为协调工具，可能效果更好，也更简单。

（4）预算是把部门负责人及其下属员工融入整个组织当中的最佳工具。从总体上看，融合是一个广为谈论的话题。它通常被看作一个企业文化问题：员工应该认同企业，共同组建起一个"大家庭"，但到目前为止，仅有少数企业想到把预算和预算编制用作整合的工具。

（5）在以下方面，预算也是最佳工具：让管理者知道计划应该何时、如何修订，有哪些偏差需要校正以及（最重要的）知道环境及基本假设发生了哪些变化。

以上五点足以解释：管理者应该重视预算和预算编制，而不是把这些工作全部交给财务主管。无须赘言，财务主管要做的工作依然不会少。事实上，财务主管的工作越受重视、越得到理解和尊重，管理者就越懂得如何进行预算。

把数据变成信息

当今在组织里，并不缺乏数据；相反，我们掌握了太多的数据。但是，信息依然供不应求，而且不能指望管理者知道如何从数据中获得有用的信息。尽管单凭预算本身并不能解决这个问题，但它是让我们走近解决方案的路径之一。

下面解释的若干事实其实是不言自明的。不过，经验证明对其进行解释是必要的。下面的内容涉及预算的编制、执行和控制。

信息总是以差异为基础

格雷戈里 · 贝特森（Gregory Bateson）⊖用差异这个元素来定义信息。他认为："信息乃生异之异。"

⊖ Gregory Bateson: *Steps to an Ecology of Mind*, New York, 1972, passim. Bateson is one of the most renowned information theoreticians, evolution scientists, and cyberneticists.

因此，不仅在预算控制阶段，而且在预算的实际准备阶段，预算都必须对其最重要的科目**进行比较**并**体现出差异**来。对比双方的选定取决于具体的情况，而且必须做出相应的界定。但是，在大多数情况下，总是与上一个时期或公司具有可比性的其他部门在业绩、基本指标及其他预算科目方面进行比较；在预算编制过程中出现了结构性变化（比如，外包业务增加和内部生产下降同时发生，或者使用高品质而非中等品质的原材料），这种比较尤为重要。

差异应该得到解释，最好是书面解释

通常，差异并不是指消费或支出增加这种简单的事实，而是指花费**方式的变化**。比如，产品的范围或者原材料的搭配发生了变化，质量和价格、批量和批次、客户的订货结构及订货模式发生了变化，非营利性组织的项目可能有变化。这些都必须得到确认和解释。尽管数据和数字看上去很客观，而且人们也常常这么认为，但它们其实并不是客观的变量，需要加以**解读**，而且通常可以进行多种解读。正因为如此，做出解释和评价是很重要的。

既要分析负偏差又要分析正偏差

负偏差总是得到详细分析，这很正常。因为仅仅关注负偏差，所以总是忽视正偏差。**我们在哪些方面取得了超出预想和预算的成绩？原因何在？**很少有人问及这些问题。

当你面临一个特别的机遇，或者发现一个以前没有意识到的优势时，正偏差往往是最早出现的信号，并且总是相当可靠的信号。如果不积极关注，就发现不了这些正偏差。因此，我们应该要求财务主管在准备预算会议时，不仅要找出负偏差，还要重视正偏差。

一旦发现正偏差，往往值得我们追加投入、扩大支出，因为这样你很有可能获得超出预期水平的好结果。预算是控制资源配置过程的工具。

每项预算都必须包含结构性信息

结构性信息包含预算各个科目相互之间及其随时间而变化的**百分比**，还包括科目本身的各种变化。应该把重要科目表示为**索引值**（index values），并清晰界定各个科目的基础。

为了掌握准确的情况，仅与前一个时期做比较是不够的。对索引值进行长期比较的最佳方式是利用一段时期（比如，36 个月或 48 个月）的移动平均数。这些平均数及其变动趋势为判断趋势和进行预测提供了重要的信息，可以从数据材料中提炼出**变化模式**来，而这些模式又能提供至关重要的信息。当然，移动平均数不过是找出变化模式的若干方法之一，还存在其他方式，但应用其他方式需要具备专业知识。

预算比率

除了绝对必要的预算科目（如收入和支出）以外，还应该包括一些比率。

尽管这些比率的选择在相当大的程度上取决于具体情况：小型组织毕竟不同于大型组织，制造企业也不同于服务企业，但是，有些比率是始终都要考虑的。最重要的是，这些比率与第三篇在讨论目标的时候我提到的领域有关。

- **市场地位**及所有相关事宜：客户价值、品质、市场份额等；
- **创新表现**：上市时间、成功率、重大创新；
- **生产率**：全要素生产率及其要素，比如资金、有形资源、劳动力、时间和知识等要素的生产率；
- **人力资源**：人员流动、缺勤率等；
- **流动性和现金流**；
- **利润率**：首先是投入资本回报率，然后对其进行区分、结构调整和细化。

在上述所有领域中，都可以建立几个复杂的比率系统来。这项任务最好留给专家来做，但管理者应该始终了解一些基本的比率。

特别提示

预算是针对未来工作的工具

有效预算的基础和关键常常可以归结为这样一个问题：**我们希望从这些重要的活动领域中获得何种结果**？预算不应当是对过去所做的推导。无论对过去做出何种简单的推导，组织迟早都会陷入困境。预算是而且必须是**意向声明**。

预算这种工具能把任何事情都能变得清晰明了，能把所有事情集中起来并进行总结：长期规划与长期意图、战略、创造力与创新、把一些无关的东西从企业中清除出去、资源的重新配置，等等。每件事情都必须接受这样一个问题的指导：为了实现意图，我们现在（即在下一个阶段）需要做什么？

资金变量是数量变量的“简略表达”

人们通常以资金形式来编制预算，预算的表现形式就是资金，这导致一些错误观点广泛流传。

应该把资金变量视为实际变量、数量关系的一种“简略表达”。因此，只要基本的数量关系保持不变，资金数量的调整就不会产生什么实际影响。

成本控制是预算的结果，而非目的

好的预算是对预期的结果以及它们与必要的方法措施之间的关系进行全面、细致的考虑之后的结果。

如果只是把预算看作成本控制的工具，那么预算就不太可能行之有效。大多数员工会认为：预算无关紧要且带有官僚主义色彩，甚至会蜕变为某种障碍。预算更为重要的职能包括：分析成本的来源、成因及结构；控制资源使用进而控制组织的优先事项（前面已提到过这一点）。

零基预算——择机而用

为了避免对过去进行天真、危险的推导并确保所有活动都得到全面考虑，有必要时不时地从头开始（摆脱以前的各种局限条件、惯例及其他限制因素）编制预算。

零基预算很耗时间且难度大，但非常值得。因此，应该经常**有选择性地**采用零基预算，无须每年针对所有部门，只需在更长的时间间隔内面向各部门进行一次。最重要的是，对于那些关乎成败的真正重要的活动采取这种做法。

生命周期预算——摆脱日历或财务年度的束缚

预算常以 12 个月为一个周期，从原则上讲这么做是必要的，而且是正确的。然而，并非所有的营运任务都可以压缩在 12 个月内。如果试图这样做，就有可能会割裂自然的和逻辑的关系。采用跨越多个周期的**滚动**预算，可以算是对以 12 个月为固定周期的预算做出的改进。但是，不管如何编制滚动预算，在任何情况下都需要进行人为的、大体上武断的周期划分。

毕竟，导致预算超支的原因往往并不在于缺乏纪律、铺张浪费、缺乏控制或疏忽大意，而是因为没有把项目的**后续成本**考虑进去。于是，管理者突然发现自己陷入了资金泥潭：因为他们早前已经做出决策，现在不得不承担（更确切地说，是容忍）接下来的后果。这正是监事会或董事会所批准的预算总是在本质上无关痛痒的主要原因之一。董事会在这个问题上不再有发言权，但又不得不接受不可避免的后果。

美国国防部以前的做法是预算失误方面一个最典型的例子，不仅在政府管理层面而且在很多纷纷效仿的组织中，都很典型。采购新式武器系统时，把第一年的成本纳入预算，但这些只是启动时期的成本，没有人意识到会出现后续成本。只是在麦克纳马拉[⊖]任期内，才采用过生命周期预算。现如今，在武器系统的生命周期内发生的全部成本（包括保养与服务、零部件、培训、操作人员和报废等），都纳入了预算。

当然，由于生命周期预算基于诸多假设，差错还是在所难免的。但采用这种预算以后，负责人就不得不以不同的方式来认真思考各个方面的问题，而不是仅仅考虑到未来 12 个月。

从总体上讲，不错的做法是，在编制生命周期预算时坚持这样一个前提：必要成本的产生，不是因为失败，而是因为未来的成功。成功会产生高额的后续成本，这是有其道理的。所以，特别要为**成功所带来的后续成本**做好准备。失败当然会毁掉一个组织，然而那些经历过成功却无力承担成功所带来的后续成本的组织，更具悲剧性。

需要两种预算：业务预算和创新预算

与前面直接相关的是另一个观点：组织需要两种不同的预算来服务于不同的目的，制定难度当然也有所不同。

（1）第一种预算是组织常有的业务预算。业务预算针对的是当前现有业务，也是你所熟悉的业务。在这种预算中，虽说不能仅仅根据过去来推导未来，但过去的和当前的数据是有用的，而且是最为可靠的参考数据。这种预算的关键问题在于：**要成功地维持商业运转，最少需要多少资源？**在这种预算中，传统的商业管理思维是合理的、正确的。

⊖ 参见：Deborah Shapley: *Promise and Power: The Life and Times of Robert McNamara*, Boston, 1993。

（2）第二种预算是**机会预算或创新预算**，遗憾的是，只有极少数进取型企业才编制这种预算。这种预算所针对的是新事物，即创新。由于无经验可循，这种预算含有很多的不确定性，因此不可与前一种预算相混淆，否则，会削弱业务预算的效果，并掩盖创新预算中存在的不确定性。对于创新预算，必须关注这样两个问题：**第一，我们是否正在适当的机会和创新上投入资源？第二，如果是这样，要真正把握机会并取得创新上的成功，最多需要多少资源？**太多出发点很好并且在本质上非常重要的公共项目之所以失败（企业项目也是如此），主要原因在于：投入资源太少，分配得太晚，以及分摊给了过多的部门。新企业取得成功的关键在于，将全部精力集中在少数事情上，并且全力以赴。

关键科目预算

在仔细谨慎的预算编制过程中，总会遇上这样一个必须加以解决的问题：必须考虑到的不同科目到底有几个？因此，最好的做法是问你自己：**对于成功真正重要的那 10%～20% 的科目有哪些？一旦我们归纳整理出来，会对其他科目造成何种牵连？**在一般公司里，对邮递费用和电话费制定详细的预算没有多大的意义。但是，在直邮订单公司里，这方面就成了关键的预算科目，决定邮递的费用和内容是很重要的。同样，在大多数公司里，空间利用对于成功不甚重要，但是对于连锁超市来说，却是关键科目。

1920 年，阿尔弗雷德 · 斯隆执掌的通用汽车公司采用了关键科目预算；20 世纪 60 年代，美国国防部对其进行了完善。人们认识到：在数百万个预算科目中，真正重要的，也就几百个。

顺便说一句，关键科目预算也为例外管理的合理应用提供了基础。虽然近些年来很少有人谈及例外管理，但这并不意味着它不再有用了。

预算到人

无论如何编制预算，无论预算是何种形式，但最终都要靠人（即作为个体的人）去完成实际工作。尽管人人都说人是组织最为宝贵的资源，但这一点总是遭到忽视。预算规定了劳动力成本（即在人力资源上花费多少钱），但没有规定人员应该实现多少产出。

说到底，只有一种资源可以创造业绩，那就是人。同本书其他部分的观点一样，我所指的是员工**个体**。

如果不附上责任人的名字（甚至要具体到每一个科目），预算就不可能有效果。这里的关键问题是：**这是谁的工作，预期结果是什么，应该承担哪些相应的责任？**

如第 22 章所述，实现这一点的最重要的工具是任务（控制）。因此，通过预算这个手段来配置的主要并不是成本，而是**个体**的优势。这是确保工作得到完成且得到顺利完成的唯一途径。

最坏情况预算是不可或缺的

最后，我强烈建议，在任何情况下永远都应该编制最坏情况预算，原因有以下三个：

（1）第一，在商界里和社会上，任何事情都不是确定无疑的，经常会有意外出现，任何预测都不可能做到百分之百的准确可靠。本可避免但最终走向破产的案例不计其数，这让人们开始提前拿出足够的时间去考虑最坏的情况，做到未雨绸缪。有些人认为这是悲观主义的做法，因此不适用于公司，不要受到这种误导。这不过是负责任的管理和真正意义上的领导。**领导意味着在困境中保持镇静**。但是，只有对处理危机很有经验的人（至少是能遇见到危机的人）才能始终保持冷静，因为他们对此已经有了周全的考虑，或者说已经做好了充分的准备。

（2）第二，只有通过编制最坏情况预算，才有可能**确定**公司在哪些方面具有多大的灵活性以及在哪些方面能在紧急情况下做出灵活的反应。有很多文章谈及灵活性这个话题，这不无道理。但是，只有极少数人努力去分辨具有灵活性的领域，并考虑如何将灵活性融入整个公司中。这不是一个夸夸其谈就能解决的问题，要求对所有的业务活动进行全面的分析和考虑，而最佳途径就是编制最坏情况预算。

准确地说，公司不同，最坏情况也各有不同。有一种简单原始却非常有效的判断方法：**如果销售下降 30% 已成定局，公司会变成什么样子**？长期以来，人们一直认为这种假设很不靠谱。回到 20 世纪 90 年代，很多人终于明白，受经济状况或科技进步的影响，这种可能性的确存在。如今，所有人都认识到，类似的甚至更糟糕的销售急剧下滑情况都是的确有可能发生的。金融危机已经让人们意识到一切皆有可能，而且往往没有预警，最坏的情况就发生了。

（3）编制最坏情况预算的第三个原因如今应该是显而易见的，就在于它是**全面**评估公司及其内部运营状态的最佳方法。经过此番演练之后，对企业的了解肯定会比以往任何时候都要深入得多。

记录要清晰

在大多数组织及其下属各部门里，全面预算记录通常只有一页或几页而已，这无可厚非，但前提是预算的基本假设、相关因素以及术语都要记录得**清晰、准确**。否则，意义重大的预算控制便无从谈起。如果不记录下这些东西，人们几个星期后就会忘掉编制预算的初衷。其后果是，人们对预算的解读五花八门，而且会转移责任、制造借口；占据主流的不再是清晰的思路，而是花言巧语，那些最善于编造借口的人反倒成了英雄。

组织及组织文化很快会呈现出态度颇为保守的特征，谁都能准确地判断出哪些工作不可能得到执行，而且知道原因何在；与此同时，难过、讥讽和懒散的情绪或氛围会弥漫开来。人们会觉得自己没有受到公平对待。为了应对这些情况，组织将会实施声势浩大的建设组织文化的工程，“学习型组织”会成为主旋律，试图在不计其数的披着时尚面纱的方案中找到问题的解决办法。

但其实，这个问题常常可以用更简单、更好的方法来解决。那就是，在编制预算的时候，要发挥专业精神，精雕细琢，考虑周全，严谨审慎。总之，要实施**有效管理**。

CHAPTER

第 25 章

绩效评估

令人惊讶的是，有很多管理者在使用绩效评估这个工具时似乎会碰到问题。不管是对自己还是对员工的评估，他们一概排斥。他们认为评估没有用，甚至不愿意谈起这个话题。管理者也按照要求定期（通常是每年一次）进行绩效评估，但他们并不是真心支持的，所以也就是走个形式罢了，在这种“杂事”上付出极少的时间和精力。即便在评估方面进行大量的培训也起不到多大作用。何以至此呢？

表象往往具有欺骗性。在多次与各级管理者讨论绩效评估这个工具的过程中，我发现：管理者并不排斥绩效评估本身，事实恰好相反。不过，他们极为讨厌的是绩效评估**系统**。

管理者反对的是与绩效评估相关的过程，他们认为其中存在许多繁文缛节。一方面，评估过程加大了评估的复杂性；另一方面，评估过程实际上妨碍了个性化的绩效评估。

一旦我们把绩效本身和相关的评估程序区分开，通常就会发现，绝大多数管理者认为绩效评估能起到一定作用，并且是很重要的。

那么，问题出在哪儿呢？管理者真正需要的是回答有关绩效和绩效创造者的问题，而常用的绩效评估系统恰恰做不到这一点。只要了解以下两点，其原因很快就会变得明朗起来：当前绩效评估的逻辑和方法源于临床心理学；它是由思维或多或少像医生的专家创立的。正如传统医学，临床心理学必须关注人们的疾患和痛苦，了解他们的缺陷和不足，以确保患者得到合理的治疗并治愈为目标，换言之，要根除病人的症状。因此，从一开始，医患关系就是走向终结的。毕竟，对于大多数人来说，能快速治愈自己的医生才是最好的医生。

然而，管理的情形正好相反。管理者必须关注人的**优势**，而且他们与下属的关系必须长期持续下去。

因此，很明显，源于临床医学领域、解决医生所关注的问题的绩效评估系统在管理领域是毫无用处的，即便出发点不错，也往往是弊大于利。

没有标准的评估标准

起源于临床领域的那些问题经常可以在标准化的评估标准中反映出来。这对临床医学来说意义重大，原因在于，一旦知道了某种疾病并研究过它的疗法，其症状就可以通过一套标准描述出来，而且这套标准对所有人都是适用的。比如，麻疹、流感或猩红热等疾病在所有人身上体现出的症状都差不多，因而可以用标准化的标准来描述它们。每一次应用，都是驾驭医学上的复杂性的方法。正因为如此，确定一系列症状并精确地加以描述，在可能的情况下对其量化处理，这些都算得上医学上的重大进步。接下来，确定每套标准的极限数值，如果检测值在正常范围内，那么身体就是健康的。很多医学检测都遵循这个模式。

尽管这种程序在医学上可能有用，也许在其他领域中也能派上用场，但它在管理领域中毫无用处。我在本书中反复强调过，在管理中真正重要的不是那些可以标准化的东西，而是某项管理任务的**具体**特点以及某个人的性格特点。

组织对管理者的典型要求包括性格和技能，比如与他人交往的能力、应对压力的能力、决策能力、创造力、创新能力以及团队精神等。几乎每个组织都提出了这些大同小异的标准，基于我在本书第一篇中已经解释过的原因，这些标准最后都演变成了对理想的候选人（尤其是管理者）的特征所进行的描述。在最好的情况下，这些标准试图说明管理者应当拥有的一般能力或典型能力，但是在评价某位具体员工的绩效时，这些标准毫无用处。

采用这些标准化的标准来进行绩效评估时，会直接导致出现一种让管理者总是加以回避的荒唐情形。某些能力在特定情况下甚至并不需要，管理者却必须评估它们。于是，在创新能力其实本无所谓的时候，不得不评估员工的创新能力；在某位员工几乎从未做出任何决策时（更不用说重要决策了），不得不评估其决策能力。这种评估，无法为员工的加薪或升职提供翔实、有效的依据，因而管理者视其无意义甚至不公平，是不无道理的。

提出“管理者一般要满足哪些要求”这个问题显然是错误的，正确的问题应该是：“针对具体的组织、具体的职位和具体的环境，管理者需要具备哪些能力？”

或许，在一定程度上可以把一些因素归纳起来，使之在更多的场合体现出重要性。以体育运动为例，体质和力量总是很重要的，但归纳也只能做到这一步了。我们说的是哪种体质和力量呢？百米短跑和马拉松需要的是不同的体质，所以这两个项目的训练也大不相同，甚至是彼此排斥的。同样，举重和跳高运动员对力量的要求也是不同的。对各个运动项目而言，可以颇为精确地描述出它需要满足的要求以及训练需要达到的效果。不过，如果把所有的因素都汇总并归纳到一起的话，那么结果就会变得毫无用处。

对于运动员的要求不能笼统地一概而论，只能针对个体提出具体的要求，这是因为，每一项素质要求（不是抽象的东西）都必须在具体的评估基础上加以确定。这一点适合于各个管理层级上的员工——越是如此，职位就越高。

没有标准化的人物形象

采用标准化的评估标准会导致标准化的人物形象，这几乎是不可避免的。这些人物形象可能是“中性的”，不好不坏。

产生这种现象的原因很清楚。首先，管理者不想伤害自己的下属员工，而且业绩评估总是会以某种方式影响员工的收入，因而它是个格外敏感的问题。所以，如果管理者不得不评估的绩效特征与员工个人没有多大关系时，他们就会尽量保证评估不给相关员工带来任何不利的影响。

其次，不管接受评估的是下属，还是上司，管理者谁都不想得罪。如果对某人做出负面评估，就要向上司和人力资源部证明评估结果是正确的，而且还要应对当事人，可能还要应付工会。如果做出的是正面评估，他就要准备应对员工提出的加薪升职的要求，还要证明结果的正确性。最后，管理者可能还要解释为什么有这种出色的人才但整个部门的绩效差强人意。因此，无论管理者怎么评估，结果都会带来麻烦。为了避免这些问题，管理者会选择中性评估。总之，不管在建立评估系统时做出了哪些设计和改进，不管在评估的实践和培训方面付出了多大的努力，最终的结局都不是我们想要的：评估的结果毫无意义，根本无助于提升组织的效能。

更好的评估方法：一张白纸

那么，要想绩效评估行之有效，并使之成为驾驭21世纪巨变所带来的复杂性和各种挑战的工具，我们真正需要的是什么呢？

组织不需要任何证明员工平庸的信息。我们需要了解的是：**组织里**的哪些人**具有哪些优势**，以及利用这些优势，他们能够实现哪些结果。根据一个人**迄今为止**取得的绩效，可以最为可靠地找出他的优势之所在（我已经在前面讲过这一点）。

找出这些优势才是绩效评估的真正目的。只要管理者能得到这方面的结果，对绩效评估的任何抵制通常都会消退。因此，关注优势这条原则为人员的配置及其合理的薪酬和晋升提供了基础。在实现人力资源有效配置方面，这是最强有力的杠杆。

在这方面，我推荐的工具就是一张白纸，上面没有任何图表，没有有用的提示或结构、指导意见、小号印刷文字以及脚注。在和被评估者交谈之前，管理者就在上面写下自己对其绩效的评估意见。空白的纸会迫使管理者对被评估者进行**思考**，而不去考虑评估标准，也不必填写各种表格，因为那样做会导致评估结果机械，进而使评估失去意义。但是，拥有一张核查单，上面列出可能被遗忘但具有潜在重要性的关键点，也许是有益的。这些关键点包括一些如何实行正确的管理、如何应对巨变的话题。

在实践中运用这套程序时，管理者通常会发现：对接受评估的员工，他们其实很不了解；（尽管是直属管理者，但）一年之中与他接触得很少；这种接触是很肤浅的；他们对躲在“人力资源”背后的这个人几乎一无所知。

绩效评估的结果应该满足若干要求。首先，所要评估的绩效本身必须独立于具体的人。绩效不是凭空存在的，它必须与先前设定的目标相关，否则我们谈论的就是工作，而不是绩效，所以，我们必须结合第三篇讨论过的目标来讨论绩效。

其次，我们应该了解评估对象个人的、非常具体的优缺点。我要再次强调的是：**个人的、具体的**。这个人特别擅长做什么？不太擅长做什么？我是如何得出这个结论并加以证明的？有没有值得进一步分析的潜在优势或假定优势？应该如何设计任务来确认或否定我的推测？

以上是必须认真提出并解答的几类问题。在这里，分类和任务模板都没有用，因为它们掩盖而不是突出了那些关键内容。这样做才算把绩效评估当成了工具，或者，这是必须把绩效评估用作工具的原因所在。

必须清楚地理解绩效评估的目的和目标，除此以外，最重要的是你需要有良好的判断力。对绩效评估采取程式化的所有尝试会取代人的判断力，从而导致绩效评估“贫血”，流于形式。我在第16章中已经讲过，判断力是可以训练和强化的。不要指望年轻人会具备相当成熟的判断力。良好的判断力要以丰富的经验为基础。

判断力是可以培养和传授的。这适用于人员评估，也适用于其他方面的评估。在某种程度上，判断音乐或绘画的优劣是可以学会的；评估山区出现山崩或海面发生风暴的风险大小也是可以学会的；医生可以通过学习来提高自己在诊断疾病时的判断力。现在，对上述事实持或明或暗的怀疑态度俨然成为一股令人遗憾的风潮，不然，也就不会有那么多人尝试建立一些决策评估的系统或程序，试图用虚假的量化分析来取代人的判断力了。

最好的评估方法：实时评估

评估员工绩效的最好办法是通过实时模式来进行持续评估。这种模式尤其适用于当今的知识驱动型组织。每当员工完成一项主要工作，就应该评估其绩效，但没有必要采用高度差异化的评估系统。相反，简单的尺度和简洁的评语往往就能起到作用。通常，知识员工同时或先后有好几个上司。原则上讲，他们每做一项任务都可能要向其他的人汇报，包括来自完全不同领域的项目管理者。这样就为他们创造了接受不同上司评估的机会，从而把评估的主观性降到了最低。他们将接受针对不同运营任务的各种评估。

谨慎标准化适合于哪些情况

如果你面临的大多数情况都是统一的，即若干人或很多人实际上需要执行相同的任务，就可以采用标准化评估，而且这种方法是合适的。这方面的例子包括保险业里的现场销售专员、同类的超市或百货商店里的销售人员，等等。但是，这些人显然不是管理者。管理层的例子包括连锁超市的分店经理（只要我们谈的是同一类型的分店），或者大银行的支行行长。

正是在这种情况下，带有标准化的要求列表的常用评估系统（或者说，常用的评估逻辑）最有可能派上用场。但即便在这种情况下，我仍对此持保留意见，因为经验多次表明：任何两个人都不会采用相同的方式去完成任务。这一点令人不可置信，也非常重要，但经常遭到忽视。即便是那些大体上或者完全具有可比性的任务，员工取得绩效和结果的方式也是不同的。因此，如果采用统一的评估标准，就会使得员工难以或者无法按照自己个性化的方法去完成任务，因为他们越来越难以发挥自身优势，绩效也会开始下降。这种评估方法不仅对组织不利，而且不合乎人性。完全没有理由这样做。

以销售人员为例。不管属于哪个行业，即便是最佳的销售人员成功的路径都特别宽：有的靠自己的专业知识，有的靠魅力和幽默感，还有的特别擅长维护长期的客户关系，甚至还有一些人，你都说不清他们是如何取得成功的。这一切在销售领域里体现得特别明显，但同时也适用于所有的运营任务和管理任务。

专家如何评估

有些人似乎对他人有很好的判断力。我们可以从他们在人员决策方面的正确率来得出这个结论。我们认为他们特别善于识人或体察他人。

但是，如果对这个问题刨根究底，结果会截然不同：这些人在对手下的员工进行评估时特别谨慎。他们所用的工具不是那种复杂的评估系统，而是一本“小黑本”，上面记的是他们注意到并认为值得记下来的所有东西。此外，他们并不是等到每年该进行绩效评估的时候才记录一次，而是持续地进行：只要有什么事情引起了他们的注意，就记到“小黑本”上。

通过进一步观察，你会发现，他们十分认真地反复问自己：对于某项工作活动，到底什么才是真正重要的？他们对我所说的工作任务非常了解。他们明白，**正是员工的优势决定了员工所处的位置，而弱点只是说明不应该把员工放到什么位置上**。他们感兴趣的不是一般化的东西，而是员工的个人特征。

除了别的内容，他们往往还记录一些人们常说的“关键事件”。关键事件本身是那些微不足道、没有意义的事情，缺乏经验的人甚至不会注意到它们。但是，在有经验的人看来，在一定的环境中，它们是能揭示员工真实面目的重要事件。员工在自认为没人注意的时候，在喝了太多酒的时候，在公司安排的出游活动中与同事相处的时候，会如何表现呢？他们对暗示性笑话会做何反应？在有机会表现出真实、诚实、正派、开放和诚信的场合里，又会如何表现呢？

商业心理学家琳达 · 佩尔兹曼（Linda Pelzman）[⊖]是我在维也纳经济大学的同事，她曾对我讲过匈牙利商人在评估潜在商业伙伴时用到的古老的规则。**第一，确保你看到他喝醉了，因为醉酒时他不会掩盖自己的真实行为；第二，和他分享一笔财产，因为这时他不会掩饰自己的贪婪；第三，和他一起入狱，这时就会看到他是否会丧失理智、落井下石。**不错，在正常情况下，上述场景我们很可能不会悉数体验，但至少，我们想要评估的是什么这个问题现在应该很清楚了。

总之，出色的品格判断力并非依赖于：对人“一眼看透”的能力；某种心领神会；像一些伪科学的、过于简单化的、有时简直幼稚的出版物经常主张的那样，凭直觉或使用某种秘密天线去感知一个人所有的光环（其含义可谓众说纷纭）和个性（又一个不知所云的术语）的能力。

出色的品格判断力所依赖的是：仔细观察（的能力），这种能力是经过多年实践得来的，并且不断得到分析和提升。

拒绝接受评估怎么办

在讨论绩效评估这个话题的时候，还必须解决以下相关问

⊖ 有关关键事件使用方法的描述，见琳达 · 佩尔兹曼的论文：“Critical Incidents im Lebenslauf,” Malik Letter (June 2005)，和“Die Früherkennung von Chancen,” Malik Letter (May 2014)。

题：评估是否正当合理？如何看待那些从根本上反对绩效评估的想法？

当然，有些人根本不愿意接受评估。应该如何应对他们呢？对于答案，虽然不容易让人接受，有时甚至根本不被接受，但其实很简单：**所有真正的员工都想知道自己的业绩表现。**

有些人不想知道，通常都是有一定原因的，而且经常是令组织无法接受甚至是对组织不利的原因。除了一时无知（这是可以通过信息来澄清的）以外，经常提到的唯一理由就是**绩效太差**。

好员工想要知道自己的绩效水平，了解自己的业绩是在上升还是在下降。这是运动员训练的意义之所在，是音乐家练习的目的之所在。业绩差的员工不愿意面对现实，这是可以理解的，但组织无法接受这一点。员工私下里怎么想，那是他们自己的事。

优秀的员工想要知道自己的绩效水平。

有人采用貌似科学的论据来反对绩效评估，其中有一个源自对学校成绩评分的争论。我不想贸然介入这个属于教育专家的领域，但有一件事是很清楚的，即人如果不在小时候就体验到：成功和失败是同一枚硬币的两面，实现目标和未能实现目标都是生活的一部分，有很多办法可以用来改善绩效，那么他们在社会和组织中就会经常碰到各种困难。他们获得这种体验的途径是通过学校的成绩评定还是其他？这个问题有待专家研究。无论如何，应该把有绩效与无绩效、绩效好或更好与更差之间的差异规定得足够清楚，不能让员工产生误解。一定要让员工在绩效评估中遭遇失败时明白个中缘由。

绝不要把正面思考或关注优势的原则误解为：采用花哨、诡辩的语言或修辞技巧就可以消除绩效差，因而绩效差这回事儿就不存在了。这种误解会对员工及其绩效能力产生负面影响。

真正的员工想要知道自己的表现，组织应该只给这些人提供用武之地。无论出于何种原因，放弃绩效评估，以及随之产生的平均主义，都是对人性和团结精神的践踏，剥夺了人们提升效能并收获成功的机会。

CHAPTER

第 26 章

系统的“垃圾处理”——更新系统

任何生物系统都有自己的垃圾处理系统，比如哺乳动物和人类的肾脏、大小肠、皮肤等。此外，每一个单独的细胞都有自己的垃圾清理机制。这对于有机体保持健康和正常运转来说是必不可少的。如果没有系统性、持续性的解毒功能，有机体便不可能生存。

鲜为人知但至关重要

组织要实现自我更新和平稳运营，类似的系统是必不可少的。要驾驭 21 世纪巨变，系统化的系统更新机制至关重要。每个组织都必须建立一套流程来处理过时的、过剩的东西。

系统的垃圾处理这个概念[⊖]，可以轻而易举地转变成组织里非常强大、极为有效的操作方法。应用该方法，组织可以实现从

⊖ 这个概念的原创者是彼得 · 德鲁克。

烦琐到精简、从低效到高效、从缓慢到迅速、从懒散到活跃的转变。

个人和组织都倾向于做过多的工作，这些工作各不相同，且不能创造价值。于是，他们背负了太多的包袱。个人以及比喻意义上的组织都是“习惯的奴隶”，就像仓鼠一样，要么完全出于习惯，要么因为还没有进化出可以系统地清除废物和毒素的“器官”，总会去收集与拖动周围的所有东西。

从概念到方法

系统的垃圾处理的方法和这个理念一样简单。它包括定期提出这样的问题：**在当前正在做的各项工作中，倘若当初尚未开始做，那么，哪些是我们现在不会着手去做的**？这个问题可能有点拗口，但非常有效。请注意，它问的不是：**哪些是本不该开始的工作**？尽管后者听起来差不多，但提出这个问题是毫无意义的。它针对的是过去，但前一个问题指向未来。反思过去或许很有趣，但在该环境下，起不到什么作用。**倘若并非正在进行某项工作，我们是否会启动这个工作？应该取消哪些工作？哪些是应该马上停止的工作**？解答上述问题所引发的行动，将打造出不一样的、更美好的未来。

将这种方法与个人和组织的常规做法进行对比，它的重要性将变得不言而喻。除了正在实施的各项工作以外，每年都会有新的任务补充进来……我们总有一些看起来很充分的理由，比如希望更先进、更有创新精神，不希望错失机遇，等等。但这么做的话，到头来必定会创造出不必要的大量“垃圾”。有活力的组织会慎重而系统地改变这种行为方式，它们会提出这样一个问题：**哪些是应该放弃的？哪些是应该停止的？**

系统且坚决地解决了该问题的是通用电气公司，它从一家运转不灵、懒散迟钝、官僚化的大公司，转变成了全球管理最好、最具活力和盈利能力的公司之一。通用电气的转折点出现在20世纪80年代，始于一项决策：把未能在全球市场上占据前两位的所有子公司或事业部全部裁掉。其中有些事业部，只要大笔一挥就裁掉了，而另外一些则花了十多年才真正解散，这是因为必须履行公司在供货和保修方面的承诺，必须提供零部件，并且不能对忠实的消费者置之不理。然而，即便公司花了一段时间才实现原定目标，但如果在20世纪80年代初未做出该项决策的话，公司如今依然会在这些领域里积极经营，不过要承担令组织不堪重负的后果，最重要的是，公司的盈利能力会大打折扣。

大公司可以做到的事情，中小公司更容易做到，当然，要采用审慎且系统的方法。

对于产品、市场、客户和技术来说，每隔两年就应该分析一下这个问题：哪些是我们现在不会开始做的工作？对于组织里的任何其他方面，应该每年进行一次分析，其中包括：所有的管理流程、电脑系统和程序、表格体系、清单编制、报告编写、会议安排（或许只是因为人们已经习惯了这些，但它们已经不再产生任何有用的结果了），以及公司用到的整个文档流、流程、程序和方法等。

以上大多数事情在刚引进的时候很可能是有用且有意义的。

正因为如此，关注“我们当时本不该开始做哪些工作”这个问题是没有益处的。在引进某件事的时候，理由可能很充分，问题也得到了充分的考虑，而且找不出更好的选择。但是，没有什么比行政流程或管理程序过时得更快，同时，也没有什么能更加迅速地成为颇受人们青睐从而难以清除的惯例。

在任何发展迅猛的领域里，每年而不是每三年一次，就产品、市场、客户和技术等方面来分析这个问题，当然不会有什么坏处。应该根据审慎的判断和具体业务的性质来选择时间间隔，但是间隔期不要超过三年。

这个问题不应该仅仅针对整个组织，还应该成为所有管理者的标准工具，应用于各个部门和管理者自身。

最好是在每一年中单独用一整天时间来安排日程，和最亲密、最重要的员工一起商讨这个问题，只谈这个问题，不涉及其他议题。

最初向下属抛出这个问题的时候，有些人会感到茫然。毕竟，他们习惯听到的问题是“我们还要做什么工作”，而不是**“我们应该停止做什么工作”**。所以，如果他们一开始的反应是感到困惑或有所保留，就应该坚持要他们予以回答。不需太长时间，员工（尤其是优秀员工）就会列出一长串有待进行“垃圾处理”的清单。接下来，不应该问自己“我们是否应该真正清除这些事情”，而要问**“我们能多快清除这些事情”**。有些项目，只要做出决策就能处理掉，而另外一些可能需要花上好几年的时间。至少，你已经迈出了第一步，并重新调整了员工的思考方向。

组织由此走上了自我解毒、自我净化的正确之路，不断丢掉包袱，并抛弃那些意义已经荡然无存的习惯。

产生战略效应的关键

系统的垃圾处理所提供的关键支持至少会实现以下三大重要结果：第一，真正有效的**精益管理和企业流程再造**；第二，有效的**变革管理和创新管理**；第三，为了界定组织的根本目标（即企业使命）而对组织性质进行的有效分析。在正确理解的前提下，对于精益管理和企业流程再造，不应该率先抛出这样的问题：我们如何才能让目前正在做的所有工作都变得更好、更快、更便宜、更经济？

首先应该问的问题其实是："我们应该停止做什么？"如果是根本不应该开始做的事情，就算速度提高 50% 或者成本节省 50%，都是 100% 的错误。如果不让组织清除垃圾、丢掉包袱，有效的变革管理和合理的创新管理就无从谈起。

要激发迅猛而且彻底的变革，最有成效的途径莫过于分析这个问题：我们应该停止做什么？停止做错误的事情是改变组织的最佳方式，也是最少遭遇阻力的方法。人们总是或公然或悄然反对做越来越多的额外的新鲜事，对于这，我们非常容易理解。只要不担心会丢掉饭碗，停止做某事会容易得多。如果这就是系统的"垃圾"处理的后果之一，这个措施显然必须精心加以准备，然后非常妥当地实施，以确保相关人员尽可能快地从工作流程中抽身而退。

然而，关键点在于，有关停止某些工作的问题总会涉及事物的本质：我们到底为什么要做这一切？这项管理流程、这次会议和这份表格的实际目的是什么？对这种问题的分析，必然会涉及组织的基本目的。

公司（和社会中所有其他类型的组织）的创立目的，不是为了建立现代会计制度、进行复杂的人力资源管理、实施计算机辅助管理和提供卓越的员工服务等，而是为了开发、生产和销售商品与服务，以满足**客户和其他服务对象**的需求，治愈病患，或者为了防止破坏环境。

会计、信息、人力资源、行政等部门，都是组织实现其真实目标的手段。对此永远不要忘记，这是因为实现初始目标所要求的所有职能部门往往会形成某种长久的生命力。因此，应根据组织的初始目标，不断对这些部门进行质疑和反思。只有采用这种方式，才能从根本上真正让一个组织变得富有活力、反应迅速、生产率高，并且能够保持下去，也只有采用这种方式，才能创建"**有效的目标实现**"这种组织文化并使得组织聚焦于真正重要的事情。

提升个人效能的快速指南

系统的"垃圾"处理也是管理者及其下属提升个人效能的最简单、最迅速的方法。卓有成效的管理者每年至少要拿出一天的时间来认真分析这样一个问题：**出于某种原因——因为它已经不再有用了，因为我已经足够成熟不再需要了，因为我想向别的方向发展，因为找到了其他更好的方法，因为有更重要的工作要**

做，因为我上了年纪必须调整优先事项等，我应该停止做哪些工作？

随后，他们开始有步骤地处理这些事情：调整日程表上的时间安排；开始改变时间支配方式；开始重组自己的活动范围并采用新技术——简而言之，甩掉一些负担。于是，他们为新工作腾出了空间。他们的做法还包括对资源进行重新配置，以提高资源的使用效率。这是一项永无止境的工作，需要不断进行处理。顺便说一句，这也是一个保持年轻、好奇心和健康状态的途径。

同时，这些管理者会督促手下的员工采用同样的方法。尤其是针对已达成共识的目标，他们不满足于仅仅收到一份来年的工作清单，而且还需要另一份清单：来年应该放弃或**终止**的所有工作的清单。

在管理之外的其他领域中，这种方法也比较系统地得到了应用。真正的音乐大家懂得，遵循简单的原则就能达到相同的音乐效果。演出曲目中每增加一首新曲子，他们就会删除原有的一首曲子。他们明白：在演奏众多不同的曲目时，即便是最伟大的天才音乐家，也无法把每一首都演奏得精湛纯熟。把其中很多曲子演奏得相当不错并不难做到，但真正做到完美的只是少数几首曲子。

无法清除怎么办

有时候，不可能把“垃圾清单”上的每一项都清除掉。在这种情况下，我们要根据这些待清理的工作对组织关键目标的重要程度和贡献大小来选择其他的处理方法。

其解决方法未必始终就是"彻底清除"，有时，可以对这些工作进行外包或调整。在能够终止该项工作之前，你需要决定的是在当前以最低的代价来维持这项工作。又或许，需要对该项工作进行完全不同的定位。

最简单但通常也是最糟糕的选择是，全面维持现状，一切工作继续进行。这种做法通常会让人变得懒散，产生惰性。另外，放弃过时的活动和惯例，扔掉垃圾和包袱，可以使组织**恢复活力**并进行**自我更新**。这是自内而外的自我解毒和自我净化，是自然界有机体生存的基本原理。那些能将"垃圾清理"用作工具和标准工作方法的管理者，永远不需要进行管理费用价值分析，也不太可能遇上企业文化方面的问题。同时，他们将做好准备，去迎接 21 世纪巨变所带来的各项挑战，这正是从黑线到灰线转变所需要的东西：弃旧迎新！

最后一条建议

由于不可能每天都使用"系统的垃圾处理"这个工具，所以它很容易遭到忽视和遗忘。因此，为确保其得到使用，卓有成效的管理者借助了一个小窍门：在自己的日程表上安排出一天时间，他们单独或与下属一起使用这个工具。尽管有时候因为有更紧迫的工作而不得不推迟这个日期，但他们绝不会把这一天从日程表上抹去。

再次澄清一点：该工具并不是要通过对员工在道德或素质方

面提出具体的要求来改变他们。如果每个人都学得快、有活力且有创新精神，当然是好事情，但可遇不可求。不过，采用一定的措施，每年使用一次这个工具是很容易做到的：谁都不需要做出改变，只需要遵守那个约定日期即可。

CHAPTER

第 27 章

总结：对职业精神的真正检验

掌握了管理工具，组织里的方法论技能就有了支柱；同时，管理者的职业精神（管理技艺）就能得到真正的检验。

管理工具及其专业化的使用，搭起了一座从效率通向效能的桥梁。管理原则和管理任务决定了什么是“正确的事情”，管理工具则是“正确地做事”所提出的要求。

电子及数字技术（人类在这方面的应用才刚刚起步）的迅猛发展，绝不会影响到专业化使用七大管理工具的重要性，甚至可能会提高它们的重要性并促进相关的应用。

不掌握这些工具，效能、生产率和利润率便无从谈起，也不会出现有意义的团队合作，没有创新，无法应对变革，也无法利用新机遇。幸运的是，任何人都能学会如何驾驭这七大工具，不需要接受任何特殊的指导。不过，真正需要的是不断实践并改善其应用。

管理工具的专业化使用好比一个杠杆，使我们能够完成越来越大型、困难且复杂的任务，但同时又不失去精神、心理和身体方面的平衡。管理者要控制消极压力（虽说做到这一点越来越难）并发挥积极压力所产生的力量来应对挑战、突破极限，而合理使用这些工具是做到这一点的唯一途径。著名的压力问题研究专家汉斯·塞利（Hans Selye）把这种积极压力称为“有益压力”（eustress）。掌握管理工具的使用“技巧”是体验这种压力及其激励效果的先决条件。

试图在不具备这个必要条件的情况下从事管理，会产生消极的压力，即**痛苦**。那是一种折磨。如果在面对“你有压力吗”这个近乎老套的问题时，能回答说“压力？我有很多事情要做，但我没有压力”，那他必定是一位职业素养很高的管理者、一个技艺高超的管理专家。

职业精神是管理者获得自信、实现自主决策的基础。

这是获得自信、保持沉着的最重要的基础之一。正如我在“关注结果”这一原则中所提及的，这也是人们从他自己的效能中获得快乐的源泉。你计划做某事，或者给自己布置任务去完成，都是因为你能做到。这正是有些管理者在处理工作时像超人一样表现得游刃有余，在生活中又跟普通人一样表现得泰然自若的“秘诀”之所在。

MANAGING
PERFORMING
LIVING

第五篇

管理系统：一个思考加行动的系统

CHAPTER

第 28 章

理解并应用正确的管理

在本书最后这一篇中，我将对有效管理标准模型的逻辑及应用进行解释。在前面，我解释了管理轮盘的“构建”原则和主要效果，这是本篇的基础。管理轮盘包含测度专业效能的标准（效能需要通过具体的行动来实现）。在此，我再次提请读者注意我在“规范经验主义”方面的立场。也就是说，**一旦实践经验证明某事是有效果的，那么，明智的做法是在环境发生根本性变化之前将其制定为标准。**

正确而良好的管理有一个标准模型（即管理轮盘），它和另外两个子系统（一般管理模型和集成管理模型）一起，构成了我提出的整体管理系统。这三大子系统共同实现使组织可靠且良好地运行的目标。⊖

我提出了“正确而良好的管理”，这似乎有些大胆。要理解我的本意，只需记起以下事实即可：在管理界，存在五花八门的

⊖ 有关我的管理系统的详细论述，见我的管理学系列作品之第二卷——《驾驭复杂性》（*Mastering Complexity*）。

时尚和相互矛盾的诸多观点；在任何其他学科或公认的专业领域里，都不存在那么多近乎稀奇古怪、混乱不堪的术语。此外，如本书开头所言，我们需要弄清楚纯粹的资金和财务驱动型管理所犯下的各种严重的错误。这些错误导致思维和行动总是着眼于短期，反过来，后者又导致财务危机以及经济资源与社会资源出现大面积的错误配置等后果。

以正确的方式做正确的事（do the right things right），这是彼得·德鲁克于 1967 年提出的观点。如今，形势已经发生了根本性变化。经济学、商业管理和社会科学等方面的理论依然很重要，但已经不够用了。管理的个人维度依然很重要。如果从本书的角度来理解管理，认为管理具有社会职能，使得社会的组织和系统能正常运转，那么管理最重要的职能在于：掌控复杂性，应对持续不断的变革和日益加强的相互关联性。这些都是 21 世纪巨变所带来的挑战。当今组织必须面对这些挑战，必须处理各种具有不确定性、不可预知性和不可理解性等特征的复杂系统。

因此，管理必须在最困难的环境下坚守自己的阵地，并实现重生。要做到这一点，管理需要从各门**复杂性学科**（系统学、控制论和仿生学）中获取真知灼见。在这三门学科中，与管理格外相关的是控制论，它有助于管理者和组织利用自我调控、自我组织、自我更新和自我发展的能力。可以从仿生学研究的成果中得到关键的解决方案。

有关管理的术语和内容，德鲁克做出了开创性的工作。他打下了很多必要的基础，为我们留下了一部独一无二的著作，篇幅长达 400 多页。汉斯 · 乌尔里希和沃尔特 · 克瑞格（Walter Krieg）麾下的研究团队进一步完善了管理的结构和内容。从 20 世纪 70 年代初起，我就是该团队的成员，并为提出系统导向型管理理论做出了一些贡献。在瑞士基础研究国家基金的两项重大课题研究期间，在乌尔里希的指导和帮助下，我获得了博士学位与大学教职。

除此以外，我的研究成果揭示了主流管理理论基础薄弱之所在。管理的社会职能如此重要，竟然缺乏可靠的衡量标准，这让我觉得难以接受。根据这些科学的基础，我解决了在具有高度复杂性的环境中实行"正确而良好的管理"的理论与实践问题。我的目标是，帮助管理者应对 21 世纪巨变所带来的各种新挑战。

到目前为止，我通过借鉴德鲁克和斯塔福德 · 比尔（Stafford Beer）、罗斯 · 艾什比（Ross Ashby）、弗雷德里克 · 威斯特（Frederic Vester）、迪特里希 · 多纳（Dietrich Dörner）、海因茨 · 冯 · 福尔斯特（Heinz von Foerster）等控制论研究专家，以及鲁珀特 · 里德尔（Rupert Riedl）、阿洛伊斯 · 盖尔维勒（Aloys Gälweiler）、沃尔夫冈 · 麦维斯（Wolfgang Mewes）、沃尔特 · 克瑞格等管理学家著作中的真知灼见，修正并完善了圣加仑管理模型当时的版本和系统导向型管理理论。汉斯 · 乌尔里希自始至终都参与到该方面的研究当中。

多年来，我一直和德鲁克之间保留着密切的私人关系。在他逝世前几个月的 2005 年 11 月，我们还进行了最后一次谈话，就两人最感兴趣的话题交换了意见：为正常运转的社会建立起正常运转的组织。2003 年，德鲁克出版了有关这个话题的论文集；2004 年，他为我自己的论文集作序。[1]他敦促我就从那一点开始继续研究。

在近 40 年的时间里，在为私人组织和公共组织里的管理者举办的内部和外部培训项目中，本书所讲的系统得到了检验。这些系统已经用于咨询和很多治理项目当中。这种应用有助于完善和调整系统及其术语、逻辑和结构。任何严肃的专业教育或职业培训，都必须争取以正确的方式做事情，必须最适用于管理者，这是因为社会上几乎所有重要事情的完成，都依赖于组织的正常运行及其管理者的职业精神。

正确实践与最佳实践

正确的行动源于正确的思想，正确的思想源于正确的感知和正确的观察，而后者又源于正确的行动，这样就构成了一个封闭的循环。我提出的管理系统及相关的模型，既是思想系统又是管理系统。作为思想系统，它们是我所谓的**知识组织者**。它们好比有序的导管，帮助把数据转化成信息，把信息转化成知识；帮助把这些知识以一种适用于管理的方式组织起来、联系起来并保持更新，从而始终为有效行动所用。

从这个意义上讲，管理轮盘也是一个知识组织者，它既为思想，又为某些应用领域里的行动提供指导性帮助。[2]

---

[1] Walter Krieg, Klaus Galler, and Peter Stadelmann (eds): *Richtiges und gutes Management: Vom System zur Praxis*, Bern/Stuttgart/Vienna, 2005.

[2] 有关我提出的管理系统的全部内容，参见管理学系列作品第 1～3 卷：*Mastering Complexity as well as Strategie des Managements komplexer Systeme* [“Strategy for Managing Complex Systems”], 11th revised edition, Bern/Stuttgart/Vienna, 2015。

管理系统的系统性、内容及形式

对于我提出的管理理论，我采用的是系统论－控制论模型，这是因为驾驭复杂性的控制能力植根于其中。对于这些模型的基本结构来说，以下三个维度很重要：**系统性、内容和形式。**

在其系统－控制基础上，正确的管理要求结构有逻辑，有清晰的术语和内容。我把这种结构逻辑称为系统性。一旦系统性正确，管理的正确性就取决于术语和内容了。这给读者带来了一个具体的困难：存在很多术语，比如德鲁克早年使用过的一些术语如今依然适用于我的观点，但是，在普遍性的语言混乱和管理风尚中，我们根本保证不了术语和内容的清晰性。于是，正确的管理及相关的管理培训所面对的一个重大挑战就在于：所使用的术语可能在逻辑和系统性方面是严谨的，但是往往充斥着错误的内容。因此，本书特别强调的是那些我认为理应是正确的内容。

组织的操作系统——巴比伦混乱的终结

这里，我要回到在前言中对运营系统所做的简短评论。假设我提出的方案可行，那么下面的结果就会影响深远：我的管理系统和计算机的操作系统一样，满足了相同的操作目的。它们确保了任意数量的设备及其界面之间的兼容性。

我迄今所熟悉的组织几乎全部或多或少地陷入了“巴比伦综合征”的恶性循环中，这越来越妨碍组织发挥正常功能：没有共同的术语，没有共同的语言，因缺乏长期培训而导致对管理无法形成一致的认识，从而沟通问题越来越多，导致冲突，无法形成共同的文化——不管这些组织是否采取过加强的措施，投入了多少资金，都收效甚微。

如果这个症状得到清楚的描述，解释起来就会容易让人明白。在那些过去常常相互妨碍的因素中，突然之间浮现出一个系统，一个其中存在有效沟通并关注效能的系统。

CHAPTER

第 29 章

效能的标准模型：管理轮盘

有效性标准模型如图 29-1 所示。在前言章节中出现的是其简化版。

自本书首版问世以来，该模型的逻辑（即系统性）尚未达到非改动不可的地步。原因之一在于，在出版前很久，我已经在我的教学和咨询实践中验证了管理轮盘；所有的系统和工具都得到了同样的检验。

图 29-1 中列出的任务和工具，已经在本书各个章节中讨论过。

管理轮盘的有效应用要求厘清我在前言部分提及的两个基本问题，这两个问题会不断妨碍对管理的有效理解。第一个问题涉及管理任务与运营任务的区别；第二个问题源于在应用管理轮盘时所遇到的不同难度。

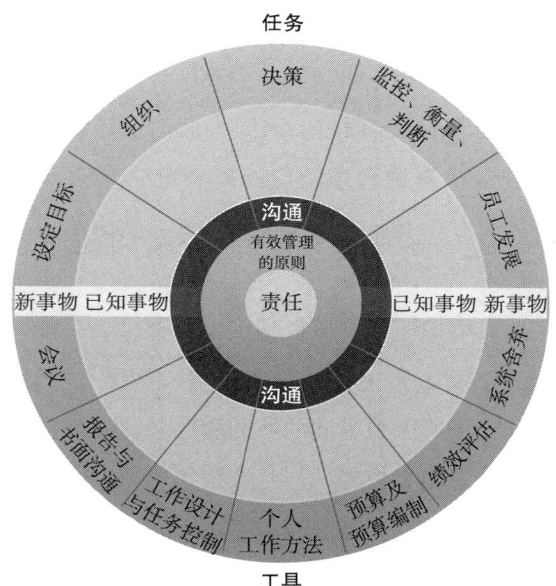

图 29-1　管理效能的标准模型：管理轮盘——所有管理者随时随地都需要这些东西

运营任务与管理任务：风马牛不相及

很多人把管理任务与运营任务相混淆，这经常成为一块绊脚石。在我构建具有普适性和恒定性的管理系统时，管理任务对每个组织来说都是一样的。相比之下，和社会本身及社会中的组织一样，运营任务是多种多样、各不相同的。运营任务是变量；管理任务是常量。这也是一旦管理者能熟练实施正确的管理并使之成为组织的标准时，正确的管理就会对效能具有如此重大影响的原因之一。

最严重的错误和误解源于这样一个事实：没有把管理从管理被应用的主题范围和专业领域中明确区分出来。混淆的根源在于企业管理理论和 MBA 项目，因为人们似乎认为某个拥有市场营销、会计或人力资源管理学位的人必定很懂管理，或者说是个优秀的管理者。但是，管理与企业管理或 MBA 几乎没有什么关系。

商业企业典型的职能领域包括：市场营销、会计、金融、人力资源、信息技术、产品开发、制造等。以下两个事实至关重要：首先，管理需要极为不同的技能和经验。管理任务和运营任务这两大因素必须相互依赖、相互作用才能取得结果，但二者大相径庭，所需要的技能和能力相去甚远。其次，对运用管理来完成的运营任务来说，管理是不变的、无关的（见图 29-2）。

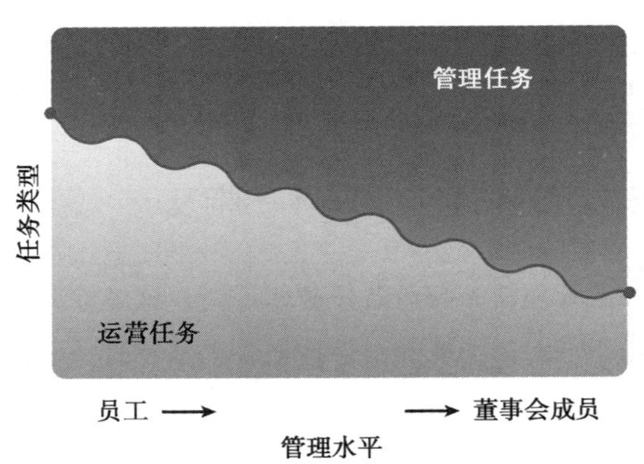

图 29-2　运营任务是变量；管理任务是常量

例如，某人或许在制药业里是优秀的研究人员，他因此而成为该领域中的专家，但也许正因为如此，他是个蹩脚的管理者。相反，即便是最优秀的管理者，在面对药品研究方面的专业问题时，也很可能束手无策。

主题范围和专业领域是必须加以管理的，而且越是困难，越是需要正确而良好的管理。另外，对于专业化应用的管理来说，管理者需要具备各自领域的大量知识。一个常见的错误是：某个领域的专家仅仅因为具备专业知识，就是优秀的管理者。和假设专业化管理者能够领导任何类型的组织的错误相比，这种错误在严重性不相上下。[⊖]

管理总是相同的，但难度并非总是相同的

流行观点认为，不只有一种管理，而是有多种不同的管理。细想之下，可以说这其实是一种“视觉错觉”。在无视应用管理的环境可能存在难度上的差异时，就会产生这种错觉。

与普遍的假设相反，不同的环境所要求的并不是实行不同的管理，而是要求（一旦在合适的地方实行了正确而良好的管理）对正确而良好的管理有**不同的驾驭程度**。比如，正确的驾车方式总是相同的，但是，在偏僻的乡村公路上和在繁华的都市街道上开，其驾驶难度是不同的。在这两种道路情况下，你都需要相同的驾驶技巧（把握方向盘、踩离合、换挡、刹车等），但需要的程

⊖ 最优秀的高层管理者对自己公司的业务有深刻的了解。赫尔穆特・毛赫尔就是一个例子，他对雀巢公司的业务极为在行。他常常花 60% 左右的时间在外面进行市场调研，对每项业务都了解得极为透彻。欲知更多相关内容，可参见：Helmut Maucher, Fredmund Malik, and Farsam Farschtschian: *Maucher and Malik on Management. Maxims of corporate management-best of Maucher's speeches, essays and interviews*, Frankfurt/New York, 2013。

度有所不同。

同理，管理变革或创新所要求的并不是另一种管理，而是特定水平的管理轮盘处理技巧。正因为如此，我在图 0-1 中对管理已知事务和管理未知事务进行了区分，没有因此而影响到模型的逻辑。

要有效管理创新，管理者不需要其他的任务，也不需要别的工具。在对经验欠缺的新领域进行管理时，管理者需要更好地驾驭现有的工具。其情形好比登山，从新路登山不需要新能力，但既需要做好最充分的准备，保证最佳身体状态，需要登山技巧，又需要配好登山装备。基于同样的原理，我们可以刺破跨国管理和跨文化管理的泡沫，并回到根本问题上来：手工艺般正确而良好的管理的坚实基础。的确，有些公司开展国际业务，这些公司与纯粹开展国内业务或地区性业务的公司相比，肯定会在要求上有所不同，比如外语技能。但是，不存在国际管理或国别管理这回事儿，只存在正确或错误、得当或不当的管理。在全球性的组织中，有效且正确的管理需要说英语而不是当地语言，但并不是说需要不同种类的管理。正如正确得当的高尔夫或象棋技巧与文化无关（当然，在流行程度上存在国别差异），正确而良好的管理也与文化无关，而且具有普遍有效性。

为什么管理轮盘不需要新轮辐

人们经常问我，是否需要在管理轮盘中纳入更多的任务和工具？基于以下原因，我建议尽量不要扩充该模型。至于具体的应用，目前管理轮盘上的各个元素覆盖了在任何领域中发挥专业效能和所有管理者所需要的所有东西。谁要是掌握了逻辑和内容这些基本要素，并能在难度各异的环境中加以运用，就有理由认为他在正确且富有成效地从事管理职业。和任何其他领域一样，在管理上，他在实践中变得越来越优秀，对越来越困难的管理问题的处理能力也在不断增强，最终会达到炉火纯青、游刃有余的程度。由于包含了与正确而良好的管理始终相关的各个要素，管理轮盘在这方面提供了很好的支持。如果每年都要学习新东西，那么积累经验便无从谈起。所有管理者在任何时间、任何地点都需要哪些东西呢？

如果在个别情况下，更多细节显然有益，可以补充细节，不必改变该模型的系统性。这是我提出的模型的关键优势之一。根据图 29-3，增补这一个或另一个任务或工具，不会改变模型的逻辑。效能模型是开放式的，具有适应性，这是因为它满足了“能够演变”这一条关键性的控制论功能标准。[⊖]

在实践应用过程中，管理轮盘几乎不需要适应。也许有必要满足个别专业化的组织单位或职能部门的要求；在这些情况下，是能够做到这一点的。

如第二篇所述，对于一个特别明显地需要规划因而希望强调规划的部门来说，或许有理由把规划这一项任务增补进去。在增

⊖ 我们所要理解的内容，已经得到了汉斯 · 乌尔里希和沃尔特 · 克瑞格两位教授的证明，当时他俩提出了第一代圣加仑管理模型的初始版本。他们把自己的模型看作一个针对有意义的事情的空白框架，旨在指出有效的管理模型必须保持开放，以纳入未来的管理进展，但又不必改变其基本结构。直到今天，克瑞格还是我重要的顾问，既是我的管理委员会的成员，又是我亲密的朋友。

补过程中，对于具有潜在意义的增补或细节来说，不违反选择标准是至关重要的，否则会损害管理轮盘的目的和结构。

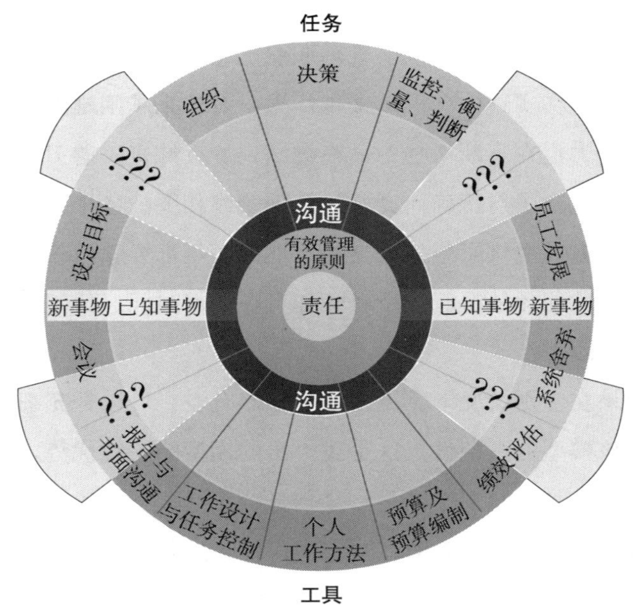

图 29-3　如果必要而且绝对必要，可以对管理轮盘进行修正

此外，在进行这些增补时，重要的是要确保管理者不会最终停留在运营任务的层面上。这是一个最经常发生的错误，我一再提请读者注意这个错误。比如，市场营销、制造或人力资源管理显然是运营任务——属于应用管理的职能领域里的任务，它们没有出现在我的管理模型中。市场营销本该成为一个**组织**的模型中的组成部分，但不属于管理模型的组成部分。

图 29-4 揭示了另一个极有成效的应用：把管理轮盘扩展到组织的不同层级。在四个灰色同心圆中，最里面的圆环代表的是

管理轮盘应用于个体自己的情况，即自我管理；另外三个圆环代表的是管理轮盘应用于你所领导的团队，应用于你所在的运用单位（部门、事业部、业务单位等），应用于整个组织（比如，一家商业企业）的情况。

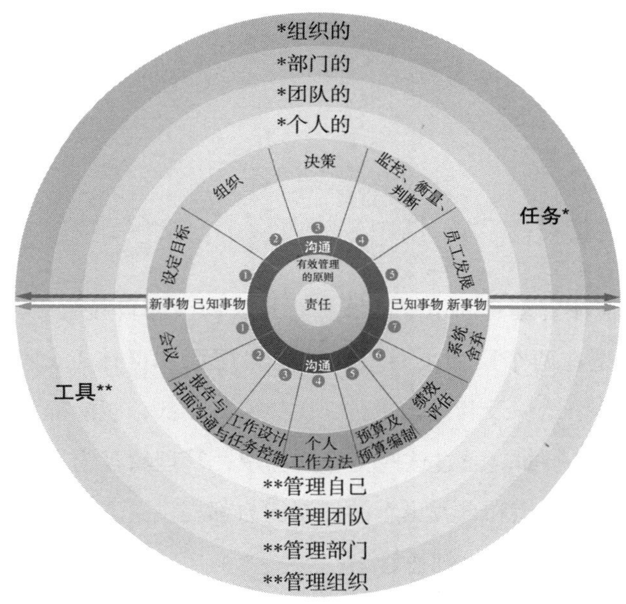

图 29-4　扩展效能轮盘：把任务和工具应用于不同层面

管理轮盘的应用领域从个人扩展至整个组织。在最里面的圆里，是个人目标；在最外面的圆里，是企业战略，然后是企业文化、企业决策、企业控制和企业人力资源管理。

CHAPTER

第 30 章

如何产生自我调节和自我组织

如何使管理者和组织能够实行自我调节和自我组织？这里，标准模型在两个层面上有效：①个人层面和群体（或团队）层面；②整个组织及其结构单位（比如，事业部、职能部门、分理处，等等）层面。通过这些特殊的应用，管理轮盘为系统的自我调节、自我组织和自我更新的控制能力都提供了支持，这种支持一直深入到系统的毛细血管。

把标准模型应用于人员管理

如第 23 章中所提及的，当前针对管理者的培训项目通常解决的是管理者与员工之间的关系问题，即从上到下的层级观。讨论最多的主题通常是：管理者需要做些什么才能更好地管理员工？这固然很重要，但远远没有覆盖管理者的整个系统。每位管理者的工作环境都是一个由职位和人员构成的更大网络，他必须管理整个系统，并把自己的思想和行动纳入其中。图 30-1 揭示的是管理者所处的实际系统的构成情况。具体说来，作为管理者，你：①在本部门作为下属的上司来管理自己；②管理你自己的上司（老板的老板）；③管理你的同事；④管理你的员工；⑤管理你的外部环境。外部环境包括非组织成员的所有人，比如消费者、合作伙伴、供应商、媒体以及外部服务供应商。

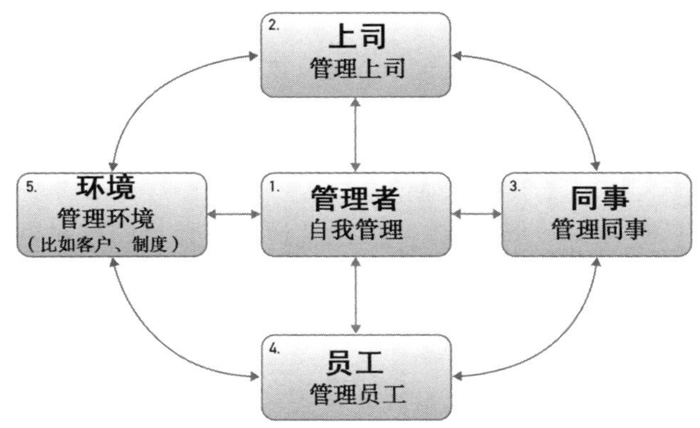

图 30-1　每位管理者的工作环境都是一个系统，其中的五大应用领域以不同方式相互关联

特定情况下的系统构成内容取决于管理的职位。请注意：各个要素之间的关系是以不同的方式来描绘的。

从逻辑的观点看，系统的构成还包括管理者的私人关系。最为重要的是，它会让工作—生活相平衡的可怕幻象自行瓦解。毕竟，出现这个问题的根本原因在于：把“生活”排除在管理者的思想和行为之外而不是将生活融入职业当中的做法，已经成为一种破坏性的潮流。只要通过一种我们所谓的框架再构的方法来改变参考框架，就可以帮助很多深受这种割裂困扰的人。

与其目的相对应的是，在这五大应用领域中，每一个领域都是用标准模型（在有些情况下，这个术语很值得怀疑）来管理的。

根据具体的领域，与主题相关的内容可能会发生变化，但管理本身的内容不会变化。肯定会发生变化的是应用的“基调”——在与上司或家人交往时，这个基调可能有所不同。在后一种情况下，你想要完全回避“管理”一词，但记住这个系统依然是有道理的。还要注意：各种关系的不同质量是用不同形状的箭头来表示的。

这里，我们有**系统自我组织**的中心核子，即驱动力量。你会看到在某种“系统管理”文献中经常遭到神秘化的自我组织和自我调节是如何在组织里得到实施的，以及它们是如何让组织变得更有活力的。[⊖]

这里所显示的各种关系其实代表的是得到应用的自我组织，因为它们体现了自我组织的关键原则：**以系统能够进行自我组织和自我调节的方式来打造系统**（见图 30-2）。这是通过管理轮盘的系统性和内容来实现的，这样也确保了整个公司里的管理职能具有兼容性。和生物有机体里的情况一样，具有一致性的术语、语言、逻辑、内容和理解将融合到系统中，因此不得不把它们“引入”到系统中。正因为如此，我把这个系统称为“效能分子”或“有效自我组织的分子”。该子系统能够在相关联的

⊖ 欲了解更多我的系统论 – 控制论管理理论，可参见我的著作和教授资格论文：*Strategie des Managements komplexer Systeme* [“Strategy for Managing Complex Systems”], 11th revised edition, Bern/Stuttgart/Vienna, 2015。

循环中实现自我复制，原因在于，每一位上级都有上级，而后面这位上级同样有同事和员工，其中就包括这里成为“上司”的管理者。

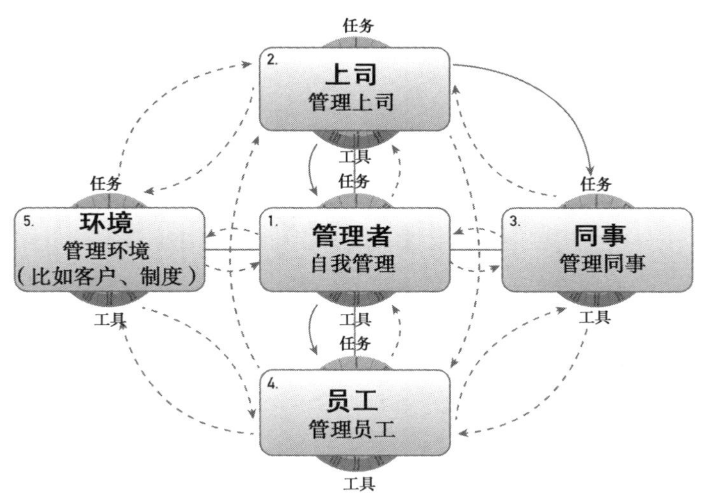

图 30-2　有效的自我调节和自我组织的“分子”

这个分子在整个组织里扩展，因此创造出了它自己的兼容性。由于标准模型的普遍有效性，它可以应用于组织的所有层面和任何地方。因此，适应性是根据组织效能来定义的组织的**突显**特性。

图 30-3 揭示了“效能分子”在传统组织图中的嵌入方式。仅仅出于便于理解的原因，我选取了一张组织图，但这并不是说未来的组织就会以这种方式构建。事实上，我认为那是颇为不可能的。

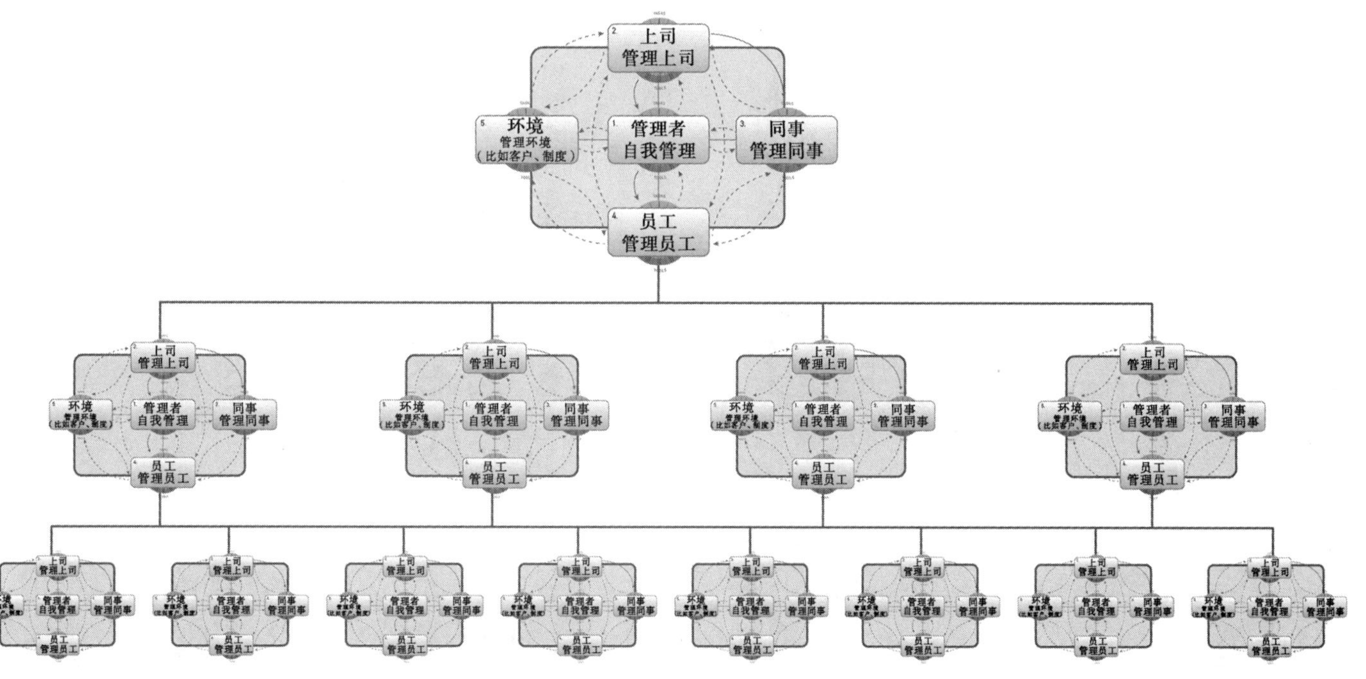

图 30-3　有效自我组织的展开

将标准模型应用于社会里的所有组织

“效能分子”在更加复杂的组织结构和每一个机构中扩展。每一个机构都成为整个社会的一部分，所有机构构成了整个社会。

图 30-4 可以有两种读法：从里到外或者从外到里。具体的读法取决于特定的目的和兴趣。最核心的要素（好比细胞的细胞核）是管理轮盘。所有的子系统像洋葱一样层层围绕在管理轮盘周围，有以下四层：第一层是运营任务；第二层是产生运营任务的环境，这是因为对产生运营任务和不产生运营任务的环境来说，或者对于创新和巩固（现有业务）来说，有很多运营任务都是不同的。再外一层是组织整体，最外一层是组织的大环境（社会）。这几层可以按照具体应用的要求进行扩展。带有自己的系统性的核心模型是常量，不管发生何种变化，都保持不变。

该模型也适用于商业组织和非商业组织这两个有着根本区别的门类（见图 30-5）。二者之间差异的关键标准在于盈利的职能。由于具有普适性，有效管理模型（即管理轮盘）对于这两大部门的**效能**来说，都是不可缺少的，而且在系统性方面也保持不变。

图中左边指的是商业领域，它要求在经济产出方面能产生收益——不是股东价值意义上的经济产出，而是创造客户价值的结果。这是判断组织长期成功并确保组织活力的唯一标准。

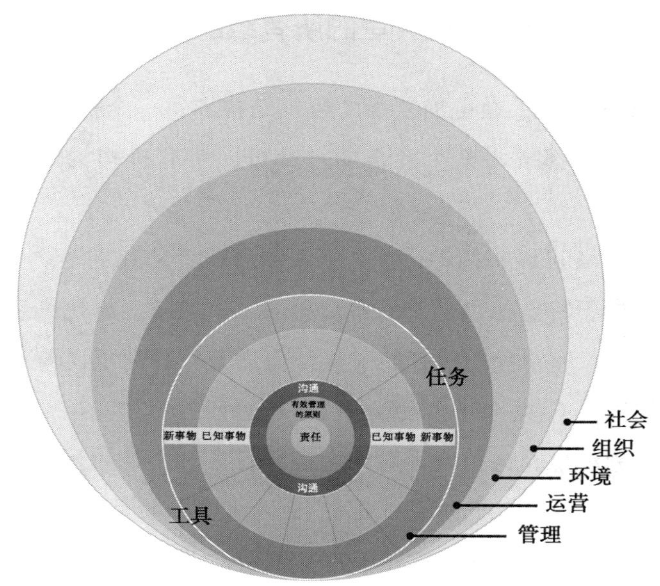

图 30-4　在社会各个部门的组织里应用管理轮盘

右边是不计其数、各种各样的社会组织组成的非商业社会。虽然它们也需要运营资金，但这些资金不是由市场而是由国家或私人捐赠者提供的。在这两大部门中，每个都可以进行细分。比如，在商业领域中，不同的部门分成了若干产业或若干种类型的组织。在非商业领域中，也有不同的部门，图 30-5 列举出了若干例子。

这些非常简练的解释应该足以证明标准模型的动态结构所固有的巨大潜力。对于无论何时何地都必不可少、可靠且有效的管理（从而实现组织、地方社团和社会整体的正常运转）来说，以及对于在组织里生活和工作的人来说，该模型在不同层面上，不断上演其系统性的变化。

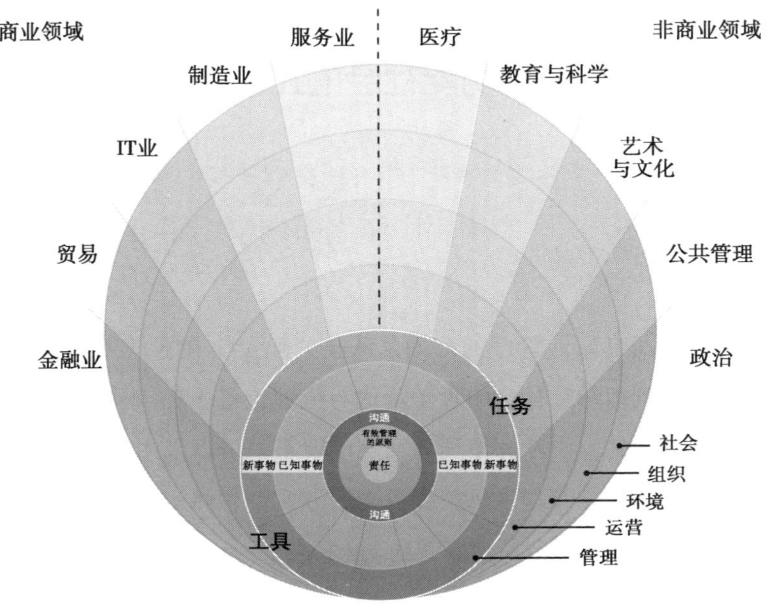

图 30-5　效能对社会两大部门来说都是必要的，尽管它们在利润导向上存在差别

前景展望：面向功能社会的正确而良好的管理

正确而良好的管理的范围，从技艺般实实在在的工具开始，一直拓展到组织和社会的哲学价值与伦理价值。我认为，对于有关管理的意义、责任和伦理等问题的解答，可以采用与管理实践相关且能够指导管理者思想和行动的方式。它们构成了效能的社会方法论的组成部分。

效能和意义的体验

富有效能的工作和管理是带来最强烈的动机（即建立意义感）的最强有力的方法。

生命意义理论的创立者维克多·弗兰克尔认为，人类的动机源于探究意义。弗兰克尔的重要洞见是：人是探究意义的生物，这种探究是人类的核心激励力量。但是，意义是无法由任何其他人来提供的，弗兰克尔认为：每个人都必须亲自去探究意义。

不过，**夺走**别人的意义感是完全做得到的。我认为，拙劣且错误的管理的最大危险正在于此。管理者可以挫败一个人对意义的探求欲，从而毁掉他最重要的力量源泉，并最终毁掉他人生的根基。但弗兰克尔走得更远：他不仅指出我们全都以探究意义为动机，但需要亲自去**寻找**，而且还指出，每个人都能找得到，每一个人都有人生意义。因此，管理者最高贵的一项任务就是，为员工创造机会，让每位员工都能找到自己的人生意义。

弗兰克尔认为，人们实现这一点的途径有三种：服务于一项使命、关爱他人、有尊严地面对和掌握艰难的命运。第二、三种途径对于个人生活和不明确的情形来说具有重要意义。对于正确而良好的管理，第一种途径很重要。人们在服务于一项事业、创作作品、完成任务以及实现业绩——简言之，为周遭的某件事做出贡献的过程中找到意义。于是，弗兰克尔（用自己的理论）替换了广为流传的自我实现理论，后者颇为以自我为中心。他令人信服地证明了探究意义是与自我超越相关的，即人们在探究意义的过程中完成自我超越并寻找到最高层次的自我实现。对大多数人来说，超越个人极限（通常不过是感知到的极限）是最具成就感的体验之一。

因此，尽管为数众多的自我实现理论导致人们把自己放在自身利益的中心，但弗兰克尔的理论正好相反。概括起来，通过意义来获得动机的关键在于要变得富有效能以及实行正确而良好的管理，这同时也是实现真正的领导的关键。

变得富有效能以通过意义带来动机。

责任与伦理

在管理轮盘的中心，是责任和相关的伦理。只要管理的意义和职能不明了，或者说在全新的管理新风尚的影响下不断变化，就不可能找到解决有关责任和伦理这些基本问题的合理方案。一旦明确了何为正确而良好的管理，其解决方案就会一目了然。在此基础上，会清楚地看到管理在正确的责任与正确的伦理方面的应有之意。指导方针不难获得，但具体的决策，仍然取决于管理者个人。

首先，管理者要对自己负责，要对个人的业绩和产出负责。其次，管理者要对他人——员工及员工的业绩和产出负责。最后，管理者要根据本书提出的标准对自己的机构、机构的业绩和产出负责。结合特定机构的目的来衡量时，这三项一般责任就变成了具体责任。

管理者要负责以最高的专业化水准来履行上述职能。管理者需要关注正确而良好的管理，根据自己的优势不断改善管理，并为承担越来越大型、越来越困难的任务做好自身准备。

管理者如果不能对某事产生直接或间接的影响，便不能承担这种责任。管理者不承担改变员工的责任，至少不负责改变员工的个性。改变自我取决于个人，由具体的个人做出决定。实行正确的管理，并不要求管理者是全能的天才，也不要求他是圣人，否则会适得其反。

因此，不必非要指望人们（包括管理者）表现出超出受过良好教育、作风正派这些普通尺度的美德。方案取决于个人，但不是以人们通常理解的那种方式。重要的不是美德，而是实践；不是动机，而是行动；不是意图，而是结果。

进一步而言，管理者要负责掌握必要的事实性知识和管理技能，否则他们的管理能力会打折扣。管理者必须能够从表象中看到事实的本来面目，从包装中看到内容，从错误中看到正确，从简单的风尚潮流中看到奏效的管理办法。

处于关键职位尤其是知道妥协不可避免的管理者，在做决策的时候首先要回答这样一个问题：**在当前环境下，什么决策对公司来说是正确的？**不要让自己被下列问题牵着鼻子走：受欢迎度、时尚或时代精神。管理者的行动假设是：管理是社会上最重要的职能，因而必须实行正确的管理。

管理者有责任公开代表一种企业管理的形象，这种管理必须满足这里所说的各项标准，而且能够为人们所理解。履行这种责任，靠的不是牧师般的布道和花哨的脱口秀，靠的是取得结果并成为榜样，因为这是唯一能让人信服的途径。由于大型组织经常出现在媒体公开报道中，因此，管理者如果代表的是大公司，责任就格外大。人们对经营管理的概念，无论对错，都是由大公司决定的，大公司被视为**一般**企业的代表。

管理者要负责确保自己的行动不会引发对商界的任何敌意，也不会给商界带来负担和约束；要负责通过自己的行动来证明：健康运行的公司需要正常发挥职能的商业部门，进而需要一个功能（正常发挥职能的）社会。

与有些人可能会认为的相反，管理者履行职责的方式要让人们能看到并理解：业务并非重要得非留给管理者不可，但的确很重要的是，不能留给**拙劣**的管理者。

结 束 语

通过本书，我希望证明一点：无论是谁，只要在管理上和在任何其他职业中一样采用同样的标准，就能获得巨大的机遇。这些标准与当下是否流行、是否被奉为经典、是否受媒体追捧以及带给人们的是负担还是乐趣，都没有关系。最重要的是，它们应该是有道理的……

正确而良好的管理是社会发挥职能、正常运转以及人们培养生活技能的关键。一旦理解了什么是正确的管理，就很容易看到这一点。理解得越深，管理成功的机会就越大，社会里的组织就运转得越好。

正如一个世纪前不可能想象出组织、特别是商业组织在今天会如何运行一样，新世纪的人们想到当今事物的运转方式会感到欣慰。对于大多数组织来说，一个新时代正在开启，它们将不可避免地受到21世纪巨变的挑战，只有实行正确而良好的管理，它们才能应对这些挑战。有了正确而良好的管理，人们（所有人）便能以超出自己想象的力度去利用自己的天赋、优势和经验。

就当今社会所面临的各种挑战而言，对效能、智能、创造力和人类精力的挖掘，构成了其解决方案的一部分。挖掘效能这座宝矿并非意味着做更多的工作，而是要更有成效地工作。它意味着以正确的方式管理自己和他人。正确管理的成本为零，不需要投资。它需要的是正确的洞察、正确的知识和信息、“效能是关键”的意识以及实行正确管理的意志。

无论在哪，尽你所有，尽你所能。（西奥多·罗斯福）

术 语 表

比起大多数其他知识领域，管理的理论和实践领域如今在术语和概念方面依然有更多的混乱。作为作者，我需要确保定义是清楚的。在我出版的作品中，在一般管理术语的使用上，我与德鲁克和汉斯保持了一致，以确保语言上的一致性。迄今为止，在我的管理理论和相关的模型与框架中，我在术语方面的任何超越也都是以这些术语为基础的。我使用的控制论方面的术语与诺伯特·维纳（Norbert Wiener)、W. 罗斯·艾什比（W. Ross Ashby)、斯塔福德·比尔和海因茨·冯·福尔斯特等提供的定义是相一致的。

complexity 复杂性 或许是现实最基本的特征，也称为“**多样性**”(multiplicity)。多样性源于各种可能的差异和区别。

对证实复杂性本身来说，这些差异的来源和起因并不那么重要，但是在处理或者说管理复杂性的时候，来源和起因就变得非常重要了。复杂性导致的**结果**包括难以理解性、不可计算性、不可分析性、不可预测性、永恒变化性和历史依赖性，当然还包括生物和社会系统中存在的所有优良品质，比如适应性、学习能力、灵活性、响应性、进化能力、创造力和同一性。与此同时，复杂性提供了形成组织智商的原材料。

复杂性导致的上述结果使管理变得困难，但是如果应对得当，又为管理带来了成功。复杂性的衡量尺度是多样性，也就是一个系统可能具有的或基于其配置可能形成的**可区分状态**的数量。

更出色的技能只能产生于更大的复杂性。

卡斯滕·布雷施（Carsten Bresch），德国物理学家、基因学家兼生物学家

controlling, regulating, steering **控制、调节和操纵** 通过在一致性结构中的信息和沟通来改变复杂系统的三大形式。它们可以通过来自系统外部的干预或者系统内部的影响来触发。在后一种情况下，我们谈到了自我操纵、自我调节或自我控制。

当我们面对无法决定的问题时，我们必须做出自己的决策。

海因茨·冯·福尔斯特，奥地利物理学家、控制论学家、大脑研究者及复杂性研究者、控制学伦理的创立者

creative destruction **创造性破坏** 这是奥地利经济学家熊彼特创造的术语，它指的是企业家的创新能力以及由此引起的新事物取代旧事物的大规模替代过程。

不要和力量对抗，要利用它们。

巴克敏斯特·富勒（Buckminster Fuller），美国建筑师兼设计师

发现难以交流……要看见新的地平线，你得抬起你的眼睛。

斯塔福德·比尔，英国人，管理控制论的创立者

cybernetics　控制论　自我调节、自我控制、自我组织和自我更新的自动态系统的跨学科科学。这些能力要出现在系统中，这个系统首先需要超过某个最低限度的复杂性。

控制论的关键术语之一是那种源于上述自我技能的“系统控制”之类的术语。在《控制论》一书中，数学家诺伯特·维纳教授建立了现代控制论。他选取了“动物界和机械界的交流与控制”作为副书名，这就意味着，同样的自然规律既适用于生物界，又适用于非生物界。他因此而确立了控制论的跨学科科学的地位。管理控制论的创建者斯坦福·比尔以“组织的管理控制论”为书名出版了自己的作品集。正如系统具有自己的物理、化学和生物属性一样，系统也有自己的控制论。

控制论提供了一种科学地对待系统的方法，其中，复杂性很突出，非常重要，不容忽视。

W. 罗斯艾什比，英国精神病学家、控制论开创者

cybernetic management or management cybernetics　控制论管理 vs. 管理控制论　前者是控制论在社会的复杂系统中的

应用，即在各类组织管理中的应用；后者指的是驾驭复杂性。

cybernetic organization and self-organization **控制论的组织和自我组织** 在控制论意义上并且作为一个管理概念，指的是：复杂系统在不需要任何外部干预且根据变化的环境来调整自身结构，从而发挥职能并达到目的的能力。每个系统的目的可以是系统内向型的，也可以是系统外向型的。自我组织依赖于在系统内发挥作用的信息。

必须把复杂系统的自我组织和个人工作方法意义上的人员自我组织区分开。

超越个人思维能力的唯一可能性在于依靠那些超个人的“自我组织”力量来创建自发的秩序。

弗里德里希·冯·哈耶克（Friedrich von Hayek），奥地利裔诺贝尔奖得主、经济学家、现代社会自由主义的创始人

cybernetic ground rule for self-organization **自我组织的控制基础原则** 该原则遵循以下格言：以系统能够进行自我组织的方式来组织一个复杂的系统。

effectiveness and efficiency **效能和效率** 效能是人和组织做正确的事的能力；效率是正确地做事的能力。二者联系起来，满足了获得成功和取得结果的所有要求。对于作为一种职业的管理来说，这就等同于职业精神。

functioning **发挥职能** 发挥职能是最笼统的术语，它表示的是组织根据其特定目的来完成的可靠且最优的工作。

great transformation 21 **21 世纪巨变** 这是我 1997 年创造出

来的一个术语，指的是商业和社会面向 21 世纪的复杂性社会所发生的根本性、世纪性的转变。

1944 年，匈牙利裔奥地利籍经济社会学家卡尔 · 波兰尼（Karl Polanyi）率先使用了“巨变”（great transformation）这个术语，意思与我说的“21 世纪巨变”差不多，只不过针对一个完全不同的时代，指向众多不同的表现，尤其是市场经济和民族国家的扩张。在 1933 年出版的著作《后资本主义社会》（*Post Capitalist Society*）一书中，德鲁克在前言标题中也使用了“transformation”（转变）一词，并概述了从资本主义到知识社会、从民主国家到跨国大政府的发展方向。

我之所以选择这个术语，是为了综合其以前的某些含义来描述 21 世纪发生的这次根本性转变的普遍概念和特征，比如迅速增长的复杂性、全球互联系统的涌现、自我加速的变革动态。因此，我们正面临着前所未有的新挑战，应对这些挑战将需要彻底创新的仿生学组织形式、控制论的管理系统、治理系统和领导系统以及至少具备创新性和有效性的社会技术。

institution, organization　**机构、组织**　这是用于目的导向型社会系统的最一般的术语。商业部门的利润导向型组织指的是“公司”或“商业企业”。正确而良好的管理对于所有文化里的各种组织都是同等有效的。

由于每一个组织都要根据其目的来发挥职能，所以每个组织都需要管理。其中包括医院、市政当局、大学、中小学、联合会、乐团，等等。把管理与商业企业联系起来只是意味着，不利于其他组织以最优化的方式发挥职能。

management **管理** “管理”这个术语具有职能性、机构性和个人化的意义。

管理就是推动力。

汉斯·乌尔里希，系统导向管理及圣加仑管理中心的瑞士创始人

management as a function, functional dimension **职能层面的管理** 管理是一种职能，在所有类型的组织中，如果组织要按照目的来运转，这种职能就必须存在。它与具体的人和具体的组织元素都没有关系，而是通过融入人类特定的行动来发挥作用。

management as an organ, institutional dimension **组织器官、机构层面的管理** “管理”还指一个机构的法律和组织“器官”，比如公司的管理委员会、一国的政府和大学的校委会等。

任务、责任、权力与职责，以及“器官”的责任都由具体的监管制度来决定的，通常没有时间期限。监管制度包括法律、法案和组织的规章制度等，还可能包括扩大后的董事会、集体管理、管理圈、执行委员会或合作伙伴会议等。组织“器官”与人员无关，但是要发挥作用，必须配备人员。

management as a group of people, personal dimension **团队、个人层面的管理** “管理”还指上述各机构里的成员。

尤其是，“高层管理”这个术语通常用来指人，比如公司董事会的董事或者位居高级管理职位的管理者。

management and control　管理与控制　“控制”是系统产生变化的各种行为的统称。它指的是系统中的（自我）导航和（自我）调节，进而导致合理进而合意的技能和行为。因此，控制指的是现有的或创造出来的各种用以驾驭和利用复杂性、发挥系统的作用从而最大限度避免错误的条件。控制意味着“让系统处于控制之下”。但是，不仅仅系统要处于控制之下，而且系统受到控制和调节的方式能帮助系统完成预期的目的，消除或弥补可能出现的扰乱，并能够进一步发展。

控制是系统用来维持其结构的特性……控制是系统结构的变化过程。

斯塔福德·比尔

management and leadership　管理与领导　在使用这些术语的时候，任何含混不清都会徒添困惑，阻碍人们正确理解管理。只有在极少数和极特殊的情况下，才应该把德语“Führung”翻译为“领导”。

文化不是借口。

弗里德里希·迪伦马特（Friedrich Dürrenmatt），瑞士作家

right and good management　正确而良好的管理　“正确”和“良好”与“错误”和“不良”相对。“正确”产生效能；“良好”产生效率。

和很多其他事情一样，管理者可以管理得或好或坏，可

以采取正确或者错误的方式，做得很专业或很业余。如果组织要稳定运转，就需要以正确的方式实行得当的管理。如果人们想要富有成效，就不得不以正确的方式对自己、对别人实行得当的管理。

很多自然的模式，只有它们在我们的头脑中建立起来之后，我们才能发现。

弗里德里希·冯·哈耶克

managing organizations-managing people **管理组织—管理人员** 管理通过应用某种思想和行动来实现其目的，有整个组织的管理和人员（个人与团体）的管理之分。

这也解决了一个两难困境。在实践中，有用的管理概念必须包括组织发挥功能所需要的全部的系统元素。这也包括在组织里工作的人，不仅仅与人有关，也不仅仅与组织有关，而总是与**组织里的人**和**由人所组成的组织**有关。一旦把这个自然的整体分割成两部分，二者便都失去了关联性。

old world and new world **旧世界与新世界** 这一对概念与我称之为“21 世纪巨变”的根本性世俗改变有关。在这个转变过程中，现有秩序被新秩序所取代。

管理是文明与文化之间的一座桥。

彼得·德鲁克，奥地利裔美国人、现代管理理论和社会经济学的创始人

society of organizations, organized society **组织社会、有组织的社会** 在社会里，几乎所有的事情，都是人们在组织里

并通过组织来完成的，这是现代社会最为重要但经常遭到忽视的特征之一。最重要的是，这个特征决定了社会的结构方式和运行方式。

没有欠发达的国家，只有欠管理的国家。

彼得 · 德鲁克

system **系统** 系统是由互联互动的元素所组成的有机统一体，系统的属性和系统各元素的属性有很大的差异，前者不能从后者推导出来。

互动关系可以是各种各样的——机械关系、能量关系、信息关系、心理关系，等等。系统绝不仅仅是目标、组织或有机体本身，而总是与相关的环境**有关**。

系统就是系统，是什么样就是什么样，该履行什么职能就履行什么职能。如果你不喜欢，那就改变系统。

斯塔福德 · 比尔

system, model, concept **系统、模型与内容** **系统**是世界的一部分，从特定目的及其界定的职能性的角度来看，这个世界对管理者来说是（或者应该是）有趣的。

我们对系统的结构了解多少，包括我们无知的盲点，即“地图上的空白地带”，是通过**模型**来描绘和体现的。

概念是我们根据系统的模型想要观察和做的东西。

模型是对各种具体情况的反映，显然，模型是为了应用于实验。

斯坦福 · 比尔

system, having or being a… **拥有一个系统，还是成为一个系统** 相当常见的情形是，管理者很厌恶“系统”这个术语。有些人一提到“系统”，就联想到僵化刻板、阴谋和官僚主义。如果我们区分“拥有一个系统”和“成为一个系统”的含义，这个问题会自行解决。任何有经验的管理者都知道，公司要想运转，就需要拥有或包含系统；另外，管理者要确保这些系统不会变得过于官僚。越来越多的管理者也认识到：组织包含很多子系统，它们相互作用并因此构成一个系统；这些子系统还与环境及其子系统一起，组成了更高层级的系统，后者又和其他系统一起，构成了更高一阶的系统——主要是元系统。

systemics, content, form **系统性、内容与形式** 在我提出的管理理论中，有三个构成**维度**：系统性、内容和形式。

系统性指的是管理系统或管理模式的结构逻辑。管理系统的系统性必须是一个正常发挥职能的系统的结构性逻辑，进而是一个系统性系统的结构性逻辑，原因在于系统的控制论决定了系统正常运转的方式，反之亦然。

一旦系统性是正确的，管理的正确性便取决于**内容**。术语与内容是两码事。仅术语具有一致性并不意味着内容具有相同性。**形式**是通过图形描绘得到的。

我们在人生头几年里学到的是我们止于自身；在接下来的岁月里学到的是：并非如此。

索罗·戈恩（Saul Gorn），美国人，信息技术和计算机科学的先驱者

参考文献

Ashby, W. Ross: *An Introduction to Cybernetics*, London, 1959.

Bateson, Gregory: *Steps to an Ecology of Mind: Collected Essays in Anthropology, Psychiatry, Evolution, and Epistemology*, New York, 1972, new edition 2000.

Beer, Stafford: *Beyond Dispute: The Invention of Team Syntegrity*, Chichester, 1994.

– *Decision and Control: The Meaning of Operational Research and Management Cybernetics*, London, 1966, 3rd edition 1995.

– *The Heart of Enterprise*, London, 1979, current edition 1995.

Berger, Peter, Eigner, Peter, and Resch, Andreas (eds): *Die vielen Gesichter des wirtschaftlichen Wandels. Beiträge zur Innovationsgeschichte. Festschrift für Dieter Stiefel*, published by the Austrian Society for Company History, Vol. 29, Vienna/Berlin, 2011.

Bland, Larry I. (ed.): *The Papers of George C. Marshall*, three volumes, 1981–1991, Johns Hopkins University Press, 2003.

– (ed.): *The War Reports of General of the Army G. C. Marshall, General of the Army H. H. Arnold and Fleet Admiral E. J. King*, Philadelphia/New York, 1947.

Blüchel, Kurt G., and Malik, Fredmund (eds): *Faszination Bionik. Die Intelligenz der Schöpfung*, Munich, 2006.

Cray, Ed: *General of the Army: George C. Marshall, Soldier and Statesman*, New York, 2000.

Czikzentmihalyi Mihaly, *Good Business: Leadership, Flow, and the Making of Meaning*, New York, 2004.

Dörner, Dietrich: *Die Logik des Misslingens. Strategisches Denken in komplexen Situationen*, Hamburg, 1989, 11th edition 2012.

Dörner, Dietrich, Kreuzig, Heinz W., Reither, Franz, and Stäudel, Thea: *Lohausen. Vom Umgang mit Unbestimmtheit und Komplexität*, 2nd edition, Bern, 1994.

Drucker, Peter F.: *Adventures of a Bystander*, New York, 1978, 2nd edition 1998.

– *The Age of Discontinuity*, London, 1969, 2nd edition 1992.

– "The Effective Decision," *Harvard Business Review*, January/February 1967.

– *The Effective Executive: The Definitive Guide to Getting the Right Things Done*, New York, 1966, revised edition 2006 (HarperBusiness). German: *Die ideale Führungskraft. Die hohe Schule des Managers*, Düsseldorf/Wien, 1995. German new edition: *The Effective Executive. Effektivität und Handlungsfähigkeit in der Führungsrolle gewinnen*, Munich, 2014.

– *Management: Tasks, Responsibilities, Practices*, New York, 1974, 5th edition 1994.

– *The Practice of Management*, New York, 1955, 2nd edition 2006.

– "We Need Middle Economics," preface to Krieg, Walter, Galler, Klaus, and Stadelmann, Peter (eds): *Richtiges und gutes Management. Vom System zur Praxis*, festschrift for Fredmund Malik, Bern/Stuttgart/Wien, 2005.

– *Zaungast der Zeit*, Düsseldorf/Vienna, 1979, Munich, 1984.

Eccles, John C.: *Die Evolution des Gehirns—Die Erschaffung des Selbst*, Munich, 1989, 2002.

Frankl, Viktor: *Das Leiden am sinnlosen Leben*, 24th edition, Freiburg, 2013.

– *Der Mensch vor der Frage nach dem Sinn*, Munich/Zurich, 1979, Munich, 1985.

Gardner, Howard: *Intelligenzen. Die Vielfalt des menschlichen Geistes*, 4th edition, Stuttgart, 2013.

Gomez, Peter, Malik, Fredmund, and Oeller, Karl-Heinz: *Systemmethodik. Grundlagen einer Methodik zur Erforschung und Gestaltung komplexer soziotechnischer Systeme*, 2 volumes, Bern/Stuttgart, 1975.

Hayek, Friedrich August von: *Die Verfassung der Freiheit*, Tübingen, 1971, 3rd edition 1991.

– *Law, Legislation and Liberty*, London, 1973–1979, new edition Taylor & Francis, 2012.

Hetzler, Sebastian: *Real-Time Control für das Meistern von Komplexität*, editionMALIK, Frankfurt/New York, 2010.

IMD Lausanne, LBS London, and The Wharton School of the University of Pennsylvania (eds): *Mastering Management—Das MBA-Buch*, 1979, Stuttgart, 1998.

Kouzes, James M., and Posner, Barry Z.: "The Credibility Factor: What Followers Expect from Their Leaders," *Management Review*, January 1990.
Krieg, Walter, Galler, Klaus, and Stadelmann, Peter (eds): *Richtiges und gutes Management. Vom System zur Praxis*, Festschrift for Fredmund Malik, Bern/Stuttgart/Vienna, 2005.

Lau, Viktor: *Schwarzbuch Personalentwicklung. Spinner in Nadelstreifen*, Steinbeis-Edition, Stuttgart, 2013.
Lindemann, Hannes: *Allein über dem Ozean*, Berlin, 1993.

Malik, Fredmund: *Die richtige Corporate Governance. Mit wirksamer Unternehmensaufsicht Komplexität meistern*, revised new edition, Frankfurt/New York, 2008.
– "Konservatismus und effektives Management. Wege aus der Orientierungskrise," in: Peter F. Drucker and Peter Paschek (eds): *Kardinaltugenden effektiver Führung*, Frankfurt am Main, 2004.
– *Management. Das A und O des Handwerks*, Volume 1 of the series *Management: Komplexität meistern*, Frankfurt/New York, 2005, 2nd edition 2013.
– *Management-Perspektiven*, Bern/Stuttgart, 1993, 4th edition 2005.
– *Richtig denken—wirksam managen. Mit klarer Sprache besser führen*, Frankfurt/New York, 2010.
– *Strategie des Managements komplexer Systeme*, ["Strategy for Managing Complex Systems"] 11th revised edition, Bern/Stuttgart/Vienna, 2015.
– *Strategie. Navigieren in der Komplexität der Neuen Welt*, Volume 3 of the series *Management: Komplexität meistern*, Frankfurt/New York, 2nd edition 2013.
– *Systemisches Management, Evolution, Selbstorganisation*, Bern/Stuttgart, 1993 and 2009.
– *Unternehmenspolitik und Corporate Governance. Wie Organisationen sich selbst organisieren*, Volume 2 of the series *Management: Komplexität meistern*, Frankfurt/New York, 2nd edition 2013.
– *Wenn Grenzen keine sind. Management und Bergsteigen*, Frankfurt am Main/New York, 2014.
McCandless, David: *Information Is Beautiful*, London, 2009, new edition 2012.
Martens, Jens-Uwe, and Kuhl, Julius: *Die Kunst der Selbstmotivierung. Neue Erkenntnisse der Motivationsforschung praktisch nutzen*, Stutt-

gart-Vaihingen, 2013.
Maucher, Helmut, Malik, Fredmund, and Farschtschian, Farsam: *Maucher and Malik on Management. Maxims of corporate management – best of Maucher's speeches, essays and interviews,* Frankfurt/New York, 2013.
Miller, George A.: "The Magical Number Seven Plus/Minus Two," *Psychological Review* 63, 1956.

Pelzmann, Linda: "Critical Incidents im Lebenslauf," Malik Letter (June 2005).
– "Die Früherkennung von Chancen," Malik Letter (May 2014).
Peter, Searle John: *Neuroscience and Philosophy: Brain, Mind, and Language*, Columbia University Press, New York, 2009.
Peters, Thomas J., and Waterman, Robert H. Jr.: *In Search of Excellence: Lessons from America's Best-Run Companies*, New York, 1982, 2nd amended edition 2004.
Piaget, Jean: *Einführung in die genetische Erkenntnistheorie*, Frankfurt am Main, 1973, 1981.
– *Meine Theorie der geistigen Entwicklung*, Weinheim, 2010.
Polanyi, Karl: *The Great Transformation*, New York, 1944.
Popper Karl R.: *Conjectures and Refutation*, London, 1963, 4th edition 1972, 2002.
Popper, Karl R., and Eccles, John C.: *The Self and Its Brain*, New York, 1977, 1984.
Puryear, Edgar F. Jr.: *Nineteen Stars: A Study in Military Character and Leadership*, Washington, DC, 1971, 2nd edition 2003.

Schneider, Wolf: *Deutsch für junge Profis*, Hamburg, 2011.
– *Deutsch für Profis*, Hamburg, 2001.
– *Die Sieger. Wodurch Genies, Phantasten und Verbrecher berühmt geworden sind*, Hamburg, 1993.

Schultz, I. H.: *Das autogene Training*, New York, 1932, new edition Stuttgart, 2003.
Schumpeter, Josef A.: "The Explanation of the Business Cycles," in: *Economica*, Harvard University, Cambridge, 1927.
– *Essays on Entrepreneurs, Innovations, Business Cycles, and the Evolution of Capitalism*, ed. Richard V. Clemence, 6th edition, New Brunswick/London, 2003.
– *Theorie der wirtschaftlichen Entwicklung*, 1st edition, 1912, new and amended edition by Röpke, Jochen, and Stiller, Olaf, Berlin, 2006.
Searle, John: *Minds, Brains and Science*, Cambridge, 1984.
Shapley, Deborah: *Promise and Power: The Life and Times of Robert McNamara*, Boston, 1993.

Sherwood, Robert E.: *Roosevelt and Hopkins: An Intimate History*, New York, 1948.
Spilker, Martin, Roehl, Heiko, and Hollmann, Detlef: *Die Akte Personal: Warum sich die Personalwirtschaft jetzt neu erfinden sollte*, Bertelsmann-Stiftung, Gütersloh, 2013.
Sprenger, Reinhard: *Vertrauen führt. Worauf es im Unternehmen wirklich ankommt*, Frankfurt/New York, 2002, 3rd edition 2007.

Tuchman, Barbara: *Die Torheit der Regierenden*, Frankfurt am Main, 1984, 4th edition 2012.
Tufte, Edward R.: *Envisioning Information*, Cheshire, 1990.
– *The Visual Display of Quantitative Information*, Cheshire, 1983, 2nd edition 2001.
– *Visual Explanation*, Cheshire, 1997.

Ulrich, Hans: *Gesammelte Schriften in 5 Bänden*, ed. by the trust for supporting system-oriented management theory, St. Gallen, 2001.

Vester, Frederic: *Die Kunst, vernetzt zu denken*, Munich, 2007.

Watzlawick, Paul: *Gebrauchsanweisung für Amerika*, Munich/Zurich, 1978, 5th edition 2008.

Zand, Dale E.: *Wissen, Führen, Überzeugen*, Heidelberg, 1988. Zimmer, Dieter E.: *Die Elekrifizierung der Sprache*, Munich, 1997.

作者简介

弗雷德蒙德·马利克（Fredmund Malik）

欧洲的管理泰斗之一，欧洲著名的复杂性管理先锋人物和管理教育家。

弗雷德蒙德·马利克教授 1944 年出生于奥地利，自 1968 年起就读于奥地利因斯布鲁克大学（Innsbruck University）和瑞士圣加仑大学（St. Gallen University），在经济学、社会学、系统论、控制论、信息论以及逻辑学、哲学等领域进行了深入的研究，获商业管理学博士学位，此后荣获终身教授资格。他是欧洲著名顶尖商学院圣加仑大学的教授和维也纳经济大学的客座教授。

1984 年，马利克教授创立了著名的瑞士圣加仑马利克管理中心，并担任总裁。他是欧洲多家大型公司董事会、监事会成员，许多知名公司的战略和管理顾问，培训过数千名管理人员。他的管理思想影响着欧洲诸多的管理精英及其管理实践。

弗雷德蒙德·马利克教授的管理著作极为丰硕，其中《管理成就生活》一书自 2000 年首次出版以来，一直位列畅销书榜，被评为欧洲十大畅销管理书籍，至今已再版 3 次重印 30 多次，并被翻译成 14 种语言。2016 年，马利克教授在李克强总理同外国专家举行的新春座谈会上，向总理赠送了他的著作《战略：应对复杂新世界的导航仪》。1993 年，弗雷德蒙德・马利克教授开始出版《马利克论管理——每月通信集》，在德语国家，它很快成为经济、政治和社会各界阅读最广泛的出版物之一。

马利克的管理思想

正在以下组织中得到运用

戴姆勒 – 克莱斯勒　宝马集团　德国莱茵集团

索尼　德国铁路集团　西门子

德国大众　德意志银行　保时捷

贝塔斯曼　Haereus

…………

沙因谦逊领导力丛书

清华大学经济管理学院领导力研究中心主任
杨斌 教授 诚意推荐

合作的伙伴、熟络的客户、亲密的伴侣、饱含爱意的亲子
为什么在一次次的互动中，走向抵触、憎恨甚至逃离？

推荐给老师、顾问、教练、领导、父亲、母亲等
想要给予指导，有长远影响力的人

沙因 60 年工作心得——谦逊的魅力

埃德加·沙因（Edgar H. Schein）

世界百位影响力管理大师之一，企业文化与组织心理学领域开创者和奠基人
美国麻省理工斯隆管理学院终身荣誉教授
芝加哥大学教育学学士，斯坦福大学心理学硕士，哈佛大学社会心理学博士

1《恰到好处的帮助》

讲述了提供有效指导所需的条件和心理因素，指导的原则和技巧。老师、顾问、教练、领导、父亲、母亲等想要给予指导，有长远影响力的人，“帮助”之道的必修课。

2《谦逊的问讯》（原书第 2 版）

谦逊不是故作姿态的低调，也不是策略性的示弱，重新审视自己在工作和家庭关系中的日常说话方式，学会以询问开启良好关系。

3《谦逊的咨询》

咨询师必读，沙因从业 50 年的咨询经历，如何从实习生成长为咨询大师，运用谦逊的魅力，帮助管理者和组织获得成长。

4《谦逊领导力》（原书第 2 版）

从人际关系的角度看待领导力，把关系划分为四个层级，你可以诊断自己和对方的关系应该处于哪个层级，并采取合理的沟通策略，在组织中建立共享、开放、信任的关系，有效提高领导力。

欧洲管理经典 全套精装

欧洲最有影响的管理大师
（奥）弗雷德蒙德·马利克 著

超越极限

如何通过正确的管理方式和良好的自我管理超越
个人极限，敢于去尝试一些看似不可能完成的事。

转变：应对复杂新世界的思维方式

在这个巨变的时代，不学会转变，错将是你的常态，
这个世界将会残酷惩罚不转变的人。

管理成就生活（原书第2版）

写给那些希望做好管理的人、希望过上高品质的生活
的人。不管处在什么职位，人人都要讲管理，
出效率，过好生活。

管理：技艺之精髓

帮助管理者和普通员工更加专业、更有成效地完成
其职业生涯中各种极具挑战性的任务。

战略：应对复杂新世界的导航仪

制定和实施战略的系统工具，
有效帮助组织明确发展方向。

公司策略与公司治理：如何进行自我管理

公司治理的工具箱，
帮助企业创建自我管理的良好生态系统。

正确的公司治理:发挥公司监事会的效率应对复杂情况

基于30年的实践与研究，指导企业避免短期行为，
打造后劲十足的健康企业。